CEO, 혁신으로 진화하라

김수욱 | 정규석 | 김동재 | 오정석 | 유병준 | 신현상

박영사

머리말

'5시간 규칙(5-hour rule)'을 들어보셨나요?

실리콘밸리를 비롯한 유명 CEO 습관의 공통점에서 발견한 규칙이라고 합니다. 이는 하루에 1시간, 일주일의 5시간을 바쁜 일상 중에 독서나 학습을 위해 할애하는 것을 의미합니다.

마이크로소프트 창업자인 빌 게이츠, 테슬라의 엘론 머스크, 페이스북의 마크 주커버그, 버크셔해서웨이 회장인 워렌 버핏, 방송인인 오프라 윈프리 등 유명 인사들은 바쁜 일상 중에도 하루 1시간 혹은 일주일에 5시간 등 의도적으로 학습을 위한 시간을 낸다고 합니다. 예를 들어 워렌 버핏은 하루 5~6시간에 걸쳐 신문 5개와 기업보고서 500페이지를 읽고, 빌게이츠는 연간 50여 권의 책을 읽으며 마크 주커버그는 적어도 2주마다 책 1권씩 읽는다고 합니다.

CEO는 바쁩니다. 매일 쏟아지는 의사결정을 기다리는 결제사안들을 눈앞에 두고 독서라니 가당치도 않은 얘기인가 할 수도 있습니다.

CEO는 이익과 비용에 대해 항상 고민합니다. 경영학자들은 CEO의 이런 고민들을 덜어줄 수 있는 과학적인 방법을 고민합니다. 특히 경영과학이나 경영분석학은 과학과 경영의 융합을 통해 기업 경영 효율 극대화를 위해 활용될 수 있습니다.

예를 들어 '빅데이터'라는 과학적 방법을 경영학자들이 해석하면 기업에 적용하여 효율적 기업경영에 도움을 줄 수 있습니다. 지금 이 순간에도 엄청난 양의 데이터가 발생하고 있고, IBM에 따르면 600메가바이트(MB) 영화 39억 편 분량의 데이터가 매일 생산되고 있습니다. 이 추세는 점점 더 빨라지고 있으며, 인류가 쌓아온 총 데이터의 90%가 최근 2년간 발생했다고 합니다. 누군가에게는 아무 의미 없는 이 데이터가 기업 경영에 가치를 갖도록 가공하는 학문이 바로 경영학입니다. 세상에는 발굴되지 않은 수많은 사례가 존재하고, 이러한 사례들이 기업의 혁신과 미래에 대응하는 데 참고할 수 있는 좋은 거울이 될 수 있습니다.

그래서 이 책을 출간하게 되었습니다. CEO는 바쁘지만, 미래에 대응하기 위해 새로운 사례와 경영전략을 수혈받아야 합니다.

이 책은 저를 포함해서 경영학 분야에 오래 몸을 담고 계시는 다섯 분의 교수님들과 함께 약 1년여 기간 동안 한국경제에 'CEO를 위한 경영학'이란 제목으로 투고했던 50편의 칼럼을 재구성한 결과물입니다.

최신 경영사례와 경영이론을 다양한 관점에서 제공할 수 있도록 기획했던 만큼, 짧은 시간에 반드시 알아야 할 트렌드, 경영이론, 사례를 매 편 A4 2~3장 분량으로 정리한 셈입니다.

여러 명의 교수님들께서 제각각으로 작성하신 칼럼들을 하나의 흐름으로 정리하다 보니, 50개의 칼럼 속에 기업 경영의 시작과 끝이 모두 담겨 있음을 확인할 수 있었습니다.

책의 흐름을 조금 엿보자면, 먼저 뜨거운 이슈인 4차 산업혁명, 인공지능과 경영에 대한 사례를 시작으로, 선도 기업들이 잘못된 경영으로 실패한 사례들을 통해 미래 시대를 경영하는 어려움에 대해 살펴보았습니다.

그리고 미래 시대 대비를 위해 중요한 '혁신'이란 키워드에 대해서는 4가지 소제목으로 나누어 변화에 대비하기 위한 '유연성과 탄력성', 'IT', '경영과 빅데이터' 그리고 '가치전쟁'의 제목으로 다룬 브랜드 가치 혁신으로 각각에 대해 세부적으로 다루고 있습니다.

특히 혁신 부문에서는 경영법칙, 입지선정, 원가관리, 소비자 니즈 분석 등 경영자에게 필요한 기본적인 전략과 경영과학 방법도 다루고 있습니다.

경영전략 외의 혁신경영에서 경영자가 잃지 말아야 할 요소가 무엇인가를 살펴보기 위해, 인재양성과 인사관리, 소통에 대해서도 잊지 않고 언급했습니다.

이 책은 바쁜 경영인을 위해 다양한 경영학 이슈를 한 곳에서 접할 수 있도록 준비한 책입니다. 짧은 시간 내 학습하고 독서를 통해 경영학 이슈를 훑어볼 수 있도록 준비한 저자들의 의도가 독자에게 전달되어 여러분만의 '5시간 규칙'을 형성하는 데 도움이 되기를 바라며 머리말을 이만 줄입니다.

2018년 봄,

연구실에서

CONTENTS

CHAPTER 01 시작된 미래 그리고 브랜드 가치

선도기업의 몰락, 무엇이 문제인가

급변하는 환경에서 혁신이란 무엇인가

CONTENTS

CHAPTER 04 혁신의 급물살에 경영자가 놓치지 말아야 할 것

(1) 지속적 개선

(2) 인재양성/인사관리

(3) 소통

CHAPTER 05 한국 기업 경쟁력의 과거 · 현재 · 미래

01

시작된 미래
그리고 브랜드 가치

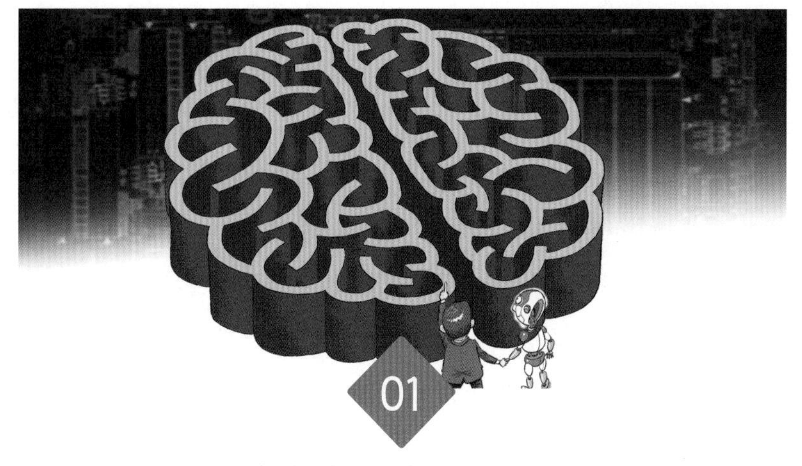

01

과학경영 뒷받침할 AI

'축적된 정보의 힘' 지닌 인공지능, CEO 결정 돕는 조력자 될 것

'학습하는 인공지능' 알파고의 등장
인간 최고수 능가한 실력에 충격… AI에 일자리 뺏길까 불안감도 확산

주어진 자료만 처리하는 AI
인간과 같은 유추 능력 결여… 입력되지 않은 자료 접하면 오류 발생

비전 제시는 최고경영자의 역할
AI는 데이터에 기반해 최적값 도출… '직관적 결정'하는 CEO 도울 것

경영과학(management science)의 가장 큰 연구분야인 '오퍼레이션 리서치(operations research)'는 제2차 세계대전 중 군사작전 연구를 지칭하는 용어였다. 영화 '이미테이션 게임'에서 나오는 것처럼 군수 물자를 어떻게 조달하고 운송하며, 어디를 공격할 것인가 등에 대한 정보를 제공하는 연구에서 시작됐다. 이 영화의 마지막 장면에서는 주인공 앨런 튜링이 상대가 기계

인지 사람인지를 알아보는 '튜링 테스트'를 언급하며 인공지능(AI)과 사람을 구별할 수 있는가에 대한 의문을 남긴다. 이 의문은 과학이 발전하면서 더 커졌다.

인간은 언제부터 기계를 발달시켜 쓰기 시작한 것일까. '혁명'이란 그 이전과는 패러다임이 확 바뀌는 것을 뜻한다. 18세기 중엽 영국에서 시작돼 유럽, 미국, 러시아 등으로 확산된 산업혁명은 농업중심 사회에서 산업중심, 공업중심 사회로의 변모를 가능하게 했다.

기계는 인간에게 편리함을 줬지만 여러 폐해도 가져왔다. 오래된 명화 '모던타임즈'는 산업화 시대의 폐해를 풍자한다. 주인공 찰리 채플린은 스스로 톱니바퀴 속에 들어가 기계의 일부분이 된다. 영화는 산업혁명으로 인해 기계가 인간의 자리를 차지하고, 실직이 증가하는 등의 현상을 보여준다. 인간은 편리함을 위해 기계를 발전시켰지만 내면에는 '기계가 인간을 지배하지 않을까' '모든 것이 기계로 대체되지는 않을까' 하는 근원적인 불안감을 안고 있었다.

2004년에 개봉한 알렉스 프로야스 감독의 영화 '아이 로봇(I Robot)'은 이런 우려를 담고 있다. 2035년, 인간이 자의식을 지닌 로봇에 둘러싸여 편의를 제공받으며 살아가는 장면을 그린 이 영화는 로봇이 과연 인간에게 유익한가에 대한 질문을 하게 한다.

이런 영화 속 장면은 다들 먼 미래의 일이라고 생각했을 것이다. 그러나 2016년 3월 서울에서 이세돌 9단과 구글 인공지능 '알파고'의 대결이 이루어졌다. 인간 최고수와 인공지능이 인류 역사상 가장 어렵고 변수가 많은 게임이라는 바둑 종목에서 맞붙은 것이다. 결과는 예상외였다. 알파고가 4-1로 완승했다. 사람들은 적잖은 충격을 받았고, 인공지능이 대체할 수 있는 직군에 대한 보도가 쏟아졌다.

인간다움을 지키기 위한 자아 성찰의 일환으로 서점에서는 인문학 도서가 다시 팔리기 시작했고, 지구상에 존재하는 직업의 35%가 기계나 컴퓨터로 대체될 것이라는, 2013년에 발표된 연구 결과도 다시금 주목받았다. 하지만 다들 막연히 두려워하기만 할 뿐, 알파고가 어떤 원리로 작동하는지에 대한 관심은 상대적으로 적었다.

알파고의 원리를 이해하기 위해선 '인공신경망'을 알아야 한다. 기계가 똑똑하게 일하길 바라던 사람들은 기계를 사람과 닮게 하기 위해 기계에 '학습 능력'을 부과하고 싶어 했다. 이를 위해 인간의 뇌, 즉 생물학에서 신경망이라고 하는 중추신경계를 본떠 통계학적인 알고리즘을 만들었다. 이것이 알파고의 모태가 되는 인공신경망이다. 이런 인공신경망은 스스로 학습할 수 있는 능력인 '딥러닝(deep learning)'이 가능하다. 입력층과 출력층 사이에 은닉층을 쌓아 네트워크를 구성, 계속된 정보의 재처리를 통해 학습하며 발전하는 방식이다.

사람의 기억력과 정보저장 능력은 한계가 있고, 컴퓨터의 그것은 무한히 확장할 수 있다고 할 때 인공지능은 사람에게 위협적인 존재가 될 것이라고 생각할 수 있다. 그러나 그렇지 않다.

"하나를 알면 열을 안다"라는 속담이 있다. 학습 능력이 뛰어난 사람에게 쓰는 말이다. 사람은 빨간 사과를 한 번 보면 다음에 녹색 사과를 봐도 녹색인 사과가 있다는 것을 안다. 크기와 생김새가 조금씩 달라도 기존의 사과 이미지를 연상하며 이를 사과로 인식한다.

인공지능 컴퓨터는 어떨까. 2012년 국제 이미지인식기술대회 이미지넷(IMAGENET)에서 캐나다 토론토대 제프리 힌튼 교수 팀의 딥러닝을 선보인 '알렉스 크리제브스키'는 압도적인 차이로 우승했다.

그러나 영상인식학회(CVPR)를 통해 발표된 미국 와이오밍대 연구에서는 의미 없는 노이즈 형태의 그림과 패턴을 아르마딜로, 공작, 야구, 전자기타 등으로 잘못 분류하면서 허점이 드러났다. 알렉스 크리제브스키의 알고리즘은 이 의미 없는 이미지가 99% 확률로 정답일 것이라고 자신했는데, 왜 이런 일이 발생했을까.

원인은 학습 데이터에 있다. 인공지능은 입력된 데이터를 넘어서는 수준의 정보와 마주하면 오류를 일으킨다. 사람이 기존 지식을 활용해 '유추'하는 것과 같은 과정이 없는 것이다. 딥러닝도 기계 스스로 학습하는 과정이 아니다. 각 층을 구성할 자료를 사람이 학습시켜야 한다. a라는 정보를 입력하고, 출력이 b라고 되게끔 해야 다음에 a라는 것을 보여줬을 때 출력이 b라고 나온다. 여기서 'a' 'aa' 등 비슷한 것을 보여주면 기계는 대응하지 못한다. 학습하지 않았기 때문이다.

결국 알파고가 이 9단을 이긴 것은 데이터 축적으로 가능해진 것일 뿐, 인공지능이 사람과 대적할 수 있음을 의미하지는 않는다. 인공신경망을 이용한 지금의 인공지능은 응용력 없이 경험한 것만 할 줄 아는, 다른 기계보다 조금 더 다양한 작업을 수행할 수 있는 기계, 그 이상의 것이 아니기 때문이다.

그럼 인공지능은 현대 기업경영에서 어떤 역할을 수행하는가. 1957년 프랭크 로젠블라트는 최초의 인공신경망 모형인 '퍼셉트론(Perceptron)'을 발표한다. 퍼셉트론은 어떤 패턴을 인공신경망의 입력층에 입력했을 때 패턴 간 관계를 자동적으로 조정하는 게 가능했고 간단한 덧셈 뺄셈도 했다. 이후 인공신경망 모형은 발전을 거듭해 계량적 의사결정과 주가, 환율 등의 예측 및 기업 신용평가, 재무 및 회계, 경영 전략 등을 지원할 수 있게 됐고 앞선 영화와는 달리 최고경영자(CEO)를 보조하는 역할도 하게 됐다.

이처럼 경영과학이 CEO를 보조하는 사례는 다양하다. 캐나다 마운트 시나이병원은 경영과학의 원조 격인 '선형계획(linear programming)' 중 목적계획법과 정수계획법을 활용해 고정된 예산 내에서 운영비 최소화, 과잉서비스 해결 등의 성과를 냈다. 이 덕분에 오래 걸리던 병원의 스케줄 작성을 1~2시간으로 단축할 수 있었고, 이는 연간 2만 달러의 비용절감 효과를 가져왔다.

인공지능, 인공신경망을 두려워할 필요는 없다. 그들은 CEO가 할 수 있는 가장 중요한 일인 '비정형적 의사결정'을 대신할 수 없다. 다만 CEO가 목표와 비전을 세우면 충실한 조력자가 돼 '정형적 의사결정'을 도와줄 것이다.

경영과학은 軍작전계획 수립에서 시작

경영과학(operations research)은 조직이 경영에 관한 의사결정을 체계적이고 합리적으로 하는 방법을 연구하는 분야다. 수학적 모델, 통계학, 알고리즘을 동원한다. 제2차 세계대전 중 병참지원 업무에 대한 작전연구 분야에서 발전했다. 이후 산업계에 도입돼 성공적으로 활용되면서 미국 산업 발전에 큰 영향을 미쳤다.

선형계획(linear programming)이 경영과학의 원조 격이라고 할 수 있다. 선형계획은 자원을 그 용도에 맞게 배분하는 문제를 해결하기 위해 사용되는 과학적 의사결정 기법이다. 원유 정제 사업, 광고 믹스, 설비 배치 등 다양한 산업 분야에 적용되고 있다.

선형계획은 1차식의 목적함수식과 제약조건식으로 표현되며 정해진 제약조건 안에서 최적해를 찾는 최적화(optimization) 기법이라고 할 수 있다. 이때 목적함수식이란 의사결정 변수와 의사결정의 결과를 나타내는 결과변수의 함수식 관계를 표현하는 방정식이며, 제약조건식은 목적 달성을 제약하는 현실의 여러 제약을 수식으로 표현한 것이다. 특수한 선형계획 모형으로는 다수의 공급처에서 다수의 수요처로 재화나 용역을 최소 비용으로 수송하는 방법을 찾는 수송모형 등이 있다.

02

4차 산업혁명이 몰고올 변화와 대응

4차 산업혁명 선도 기업의 요건… "구글 · GE처럼 플랫폼을 지배하라"

인공지능 · 빅데이터 · IoT 융합
다양한 제조 · 서비스 플랫폼 출현
기술력 갖춘 신흥국엔 새 성장 기회

고객가치 높이기에 목표 집중
데이터 기반 경영문화 정착 중요

청년실업률은 외환위기 이후 최고치를 기록하고 있고, 1인당 국내총생산(GDP)도 3만 달러 벽을 넘기 어려울 것 같다. 최근 호조세를 보이고 있는 미국은 기존 리쇼어링 정책을 더욱 강하게 추진할 전망이다. 도널드 트럼프 대통령 당선자의 등장으로 수입관세 인상 등 무역 상대국에 타격을 주는 정책이 쏟아져 나올 것으로 우려된다. 중국, 일본의 보호무역주의도 어제오늘의 일이 아니다.

이처럼 국내 경제의 저성장 기류가 갈수록 뚜렷해지고 국제 경제가 자국이기주의 열풍이 거센 가운데 소위 4차 산업혁명의 물결이 새로운 경제 질서를 예고하고 있다. 4차 산업혁명은 기존 기술 패러다임이 융합되면서 나타날 변화여서 예측이 어렵기는 하지만 결국 모든 산업을 완전히 뒤바꿀 전망이다.

4차 산업혁명이 가져올 변화를 한마디로 요약하면 '산업구조의 고도화'라고 할 수 있다. 각종 서비스와 재화에 대해 기존 수요는 훨씬 잘 맞춰주고, 새로운 수요를 창출하며 생산효율 극대화를 통해 낮은 비용으로 이를 제공하게 되는 것이다. 인공지능(AI), 빅데이터, 사물인터넷(IoT), 가상현실, 3D 프린팅 같은 신기술과 패러다임이 다양한 방식으로 융합하고 기존 산업에 적용되면서 산업 고도화를 이뤄갈 것이다. 아디다스의 '스피드 팩토리'나 GE의 '브릴리언트 팩토리'는 4차산업의 핵심 기술 즉 IoT, 빅데이터, 3D 프린팅, 신소재와 같은 기술을 융합해 소비자욕구 충족 수준을 극대화하려는 시도들이다. 이를 통해 소비자 개개인의 요구사항을 제품 설계에 반영하고, 재고를 최소화하며, 생산속도를 비약적으로 높이고, 배송을 효율화하는 동시다발적인 제조업의 역량 강화가 가능해진다. 이 과정에서 습득되는 데이터는 이 기업들이 소비자에 대해 더 잘 알게 해주어 제품 및 관련 서비스의 질을 향상시킬 수 있게 해준다. 결국 궁극적인 다품종 소량생산의 비전을 보여주는 것이다.

생태계 관점에서 보자면 과거보다 새로운 산업 생태계가 훨씬 빈번하게 탄생하게 될 것이고, 이 생태계들은 생존을 위해 지금보다 훨씬 격한 경쟁에 직면할 것이다. 이미 글로벌 기업 대부분은 신기술에 대한 자사 중심의 생태계를 만들기 위해 경쟁하고 있다. 기술의 이해는 기본이고 이를 산업에 효율적으로 적용, 수요와 공급의 혁신을 이끌어낼 수 있는 경제적 비전을 만들어 내 많은 추종자가 따라오게 하는 리더십이 절실한 시기다.

산업 구조적인 측면에서 보자면 3차 산업혁명부터 일부 산업들, 일례로 정보통신, 미디어 등의 산업과 일부 제조업의 경우 전통적인 수직적 통합 기업구조에서 수평적 분화 형태로 산업구조가 바뀌었는데 이 추세가 더욱 강해질 것으로 예상된다. 그 중심에는 '플랫폼 경영'이 있다. IoT와 자동화 기술을 활용하는 제조업에서는 가치사슬의 많은 부분, 예를 들면 금형 사출이나 조립, 3D 프린팅을 활용한 다품종 소량생산 등의 기능에서 다양한 시장에 적용될 수 있는 제조 플랫폼 기업들이 출현할 여건이 무르익고 있다. 즉 전자기기, 가전용품, 자동차 부품, 의료기기 부품 등 다양한 제조업에 효율적으로 제조할 수 있는 기업들이 등장할 것이다. 과거에 수직적 통합의 효율성에 의존하던 기업, 특히 한국 대기업들은 이런 상황에 적응하기 힘들 수도 있을 것이다. 결과적으로 소비자 요구를 정확히 이해하고 새로운 수요를 창출할 기획력을 갖춘 기업들이 각 시장의 리더가 되고, 정말 잘할 수 있는 분야에서 경쟁력 있는 플랫폼을 구축해 극도의 효율성을 달성할 수 있는 전문기업들은 제조업 가치사슬의 일정 부분을 차지하면서 부가 서비스를 통해 수익을 극대화하는 쪽으로 분화할 것이라 예상할 수 있다. 즉, 시장분석 및 제품 기획능력을 확실히 갖추든지, 특정 분야의 플랫폼화를 뛰어나게 잘하든지 둘 중 하나는 확실하게 해야 살아남는 구조로 가는 것이다.

4차 산업혁명의 많은 기술은 플랫폼을 중심으로 영향력을 확대하리라 전망된다. 구글, SAP, GE, IBM, 아마존 등과 같은 글로벌 기업은 빅데이터, AI, IoT 등을 활용한 산업 플랫폼을 적극 육성하고 있다. 과거에 기술, 인프라, 자본의 부족으로 신산업에 진출하지 못하던 소규모 기업이나 신흥국 기업도 이런 플랫폼을 활용하면 얼마든지 산업 앱(응용프로그램)을 만들고 생산성을 높일 수 있다. 이를 통해 경쟁에서 앞서나가고, 새로운 가치창출의 기회를 도모할 수 있을 것이다. 독일은 이미 다양한 산업 플랫폼을 조성하여 제조업 중흥에서 선두로 나아가고 있다. 신흥국 중에서 기술력과 우수 인력이 많은 중국, 인도에서는 새로운 기회로 여길 소지가 충분하다.

또 4차 산업혁명이 가져올 변화 중 하나는 '현장주의 경영'이 필요 없어진다는 것이다.

센서와 네트워크 기술을 통해 현장에 대한 완벽한 모니터링과 통제가 가능해지기 때문이다. 이것은 생산 및 경영활동을 모듈화해서 아웃소싱하는 것이 더욱 용이해진다는 이야기다. 물론 준비된 신흥국에 한해서만 이런 기회가 찾아올 것이다.

4차 산업혁명에 대비하기 위해서는 첫째, 과거 변화 사례들을 명확히 짚는 것이 필요하다. 일례로 인터넷과 모바일 혁명이 일어났을 때 신규 제품과 서비스 시장이 무수히 창출됐고 여기서 플랫폼 생태계 경영의 중요성이 부각됐다. 또 소프트웨어 역량과 혁신의 필요성도 강조됐다. 둘째, 급변하는 경영환경에서 혁신노력을 일관되게 기울이기 위해서는 복잡할수록 목표를 단순히 할 필요가 있다. 4차 산업혁명은 각종 새로운 기술을 활용해 고객가치를 높이는 것이다. 이를 가장 효율적으로 달성하는 기업이 선도자가 된다. 어떻게 하면 고객가치를 높일 수 있을지를 중심으로, 할 수 있는 것부터 빠르게 해 나가야 한다.

셋째, 이런 목표를 달성하기 위해 기업문화를 하나로 엮어야 한다. 4차 산업혁명에서는 데이터를 중심으로 하는, 즉 근거에 기반한 경영문화를 정착시키는 것이 필요하다. 4차 산업혁명을 구성하는 많은 요소의 공통점은 데이터다. 크게 보면 4차 산업혁명은 데이터가 제품에 접목돼 가치를 높이는 것과 데이터가 기업 업무에 접목돼 생산성을 높이는 것, 두 가지로 요약할 수 있다. 여기서 기업 업무는 단순히 생산과정만을 뜻하는 것이 아니라 인사, 조직, 전략, 마케팅, 생산관리, 재무, 회계와 같은 경영의 모든 분야에서 데이터를 근거로 한 의사결정을 하는 것을 의미한다. IoT와 AI는 예전에는 구할 수 없던 데이터를 저비용으로 확보해 이를 매우 빠르고 정확하게 분석해 낼 수 있다. 작은 업무 영역부터 시작해 모든 경영의 의사결정을 이런 데이터에 근거한 방향으로 바꾸면서 경영성과 향상을 측정하는 기업문화로 일관되게 변화하는 것이 필요하다.

빅데이터·IoT 장착한 GE의 새로운 '제조 패러다임'

제너럴일렉트릭(GE)은 산업인터넷 플랫폼인 '프리딕스'를 개발하고 '디지털 트윈'이란 새로운 제조 패러다임을 선보였다.

GE는 궁극적으로는 제조기업에서 '제조 플랫폼 기업'으로의 전환을 목표로 하고 있다. 기존 수직적 결합 기업 간 제조 경쟁에서 벗어나 제조업에 필요한 플랫폼을 선점하고 이를 되도록 많은 제조산업에 적용해 B2B(기업 간 거래) 시장에서의 영향력을 극대화하겠다는 것이다. 그 과정에서 과거 경쟁사들을 포함, 모든 기업이 자사 플랫폼을 이용하도록 개방할 것이다. 이를 통해 규모의 경제가 달성되면 그 자체로도 수익성이 올라가겠지만 추가로 발생하는 온갖 데이터를 활용한 서비스 비즈니스들이 새로운 수익원으로 자리 잡을 것이다. 이미 인공지능(AI), 정보기술(IT) 서비스 업체로 체질을 완전히 개선한 IBM처럼 GE도 탈제조업을 시도하는 것이다.

4차 산업혁명의 무수히 많은 신기술과 패러다임을 어떻게 융합할지를 견인하는 것은 궁극적으로 '고객가치의 향상'이다. 프리딕스, 디지털 트윈 등 GE의 미래 전략 방향은 결국 고객가치를 증대해 시장 선도력을 키워 성장한다는 것이다. 제일 유명한 사례로 항공기 엔진에 센서를 달아 운항정보를 수집, 분석해 항공사의 연료를 절감하고 최적의 유지·보수 서비스를 가능토록 한 것은 결과적으로 GE의 시장 선도력을 공고하게 해준다.

03

IT 투자는 효과가 있는가

IT 투자, 눈앞의 이익 없지만 혁신 이끄는 '확실한 보험'

IT는 돈 들여도 성과 없다?
기업의 경제적 이익보다
편의성 · 상품 다양성 등 마케팅 · 생산에 간접적 기여

불황일수록 IT에 공들여야
IT자원 습득 비용 많지만 경쟁력 확보에 필수 요소
아마존 · 구글 등 지속적 투자

정보기술(IT)은 경영의 거의 모든 분야에서 기업들이 가장 많은 투자를 하는 영역이다. 미국의 경우 포춘 500대 기업의 투자 중 35%가 IT 투자인 것으로 조사되고 있다. 한국에서도 IT에 대한 투자가 대부분 경상경비를 제외하고 투자 비중이 가장 클 것으로 예상된다. 하지만 IT를 담당하지 않는 많은 최고경영자(CEO), 그리고 마케팅 등 다른 분야 임원들은 '투자는 많이 하지만 성과는 없는 부문'이 IT부문이라고 불평한다. '생산성 역설

(Productivity Paradox)'은 IT부문에 투자를 많이 하는데도 실제 뚜렷한 성과가 관찰되지 않는 현상을 말하는데 많은 경제학자와 실무자들이 이런 모순된 현상을 지적, 비판하고 있다.

하지만 이렇게 성과가 나타나지 않는 것처럼 보이는 현상은 IT 투자의 성격에 대한 일반 경영인들의 잘못된 이해에서 비롯된 것이라고 할 수 있다. 야니스 바코스 미국 뉴욕대 교수는 사이언스지에 실린 서평에서 생산성 역설이 나타나는 몇 가지 이유를 열거하고 있다.

첫째, '성과의 잘못된 측정 문제(Mismeasurement)'다. IT에 따른 효과는 수익 등 일반적 성과로 나타나지 않고, 편의성 증가나 상품의 다양성 등으로 나타난다는 것이다. 통계적 성과로 잡히지는 않지만, 이런 가치는 매우 크다. 한 연구에 따르면 아마존이 책의 판매 가격을 낮춤으로써 경제에 공헌한 효과 대비 책을 다양하게 제공함으로써 공헌한 경제적 효과가 7배에 이르는 것으로 추정된다.

또 IT는 전자상거래 등 일부 경우를 제외하고는 마케팅, 생산 등 여러 기업부문에 대해 서비스를 제공하는 지원부서다. 따라서 그 효과는 기업 수준의 이익 등 '성과'에는 직접적으로 기여하지 않으며 마케팅, 생산 등의 부문에 간접적으로 나타난다. 이런 연유로 IT의 직접적 공헌량을 측정하기가 쉽지 않은 것이다. 그리고 IT부문의 지원과 결합해 성과를 낸 많은 부서와 부서장들은 본인들의 실적 평가에서는 IT부문의 공헌을 최소화해서 언급하고, 자신의 부서에 나타난 성과의 대부분을 자신과 자기 부서의 성과로 주장하거나 그렇게 생각할 가능성이 매우 높다. 이는 IT부문 성과 측정에 편향(bias)을 줄 가능성이 매우 높다.

둘째, '잘못된 경영 문제(Mismanagement)'다. 전문가들은 IT 투자의 성공 확률이 50%밖에 안 된다고 얘기하기도 한다. 그만큼 IT투자는 연구개발

(R&D) 투자처럼 결과가 불투명한 위험한 투자로서의 성격을 지니며, 생산적이지 않고 낭비적인 투자가 되기도 한다. 때로는 매우 놀라운 긍정적 성과와 함께 심지어는 손실을 초래하기도 하는 성과가 혼합돼 나타나기 때문에 통계분석에서 양(+)의 결과가 안정적으로 나오지 않는 것이다.

셋째, '투자와 성과 발현 사이의 시간차 현상(Diffusion Delay)'이다. 투자된 정보시스템과 기술은 조직에 흡수돼 성과로 나타나기까지 오랜 시간이 걸릴 수도 있다. 이렇게 성과 발현 소요기간이 일정치 않은 IT 투자를 바로 앞 단기 성과와 연결시켜 성과를 측정하고자 하기 때문에 성과가 없는 것으로 보이는 것이다.

넷째, '자본축적 이론(Capital Stock Theory)'이다. 경제학자 대니얼 시첼은 IT에 대한 투자가 많이 됐다고는 하지만 축적된 자산에 비해서는 비중이 크지 않으며, IT 자산이 빨리 상각되는 성격을 지니고 있어 더욱 현재 자산에서의 비중이 작아 쉽게 관찰되지 않을 수 있다는 이론을 제시했다.

이런 이유들로 IT는 투자 효과가 있음에도 그렇지 않은 것으로 잘못 인식되고는 한다. 미국 언론인 니콜라스 카는 저서《IT는 중요하지 않다(IT Doesn't Matter)》를 통해 "IT는 전기처럼 누구나 쉽게 언제든 쓸 수 있어 기업 경쟁력을 결정하는 데 중요하지 않으며, 컴퓨터를 활용하는 지식과 기술은 쉽고 누구나 알고 있다는 현실에 기반해 IT 전문가나 전공자도 그 필요성이 줄어드는 미래가 올 것"이라고 했다. 하지만 카는 컴퓨터나 휴대폰과 같은 IT 자산(IT asset)이 IT의 전부를 의미하지는 않는다는 사실을 간과했다. IT자산은 구매가 매우 쉽지만, 이것이 기업의 인적 자원 등과 결합해 기업이라는 몸의 일부가 되는 IT자원(IT resources)을 습득하는 것은 세계적인 기업들도 오랜 세월이 걸리는 어려운 일이기 때문이다.

그리고 IT자원은 기업이 체화하기 매우 어렵기 때문에 한번 습득하면 오랫동안 지속가능한 비교우위를 획득하고 유지하게 해준다. 또 그 반대인 비교열위의 이유로도 IT 투자는 가치가 있다. 예를 들어 주변의 경쟁관계에 있는 다른 은행들이 모두 현금인출기를 운영하고 있다면 어떤 은행이 현금인출기를 도입했다고 해서 비교우위를 갖지는 못할 것이다. 하지만 이 은행이 현금인출기를 도입하지 않으면 다른 은행들과의 경쟁 자체가 불가능해진다. 이런 경우 이 은행은 현금인출기에 대한 투자를 하지 않을 수 없다.

한 실증 연구에 따르면 인터넷뱅킹 도입이 미국 은행들의 성과에 음(−)의 효과를 준 것으로 조사됐다. 큰 비용을 들여 인터넷뱅킹에 뛰어들었지만 다른 은행들도 같이 도입해 성과가 개선되지 않았기 때문이다. 하지만 다른 은행들이 도입하는 한 인터넷뱅킹은 사업을 계속 영위하기 위해 도입하지 않을 수 없다. IT는 이 이유만으로도 투자할 가치를 지닌다. 통계적으로 잡히는 수익과 같은 효과를 보여주지 않지만 기업의 존재 자체를 가능하게 하는 매우 중요하고 유용한 투자가 된다.

한국 경제는 지금 깊고 긴 침체의 늪에서 허덕이고 있으며 투자 침체 현상은 쉽게 관찰되고 있다. 하지만 경영대가인 슘페터도 주장했듯이 불황기에는 오히려 더 적극적인 IT 투자가 필요하다. 불황임에도 불구하고, 전자태그(RFID) 기술 도입과 활용에 적극적인 월마트, 클라우드 컴퓨팅 기술과 사업에 지속적으로 투자하는 아마존, 딥러닝 등 인공지능(AI) 기술에 과감히 투자하고 있는 구글 등 미국 주요 기업들은 세계적 불황 속에서도 보다 적극적인 IT 투자로 'IT근육'을 키우는 일에 열심이다.

한국 기업들도 미래에 대한 대비 없이는 글로벌 비즈니스에서 패권을 잡고 경쟁할 기회를 기대할 수 없을 것이다. IT는 혁신적인 새로운 패러다임을 그려보고, 이를 준비하는 기업의 혁신 엔진이다. 따라서 이에 대한 투자와 활용은 필수불가결한 요소라고 할 수 있다.

IT 생산성은 기업의 활용능력에 비례

노벨 경제학상 수상자인 로버트 솔로 하버드대 교수는 컴퓨터 시대가 도래하고, 많은 정보기술(IT) 투자가 이뤄졌음에도 생산성 관련 통계에서 이를 확인할 수 없는 현상을 발견하고, 이를 '생산성 역설(Productivity Paradox)'이라고 1987년 주장했다. 많은 경제학자가 후속 연구를 시행해 비슷한 결과를 얻었다.

하지만 에릭 브린졸프슨 MIT 교수의 1996년 연구는 달랐다. 브린졸프슨 교수는 기업의 수익 창출 효과와 관련해 IT의 생산성이 인사 등 다른 경영자원에 대한 투자보다 높은 투자 효과가 있음을 입증했다.

그는 이렇게 1980년대 대비 의미 있는 성과가 1990년대에 나타난 것은 그동안의 IT 발전과 우수 기업들의 IT 활용능력 발전에 그 이유가 있을 수 있다고 분석했다.

트리다스 무코파디 카네기멜론대 교수 등의 1990년대 연구도 마찬가지였다. 기업 전체 수준뿐만 아니라, 기업 세부 업무 프로세스에서 양(+)의 생산성 향상 효과가 있었던 것은 IT에 따른 것임을 경영정보학자들은 실증적으로 입증해 냈다.

04

블루오션 전략

"벤치마킹 시대는 지났다… '가치혁신'으로 경쟁을 불식시켜야"

경쟁 없는 시장을 찾아서

(1) 융 · 복합으로 신시장 창출… 호텔과 민박 장점 결합한 에어비앤비처럼
(2) 새로운 가치를 더해라… 서커스를 쇼로 바꾼 태양의 서커스처럼
(3) 비고객을 돌려세워라… 관심밖 소비자들도 섬세하게 공략해야

나라 안팎으로 격변과 혼돈의 시대다. 미국과 중국의 관계를 큰 축으로 하는 한반도를 둘러싼 국제정치 상황의 불확실성이 높아지고 있다. 정치 리더십이 급격하게 교체된 한국 경제에는 예측조차 어려운 파괴적인 삼각파도가 한꺼번에 몰아치고 있다. 평탄한 시기가 있었느냐고 반문할지 모르지만 최근의 상황만큼 복잡다단한 거시적, 미시적 요소들이 얽혀서 급변하는 경우도 드물었던 것 같다. 이러한 혼돈의 시대에서도 경영자들은 기업의 미래를 가늠하는 전략적 의사결정을 해 나가야 한다. 불확실한 상황에서 자칫

회사의 방향을 잘못 잡는다면 돌이킬 수 없는 결과를 초래하게 될 것이다.

결국은 전략적 사고가 답이다. 불확실성 아래서는 아무리 상세한 자료를 가지고 정교한 분석을 하더라도 한계가 있기 마련이다. 세상이 돌아가는 근본적인 힘의 변화를 바탕으로 한 전체의 맥락을 읽어 내는 것이 중요하다. 전략적 사고는 이렇듯 맥락을 읽고 방향을 잡아가는 데 주안점을 두는 사고방식이다. 그러나 전략적 사고라는 개념은 모호하고 추상적이라는 것이 문제다. 이 전략의 개념을 본질적으로 정리하고 나아가 이를 구체화해 현실에 적용시키는 데 초점을 맞춘 것이 '블루오션 전략'이다.

블루오션 전략은 프랑스 인시아드(INSEAD) 경영대학원의 김위찬 교수와 르네 마보안 교수가 제시한 이론이다. 이제는 '블루오션'과 '레드오션'이 일반명사화됐을 정도로 널리 알려졌는데, 정작 구체적인 내용은 충분히 알려지지 않은 것 같다. 필자의 견해로는 블루오션 전략이 담고 있는 내용이 전략적 사고의 핵심을 전달하고 있다. 무엇보다도 출발점이 전략의 본질적인 개념을 꿰뚫고 있다. 즉, '경쟁'을 전략의 본질적인 개념에서 다시 바라봤다. 마이클 포터 하버드대 경영대학원 교수가 1980년에 출간한 《경쟁전략》이 전략경영을 이론적으로 정립한 시금석이 됐는데, 다만 경영자들이 전략이란 경쟁에서 이기는 것이라고 단순화해 생각하게 됐다는 것이 문제다. 블루오션 전략은 진정한 전략이란 경쟁의 프레임에서 벗어나 경쟁을 불식하는 것이라고 정의함으로써 경쟁의 틀 속에 갇혀서 제한적인 전략적 사고를 하던 경영자들에게 신선한 통찰력을 제공하였다.

블루오션 전략의 핵심 개념은 바로 '가치혁신'이다. 한마디로 블루오션 전략은 고객의 관점에서 가격을 뛰어넘는 가치를 창출하는 방법을 구체화하는 것이다. 뛰어난 가치를 창출하는 데에 반드시 비용이 많이 들지는 않는다는 점 역시 블루오션 전략의 주안점이다. 요컨대 '저원가 고가치'를 추구하는 것이다. 블루오션 전략의 또 다른 강점은 현장에 접목돼 있다는 것이다. 가치혁신의 방법론을 논리적으로 정리하는 데 그치지 않고, 많은 실제 사례들을 적용하면서 구체성을 높인 점이 돋보인다. 아래와 같이 세 가지 핵심 포인트로 요약할 수 있다.

첫 번째, 기존의 경계를 넘어서 융복합을 추구함으로써 새로운 시장 기회를 발굴해 가치를 창출한다. 전통적인 제품, 서비스 제공의 시각에서 관념적으로 생각해 오던 산업 내지 시장의 경계를 고객의 관점에서 재정의하는 것이다. 에어비앤비가 대표적인 사례가 될 수 있다. 전통적인 숙박업과 민박을 두 개의 분리된 시장으로 보지 않고 각각의 장점을 결합해 융합적으로 사고함으로써 블루오션을 개척한 사례다. 나아가 고객의 입장에서 왜 특정 제품이나 서비스를 구매해 사용하는가를 구매 이전과 이후까지 포괄해 총체적인 사용자 경험의 측면에서 살펴보면서 통념적으로 달리 보아온 제품과 서비스들을 융복합해 새로운 가치를 창출하는 것도 가능하다.

두 번째, 전략의 핵심적인 내용은 단순한 목표치 설정이 아니라 가치창출의 본질적인 속성을 심층적으로 이해하는 것이 돼야 한다. 리처드 루멜트 미국 UCLA 교수가 일갈했듯이, 경영자들은 목표설정을 전략이라고 착각하는 경우가 많다. 구체적인 숫자를 제시하고 이 숫자에 기반해 계획을 세우면 마치 회사가 전략적으로 잘돼 간다는 오해를 하기 십상이다. 블루오션 전략에서 소개하는 '전략 캔버스'는 도대체 우리 회사는 어떤 내용의 가치창출 요소를 가지고 있는가를 뜯어보는 일종의 전략 해부도다. 이제는 유명해진 태양의 서커스단이 캐나다의 작은 회사에서 글로벌 회사가 된 것도 서커스가 제공하는 전통적인 가치 요소를 완전히 달리 생각해 동물들이 등장하는 전통적인 서커스의 속성 등을 과감히 없애고 드라마에서나 보던 흥미로운 이야기 흐름을 서커스에 도입, 새로운 서커스 쇼를 탄생시켰기 때문이다.

끝으로 블루오션 전략은 고객에 대한 새로운 관점을 제시하는데, 바로 '비고객'의 개념이다. 자사 고객에게 어떻게 하면 더 많이 팔 수 있을까를 고민하는 것을 넘어서 이제까지 우리 것을 구매하지 않은 사람들은 누구이며 왜 그럴까에 대한 전략적 질문을 던지는 것이다. 비고객은 세 개 층으로 세분되는데, 첫 번째가 약간의 노력으로 끌어들일 수 있는 비고객이다. 현재 제공되는 가치 속성을 그들의 취향에 맞춰 일부 바꿔 주면 곧바로 고객으로 편입될 수 있는 그룹이다. 두 번째 비고객층은 현재의 제품이나 서비스를 알고는 있지만 구매하지 않거나 구매 여력이 없는 사람들이다. 주어진 가치를 혁신적인 방법으로 가격을 낮춰 제공하는 방법을 통해 고객으로 끌어들일 수 있는 대상이다. 세 번째 비고객층은 아예 이전에는 고객으로 생각조차 하지 않았던 그룹이다. 이 그룹에게는 완전히 새로운 조합의 가치 속성들을 제시해야만이 고객층으로 전환시킬 수 있다. 이렇게 비고객층을 적극적으로 고객으로 전환해 시장 크기를 획기적으로 키워나가는 것이 블루오션의 중요한 개념 중 하나다.

전략적 사고의 핵심은 '본질'을 생각하는 것이다. 오랜 관행과 주어진 게임의 룰에 익숙한 많은 경영자들이 단숨에 사고의 틀을 바꾼다는 것은 매우 어려운 일이다. 더구나 후발주자로 성공한 한국 기업들에는 업계의 경쟁자를 벤치마킹하는 것이 전략의 전형적인 내용이 돼 왔다. 물론, 경쟁을 무시할 수는 없다. 그렇지만 경쟁에 앞서 고민해야 하는 것이 고객을 위한 가치다. 또 원대한 꿈을 가지는 것은 좋으나 그런 비전을 어떻게 달성해 낼 것인가에 대한 구체적인 방법을 그려 내지 못한다면 일장춘몽이다. 혼돈의 시대를 헤쳐 나가기 위해서는 본질을 생각해야 한다. 기본으로 돌아가서 전략적 사고를 가다듬어야 한다.

저비용항공사의 성공과 '전략캔버스'

블루오션 전략의 가장 핵심적인 분석적 틀이 전략캔버스다. 전략캔버스란 특정 산업이나 시장에서 제품과 서비스를 통해 제공되는 총체적인 고객 가치가 구체적으로 어떤 내용인가를 요소별로 분해해 일목요연하게 보여주는 도표다.

예를 들어 저비용항공사의 성공을 전략캔버스로 명쾌하게 설명할 수 있다. 고객이 항공 여행을 하면서 느끼는 총체적인 가치를 요소별로 쪼개 보면 좌석, 기내식, 기내서비스, 정시성, 연결편의성, 라운지서비스, 마일리지서비스 등 여러 가지가 있을 수 있다. 저비용항공사의 성공은 고객 니즈를 심층적으로 파악해 꼭 필요한 가치를 새로 만들거나 강조하고, 덜 중요한 가치를 없애거나 줄임으로써 파격적인 가격 인하를 선보인 것에서 기인한다.

전략캔버스는 이렇게 세분화된 가치 창출 요소별로 자사와 다른 업체들의 상황을 비교해 봄으로써 얼마나 전략적으로 사업을 영위하고 있는가를 스스로 평가해 보는 효과적인 도구다. 업계 관행에 따라 관성적으로 고객 가치를 제공하고 있는 건 아닌지 살펴보고, 새로운 관점에서 가치를 획기적으로 증진하는 방법을 모색하는 계기를 마련할 수 있다. 나아가 이제까지 생각하지 못한 새로운 가치 속성을 발견해 냄으로써 진정한 블루오션을 개척할 수도 있다.

05

평판을 경영하라

1등 제품 만드는 게 전부 아냐… '기업 평판' 관리해야 지속 성장

중요성 커진 '평판 경영'
'갑질 논란'이 일시적 현상?
기존 이미지마케팅 효과 증발… 장기적인 재무손실로 이어져

뒷수습보다 사전 대비에 투자를
기업 이해관계자 점점 확대돼
의사결정 때 다양한 의견 고려해야… 임직원 배려가 평판 관리 첫걸음

2013년 식품업체인 N사의 '갑질 논란'은 한국에서도 기업의 평판 리스크(reputation risk)가 재무적인 손실로 이어질 수 있다는 점을 보여준 사건이라고 할 수 있다. 대리점주에 대한 영업사원의 폭언 녹취록이 공개되면서 촉발한 이 사건은 떡값 요구 녹취록, 대리점주에 대한 보복성 계약 해지, 본사 직원에 대한 열악한 대우 등이 줄줄이 알려지면서 공분을 샀다. 과징금은 5억원에 그쳤지만 불매운동이 시작되면서 이 회사 매출은 전기 대비

10% 줄었고, 영업이익은 85%나 쪼그라들었다. 업계 2위이던 경쟁사는 같은 기간 매출이 30% 늘어 N사를 따돌렸고, 영업이익은 70% 이상 증가하는 등 반사이익을 누렸다. N사의 2012년 광고홍보비용이 1000억 원 정도였음을 감안하면, 그동안 브랜드 이미지를 높이기 위한 투자가 헛수고가 됐다는 점도 커다란 경제적 손실로 볼 수 있다.

이와 비슷한 사건은 또 있다. 2014년 전국을 떠들썩하게 한 D항공사 사건이다. D항공사는 이 사건이 불거지고 난 뒤 1주일간 시가총액이 2400억 원 가까이 증발했고, 경쟁사에 비해 탑승률도 확 떨어졌다. 이로 인한 매출손실은 250억 원에 달했다. 연간 500억 원에 달한 광고비도 헛돈을 쓴 셈이 됐다. 망가진 글로벌 브랜드 이미지까지 고려하면 잠깐의 실수가 초래한 손실은 상상을 초월한다. 최근에는 유명 외식브랜드 회장의 폭행사건이 불거졌다. 이후 소비자들의 불매운동과 함께 주가가 5%나 떨어지는 손실을 감내해야 했다.

이처럼 기업에 대한 부정적 평판이 예전처럼 잠깐 사람들의 입방아에 오르내리다 잊히는 것이 아니라 실제적이고 장기적인 재무손실로 이어지면서 기업의 마케팅 활동을 바라보는 관점에 대한 재조명이 필요하게 됐다.

경영학의 아버지로 불리는 피터 드러커는 '마케팅'과 '이노베이션'을 기업의 가장 중요한 두 가지 기능으로 꼽았다. 또 마케팅의 목적은 소비자에 대한 이해를 바탕으로 그들이 원하는 제품과 서비스를 제공하는 것이라고 설파했다. 하버드 경영대학원의 시어도어 레빗 교수는 1960년에 하버드비즈니스리뷰에 기고한 논문 「근시안적 마케팅(Marketing Myopia)」에서 "기업들은 기존 제품 위주 사고에서 벗어나 소비자의 니즈(needs)를 중심으로 시장과 사업을 재정의해야 한다"라고 주장했다.

곰인형을 만드는 제조업체가 제품 위주 시각에서 경쟁자를 파악한다면 다른 곰인형 또는 비슷한 장난감 제조회사에 주목할 것이다. 반면 여자친구나 아내, 자녀, 손주 등 특별히 아끼는 사람의 마음을 기쁘게 해줄 수 있는 선물을 고르려는 소비자 니즈를 중심으로 본다면 꽃배달 서비스, 초콜릿, 향수, 반지, 영화티켓 등도 중요한 경쟁자 또는 공동마케팅을 위한 협력 파트너가 될 수 있다는 것이다. 이후 상당히 오랜 기간 마케팅의 초점은 소비자 니즈를 정확히 파악하고, 이에 걸맞은 제품 또는 서비스를 개발·제공하는 것에 맞춰졌다.

이런 관점에서 본다면 경영진이 공급업자나 대리점에 '갑질'을 하든 말든, 직원을 마구 대하든 말든 회사는 걱정할 필요가 없다. 회사가 좋은 품질의 제품과 서비스를 경쟁력 있는 가격대에 제공해 이기적인 소비자들의 니즈를 만족시키는 한 그 회사는 계속 선택받을 것이며 시장에서 승승장구할 것이기 때문이다.

그러나 이제는 아무리 업계 1위 업체이고 제품과 서비스 품질 또한 우수하다고 해도 소비자들이 제품과는 무관한 사회적 이슈에 주목하면서 기업에 대한 부정적 평판이 소비자 행동, 나아가 기업의 매출과 이익, 주가에 실제적인 타격을 주는 시대가 됐다. 이런 상황은 앞으로 개인보다는 관계와 협력을 중시하는 젊은 세대인 '위제너레이션(WE generation)'이 소비시장의 주축으로 나서게 되면서 더욱 심해질 것으로 보인다.

경영자들은 이런 시장의 변화에 어떻게 대응해야 할까. 프랑스 명문 경영대학원 인시아드(INSEAD)의 크레이그 스미스 교수 등은 2010년에 출판한 논문 '새로운 근시안적 마케팅(New Marketing Myopia)'에서 그동안 경영자들은 소비자 니즈에 지나치게 집중한 나머지 비즈니스를 둘러싼 사회의 관점이 변화하고 있다는 사실을 놓쳤다고 지적했다.

소비자, 종업원, 공급업체, 대리점 및 판매처, 주주 등 1차적 이해관계자

외에 경쟁업체, 비정부기구(NGO), 언론, 정부 등 2차적 이해관계자까지 고려해 경영의사결정을 내리지 않는다면 기업은 큰 재앙을 맞을 수 있다고 경고했다. 이제는 단순히 내 물건을 사주는 사람만을 고객으로 보는 협소한 관점에서 벗어나, 기업을 둘러싼 이해관계자를 광의의 고객으로 여기고 그들의 필요를 고려하는 인식의 전환이 요구된다는 주장이다.

기업에 대한 이해관계자들의 영향이 커짐에 따라 최근에는 CJ그룹 등 국내 대기업들도 충분한 이해관계자 분석을 바탕으로 중요한 경영의사결정을 내리고 있다고 한다. 불미스러운 사건이 터지고 난 뒤 뒷수습하기 위해 동분서주하는 것보다는, 처음부터 다양한 이해관계자의 입장을 존중하는 시각과 배려하는 마음을 경영진을 포함한 사내 모든 직원이 공유하고 실천할 때 지속가능한 성장을 할 수 있다.

이때 특히 중요한 것은 경영진이 이해관계자 중에서도 가장 중요한 고객인 내부고객, 즉 직원을 아끼고 배려하는 것이다. 부모의 사랑을 받지 못한 자녀가 다른 사람에게 사랑을 주는 것이 힘든 것처럼, 경영진의 존중과 배려를 받지 못하는 직원이 고객을 비롯한 기업 이해관계자들에게 진심에서 우러나는 존중과 배려를 보여주기란 어렵다. 또 경영진이 외부 이해관계자를 잘 대하는 것처럼 비쳐지더라도 정작 자사 직원은 막 대한다는 사실이 알려지면 사람들은 그 경영진의 진정성을 의심하게 될 것이다.

요즘처럼 정보가 투명하게 공개되는 사회에서 좋은 기업인 척하는 것은 의미가 없다. 진짜로 좋은 기업이 되기 위한 깊이 있는 고민과 함께 비전과 실천과제 재정의, 이해관계자 분석, 핵심성과지표 선정 및 성과평가 방법 등에서 개선 노력을 해야만 그 진정성을 인정받고 좋은 평판을 얻을 수 있다.

이해관계자 관리의 핵심은 '균형감각'

기업의 이해관계자에는 소비자, 종업원, 공급업체, 대리점 및 판매처, 주주 등 1차적 이해관계자와 경쟁업체, 비정부기구(NGO), 언론, 정부 등 2차적 이해관계자가 있다.

이해관계자 이론(stakeholder theory)의 대가인 에드워드 프리먼 미국 버지니아대 다든경영대학원 교수에 따르면 이해관계자의 영향력이 커짐에 따라 오늘날의 기업은 이익 극대화나 주주가치 극대화 같은, 기존의 목표에 집착하는 대신 이해관계자들의 복리 증진을 위해 노력할 필요가 있다.

그런데 이해관계자들은 소비자, 종업원, 공급업체 등 그룹별로 입장이 많이 다르다. 따라서 특정 경영의사결정이 미칠 수 있는 긍정적 영향과 부정적 영향을 이해관계자 그룹별로 분석하고 대응방안을 검토해야 한다. 프리야 라구비어 뉴욕대 스턴경영대학원 교수 등은 이때 다양한 이해관계자들의 이익을 균형 있게 관리할 필요가 있음을 강조한다.

최근 회자되고 있는 기업사회책임(CSR · corporate social responsibility), 공유가치창출(CSV · creating shared value) 개념 역시 이해관계자들의 영향력 증대에 따른 기업의 전략적 대응방안 모색 과정에서 그 중요성이 부각되고 있다고 볼 수 있다.

선도기업의 몰락,
무엇이 문제인가

06

새로운 게임의 룰을 만들어가는 파괴적 혁신

코닥 · 노키아의 몰락… '달콤한 관성' 깨지 못하면 파괴당한다

잘 나가던 기업들 추락 왜?
고객 · 시장 변화 몰랐다기보다 기존 성공방식에 무리하게 집착
임계점 맞으며 서서히 무너져

100년 기업의 조건
GE · 듀폰 · 지멘스 등 초우량 기업
새로운 '게임의 룰' 받아들이고 끊임없이 '파괴적 혁신' 시도

왜 선도기업은 실패하는가. 많은 사람은 선도기업의 실패 원인을 성공에서 비롯된 자만심이라고 말하곤 한다. 클레이턴 크리스텐슨 하버드 경영대학원 교수의 연구결과에 따르면 다소 의외의 답이 돌아온다. 선도기업이 실패하는 것은 그들이 자만해서가 아니고, 오히려 '열심히 해서'라는 것이다. 그것도 너무 열심히 해서라는 것인데, 문제는 이미 세상이 바뀌고 있고 새로운 게임의 룰이 등장하고 있는데도 이들이 이제까지 자신의 성공을 이

끌어 오던 방식으로 열심히 한다는 점이다.

1989년 37세의 다소 늦은 나이에 경영컨설팅, 정부부처 자문관, 벤처기업 창업과 운영 등 다양한 경력을 쌓은 뒤 하버드 경영대학원 박사과정에 진학한 크리스텐슨은 자신의 풍부한 현장 경험을 바탕으로 매우 흥미로운 연구결과를 내놓기 시작했다. 1997년 발간된 『혁신자의 딜레마(The Innovator's Dilemma)』는 크리스텐슨을 일약 경영학계의 스타로 만들었다.

그의 연구 결과는 기존의 생각을 뛰어넘어 전략과 조직에 중요한 통찰력을 제공했다. 최근 전개되고 있는 극심한 불확실성과 기업의 부침은 그가 제시한 '파괴적 혁신(disruptive innovation)'을 새삼 돌아보게끔 한다. 이제는 중요한 경영 용어가 되다시피 한 파괴적 혁신은 애초의 의미를 넘어 다양한 맥락에서 사용되고 있지만, 핵심적인 내용은 '왜 잘나가던 기업이 실패의 나락으로 떨어질 수밖에 없는가'에 대한 통찰력이다.

모든 성공적인 기업은 어떤 유형으로든 시장과 고객에게 의미 있는 가치를 제공했기 때문에 이제까지 성공적인 길을 걸어온 것이다. 일단 성공의 길로 접어들면 그 기업은 나름대로 구축해 놓은 성공방식을 더욱 정교화하고 효율화하기 마련이다. 적어도 어느 정도 시간이 지날 때까지 이런 경영방식은 매우 효과적이고 효율적이다.

그러나 외부환경이 변화하면서 문제는 시작된다. 기술이 급격하게 변한다든가, 시장에서 고객의 사고와 행동이 어느 순간 임계점을 넘어 방향을 바꾸기 시작하면 성공적인 기업의 경영방식이 더 이상 효과를 내지 못하게 되는 것이다. 상식적으로 생각하면 이렇게 환경 변화가 시작될 때 기업이 그에 맞춰 합당한 변화를 해 나가는 게 당연할 것이다.

그런데 이렇게 당연한 일이 실제 기업경영에서는 매우 드물다. 주위를 둘러보면 정말 그렇다. 코닥이 무너져내린 것이나, 최고의 전성기를 구가하던 노키아가 몰락한 사례를 들여다보면 그들이 세상 변화를 몰라서 실패했다고 보기는 어렵다. 그런 변화를 알았지만 스스로가 그에 맞춰 변화하지 못해 실패한 것이라고 봐야 한다. 크리스텐슨의 연구에 따르면 이렇듯 성공한 기업은 어느 순간부터 실패의 길로 접어들게 되는데, 바로 파괴적 혁신이 그 분기점을 제공한다는 것이다.

파괴적 혁신이란 시장에 새롭게 소개되는 제품이나 서비스를 통해 구현되는데, 초기엔 대다수의 기존 고객이 관심을 두지 않을 정도로 미미하게 등장한다. 많은 경우 이런 신제품이나 신서비스는 기존 제품이나 서비스에 비해 성능이 떨어지거나 단순하고 가격이 싼 특징이 있다. 컴퓨터산업 역사에서 메인프레임이 위세를 떨치고 있을 때 등장한 미니컴퓨터, 이어 등장한 PC 등이 대표적인 파괴적 혁신의 사례다. 기존 제품에 비해 많은 측면에서 떨어졌지만 고객이 필요한 정도의 성능을 현격하게 낮은 가격으로 제공해 결국 기존 시장을 대체해버린 것이다.

그러면 왜 성공하는 기업이 환경 변화를 알면서도 스스로의 변신에 실패하는 것일까. 크리스텐슨이 파괴적 혁신의 '원칙'이라고 얘기한 다섯 가지를 근거로 정리해 보면 그 이유를 알 수 있다. 첫째, 기업을 움직이는 것은 고객과 투자가다. 여기에서 고객은 기존 고객을 말하고 투자가는 주요 주주를 의미한다. 즉 기업의 중요한 의사결정은 기존 고객을 더 만족시키고 단기적인 수익을 원하는 대다수 주주의 이익을 증가시키는 방향으로 이뤄지며, 결과적으로 새로운 시도를 하기보다 기존에 하던 방식을 더 잘하는 쪽으로 나아간다.

둘째, 파괴적 혁신이 이뤄지는 새로운 시장은 전형적으로 작게 시작하기 때문에 커다란 시장에 들어가 있는 기존 성공적인 기업의 관심을 끌기 힘들다. 성공적인 기업은 이미 확보한 큰 시장에서 돈을 잘 벌고 있는데,

이들이 미미해 보이는 새로운 시장에 진지한 관심을 갖긴 힘들다.

셋째, 파괴적 혁신이 등장하는 시장은 기존에 존재하지 않기 때문에 분석하고 이해할 수 있는 자료 자체가 없다. 성공적인 기존 기업의 강점 중 하나가 축적된 경험과 자료에 입각한 정교한 전략계획이다. 철저한 분석을 통해 의사결정을 해야 하는데, 새롭게 등장한 시장은 이들로선 도무지 이해하기가 어렵고 행동으로 옮기는 것은 더욱 힘들다.

넷째, 기업의 강점과 약점은 양면적 속성을 지닌다. 어느 한 측면에서 강하다는 것은 다른 측면에서는 약하다는 의미인데, 기존 성공적인 기업은 이제까지 해 온 게임에서는 매우 강하지만, 바로 그 이유로 인해 새롭게 전개되는 게임에서는 결정적인 취약점을 지닐 수 있다는 것이다.

끝으로, 기술의 발전과 시장 수요의 변화는 다른 궤적을 그린다. 고객이 특정 제품이나 서비스를 선택해 구매하는 요인을 보면 많은 경우 처음엔 새로운 기능에 끌리다가 점차 품질 등의 신뢰성과 편리성을 거쳐서 결국 가격으로 진화해 나간다. 기존 성공적인 기업은 자신이 상당 기간 연마해 온 (기존)기술을 더욱 완벽하게 구현하려고 하다 자칫 고객이 꼭 필요로 하지 않는 지나친 기술 중심의 제품과 서비스를 내놓게 된다.

고객 가치에 초점을 둔 파괴적 혁신자는 바로 이런 허점을 파고들게 되는 것이다. 종합해 보면 성공적인 기업이 실패의 나락으로 떨어지는 것은 환경 변화를 몰라서라기보다 알면서도 자기 변신을 막고 있는 일련의 관성적인 힘을 이겨 내지 못해서다.

매우 드물지만 성공하는 기업이 자기 변신에 성공해 또 다른 성공을 일궈 내는 사례가 있다. 100년이 넘도록 성과를 지속적으로 내고 있는 GE, 듀폰, 지멘스, IBM 등은 놀라운 변신을 거듭해 오늘에 이르고 있다.

비결은 무엇인가. 다름 아니고 넓은 의미에서의 파괴적 혁신을 내부에서 시도하는 자기 부정과 극복이다. 이제까지 성공을 가져다준 자신의 방식을 과감하게 스스로 부정하고, 철저히 고객과 시장의 관점에서 변화를 적극적으로 껴안고 녹여내는 파괴적 혁신의 내재화를 해냄으로써 격변하는 세상의 흐름에서 새로운 성공 역사를 써 내려가고 있다. 지독하리만큼 강한 조직의 관성을 어떻게 이겨 낼 것인가가 관건이다. 결국 내가 나를 파괴할 것인가 아니면 남에게 파괴당할 것인가의 선택이다.

한국 기업들, 파괴적 혁신의 주체에서 피해자로

지난 40여 년에 걸쳐 이룩한 한국 기업의 놀라운 성공은 파괴적 혁신의 관점에서 보면 실패의 위기가 다가오고 있음을 시사한다.

삼성전자, 현대자동차, 포스코 등 한국의 대표 기업들은 전형적인 파괴적 혁신으로 글로벌 시장을 파고들어가 급속한 성장을 일궜다. 그런데 매우 비슷한 방식으로 중국 기업들의 맹렬한 공격을 받고 있다. 저가의 짝퉁으로 취급받던 샤오미가 '가격 대비 성능'을 앞세워 돌풍을 일으킨 것이 파괴적 혁신의 대표적 사례다. 최근 중국의 푸젠진화반도체가 소위 '반도체 굴기'의 기치 아래 32나노급의 다소 저급한 D램 생산시설을 착공한 것도 삼성전자와 SK하이닉스의 아성에 도전하는 파괴적 혁신의 조짐이다. 이런 일련의 중국 기업들의 약진을 단순히 저가제품의 공격으로 볼 것이 아니라 파괴적 혁신 관점에서 전략적 시사점을 생각해야 한다.

디지털 기술의 혁명적 변화로 인해 다양한 소프트웨어가 싸고 편리한 제품을 가능하게 하고 있고, 전통적 하드웨어 제품 위주의 한국 기업들에 근본적인 변화를 요구하고 있다. 다시 출발점으로 돌아가서 철저하게 시장과 고객을 중심으로 생각하면서 자발적 변신을 해야 한다.

07

의사결정을 방해하는 오류들

축적된 경험 · 확실한 근거 '집착'… 전문가도 '의사결정 함정' 빠진다

의사결정 과정의 함정들… 특정 정보 · 사람 등에 맹신
변화 거부하고 현상태 고수… 지나친 자신감 · 신중함도 문제

'오류의 덫' 피하려면… 확실한 보상으로 주인의식 향상
격식 · 구애 없는 소통 방식으로 의사결정 합리성 · 신속성 높여야

조선·해운업계 구조조정이 지지부진하다는 평가가 지배적이다. 오래전부터 예견된 사태임에도 불구하고 대책에 나선 시점, 속도, 주체, 프로세스 등에서 총체적인 질타를 받고 있다. 지금까지 진행상황을 보면 의사결정의 질적인 측면에서 실패 사례로 기억될 징후도 농후하다. SK텔레콤의 CJ헬로비전 인수합병 건도 마찬가지다. 기업결합신고서를 제출한 지 6개월이 지났는데도 결론이 나지 않고 있다. 공정거래위원회의 의사결정 과정 전반에

비판이 쏟아질 수밖에 없다. 과거 GM, 일본항공 등이 빠르고 적절한 의사결정으로 성공적인 구조조정을 한 사례와 대비된다.

빠르게 바뀌는 현대 경제·경영 환경에서 의사결정의 적절성과 속도는 기업과 국가경쟁력의 핵심이다. 신속하고 스마트한 의사결정은 많은 사회과학 학자의 끊임없는 연구 대상이다. 다임러벤츠의 전임 최고경영자(CEO) 위르겐 슈렘프는 반대를 무릅쓰고 크라이슬러사를 합병했다가 9년 만에 헐값에 되팔았다. 2005년 허리케인 카트리나가 미국 뉴올리언스를 강타해 제방들이 붕괴되기 시작했을 때도 매슈 브로더릭 미국 국토안보운영센터장은 조지 W 부시 대통령에게 상황이 그리 나쁘지 않다고 보고해 재앙을 불러일으켰다. 이렇게 자신의 분야에서 최고 경력을 쌓은 전문가들도 종종 치명적인 오류를 범한다. 비즈니스전략 전문가 앤드루 캠벨 등은 의사결정과정을 신경과학의 관점에서 보고 이에 대한 조언을 하고 있다.

먼저, 의사결정은 '패턴인식(pattern recognition)'을 통해 상황을 판단하고 우리 기억 속에 붙어 있는 '감정적 꼬리표(emotional tag)'에 근거해 특정 반응을 보이는 과정을 거친다. 앞서 언급한 브로더릭 센터장은 베트남을 비롯한 전장(戰場)에서 많은 경험을 쌓았는데, 이때 그는 많은 비상경보가 오류로 인해 발생하는 것을 경험했고 경보 발생 시에는 오류가 아니라는 확실한 근거를 확보할 때까지 기다리는 것이 낫다는 것을 체득했다. 카트리나가 뉴올리언스에 상륙하고 12시간 동안 그는 17건의 제방 붕괴와 침수를 보고받았지만 동시에 주민들이 파티를 하는 등 평범한 일상을 보낸다는 정보도 함께 받았다. 그의 패턴인식 과정은 이런 상반되는 정보들을 바탕으로 재난 상황에 대한 결정적인 근거가 확보되지 않았다고 인지하고, 비슷한 상황에 대해 그의 기억에 저장된 감정적 꼬리표에 근거해 판단을 유보하고 퇴근하게 된다. 그는 당시 보고서에 다음날 상황에 대한 추가 근거 확보가 필요하다고 언급하고 있다.

신경과학의 관점에서 보자면 우리가 신뢰하는 축적된 경험에서 오는 지혜가 근본적으로 잘못 형성돼 있을 가능성은 누구에게나 있다고 할 수 있다. 먼저 개인의 의사결정 과정에서 흔히 범하는 오류들을 살펴보자.

가장 범하기 쉬운 오류들은 게으르기 때문에 범하는 것들이다. 이들은 '닻내림(anchoring) 효과'와 '현상유지(status-quo) 효과'라고 하는데 먼저 접한 특정 정보에 너무 큰 비중을 두거나 현재 상태를 유지하려는 경향을 말한다. 전자는 특정 정보소스 또는 특정인의 의견에 지나치게 의지하는 경우 발생하므로 항상 열린 자세로 다양한 정보와 사람들의 의견을 청취하는 것이 중요하다. 후자는 많은 정책과 경영의 의사결정 상황에서 적극적인 행위로 인한 결과에 책임을 지기보다는 '가만히 있으면 중간은 간다'는 소위 복지부동의 자세와 일맥상통한다.

닻내림 효과와 비슷한 유형의 오류로는 '회상능력(recallability) 효과'가 있는데, 이는 연관된 정보 중 매우 극적인 결과만 기억하고 여기에 근거해 판단하는 경우다. 변호사들은 재판의 승소 가능성에 따라 법정으로 갈지 합의로 해결할지 결정해야 하는데 언론 등을 통해 매우 극적인 승리를 한 사례들이 기억에 각인돼 있을 경우 승소확률을 과대평가해 무모하게 법정행을 결정하는 오류를 범하기도 한다. 또 하나의 흔한 오류 유형으로 '확인증거(confirming-evidence) 효과'가 있는데, 이미 특정 방향으로 마음을 정한 상태에서 다양한 정보 중 자신의 선택을 확신시키는 정보만을 선별적으로 수용하는 현상을 말한다.

지나친 자신감이나 신중함도 문제가 될 수 있다. 주식투자자를 대상으로 향후 주가가 속할 범위에 대한 예상을 물어보면 거의 대부분 이 범위를 너무 좁게 잡아 실제 주가가 이 범위를 벗어나는 경우가 많다고 한다. 반대 경우도 문제가 될 수 있다. 미국의 한 자동차 회사 시장기획부서는 신차 판매를 준비하면서 타 부서에 판매전망치 등에 대한 예측 자료를 요청했다. 요청을 받은 부서는 시장 수요를 맞추지 못할 위험성을 감안해 '넉넉한' 수치를 제공했다. 시장기획부서는 이 수치에 본인들이 생각하기에 넉넉한 정도의 수치를 더해 생산계획에 반영했다. 결과적으로 이 회사는 6개월치 물량을 초과 생산해 가격조정에 들어갔다고 한다.

이외에도 흔히 알고 있는 매몰원가를 고려하거나 기회비용을 고려하지 않는 오류, 상황을 어떻게 포장하느냐에 현혹되는 '틀(framing) 효과' 등 의사결정자가 합리적이지 못하게 하는 오류는 무수히 많다. 결국 다양한 종류의 오류에 대한 기본적인 이해를 바탕으로 최대한 열린 자세로 다양한 정보를 편견 없이 고려해 의사결정을 할 수밖에 없다. 특히 상위 의사결정자가 되기 전에 끊임없는 노력을 통해 좋은 의사결정 습관을 길러야 한다.

조직문화는 조직의 의사결정 속도 및 실행력과 깊은 연관관계가 있다. 여기에 대해 경영학자들은 두 가지 조언을 한다. 첫째, 소통방식의 개선을 통해 실천력을 키우라는 것이다. 격식에 치우치지 않고 진솔한 대화에 집중하는 문화를 조성하고, 리더가 조직원에 대한 피드백과 보상, 기타 필요한 지원 등을 확실하게 관리해 조직원들이 주인의식을 가지고 실행력을 발휘할 수 있는 환경을 만들라는 것이다. 격식에 치우친 회의를 주 소통창구로 하는 기업문화에서, 중요한 내용에 중심을 두고 자율적 실행력을 장려해 빠른 의사결정과 실행을 장려하는 문화로 바꾸라는 이야기다.

둘째, 전략기획과 의사결정 및 실행을 하나로 합치고 이를 일상생활화하는 것이다. 일반적인 조직에서는 전략기획은 연초 또는 1년에 수차례 정기적으로 하는 경우가 많다. 이를 실행계획이 중심이 된 전략기획으로 만들어 항시 진행하라는 것이다. 추가로 부서나 사업부 중심이 아니라 전사적 이슈를 중심으로 진행하도록 조언하고 있다. 맨킨스 등의 연구에 따르면 연례행사로 사업부 중심의 전략기획을 하는 조직에 비해 전사적 이슈에 대한 상시 전략기획을 수행하는 기업이 의사결정을 통해 실행에 옮기는 빈도수가 2~3배 많다고 한다. 바꿔 말하면 그만큼 의사결정 및 실행 속도가 빠르다는 이야기가 된다.

개인과 조직의 의사결정에서 오류를 줄이고 신속성을 추구하는 것은 조직경쟁력의 근간이라고 할 수 있다. 이는 개인과 조직문화의 근본적인 혁신이 필연적으로 선행돼야 가능한 일이다.

보잉사 부활 비결은 신속한 의사결정

보잉사는 상용기사업부 최고경영자(CEO) 및 고위임원들로 구성된 주간리뷰회의를 상시 운영하고 있다. 운영회의 성격의 이 회의체는 2001년 전략적 이슈를 발굴하고 논의하기 위해 전략통합프로세스를 구축하고 이를 전담하는 팀을 발족시켰다. 이 팀에서 발굴한 전략적 이슈들은 다음 주 주간리뷰회의에 상정돼 전사적인 실행과 이에 따른 재무적 성과에 대한 검토로 이어지고, 실행계획 수립 및 추진에 들어가게 된다. 결과적으로 전략기획과 이의 검토 및 실행은 별개의 전문성을 가지고 추진됐지만 주 단위로 밀착 진행함으로써 기획과 의사결정 및 실행이 긴밀히 연계돼 빠르게 이뤄질 수 있었다. 이는 보잉사의 실적이 2001년 이후 매우 빠르게 회복되는 데 결정적인 역할을 했다.

미국의 복합기업 텍스트론사는 매해 봄에 기업전략을 수립하고 이를 사업부에 내려보내 수행하는 전통적인 전략기획 시스템을 운영하고 있었다. 2004년 이 회사는 상시 진행되는 전략개발 프로세스를 구축하고 사업부별 기획을 기업 전체에 중요한 이슈 중심으로 전환했다. 이로 인해 텍스트론사는 전략적 의사결정 속도를 매우 빠르게 하며 경쟁사들을 압도하는 실적을 낼 수 있게 됐다.

08

오류 가능성 높은 집단의사결정

뚝뚝한 다수가 바보 같은 결정?… 조직을 위험에 빠뜨리는 '집단사고'

"우리가 최고" 과대평가와 폐쇄성
획일성 강요하고 경쟁자 · 경고음 무시… 위험 대비 '컨틴전시 플랜' 마련 못 해

'집단사고'의 위험 줄이려면…
집단 의사결정 과정 시스템화하고 다양성 가진 최고경영진 구성해야

아무리 뛰어난 경영자라고 해도 인간 본연으로서 가지는 다양한 인지적 편향성을 피할 수는 없다. 따라서 회사의 명운을 좌우할 전략적 사안에 관한 의사결정을 어느 한 개인에게 의존할 수는 없다. 자연스러운 해결안은 당연히 집단의사결정일 것이다. 여러 명의 경영진이 중지를 모아 고민하면 좋은 의사결정을 만들어 낼 수 있을 것으로 기대한다. 그런데 과연 현실은 어떠한가? 뜻밖의 결과를 빚는 경우가 허다하다. 누가 보더라도 전문적인 지식과 오랜 경험을 가진 훌륭한 경영자들이 모여 전략적 사안에

관해 의사결정을 했는데, 이해할 수 없는 결과를 초래하는 경우가 많은 것이다.

왜 똑똑한 사람들이 모여 바보 같은 의사결정을 하는가? 이는 개인의 잘못이라기보다는 개인이 모여서 집단을 이뤘을 때 나타나는 소위 '집단역학'에서 비롯되는 문제다. 이런 집단의사결정의 위험과 관련한 현상을 지칭하는 용어가 바로 '집단사고'다. 집단사고에 대해서 많은 연구 업적을 남긴 어빙 재니스의 설명을 중심으로 구체적인 내용을 살펴보기로 하자.

집단사고란 응집력이 강한 집단에서 특정 결론에 대한 의견 일치를 지나치게 추구하면서 구성원의 독립적이고 비판적인 생각과 의견을 억제하는 일련의 집단 심리적 현상을 말한다. 집단사고 아래에서 진행되는 의사결정은 다양한 대안을 검토하지 않고 충분한 객관적 분석 없이 이뤄지기 때문에 실패할 가능성이 높아질 수밖에 없다.

집단사고의 전형적인 증상은 다음과 같다. 우선, 자기 집단을 과대평가하는 경향이 두드러진다. 우리가 하는 일은 다 이뤄질 것이고 무엇을 하든지 그것은 모두 정당하다라는 믿음이 집단 구성원 사이에 강하게 공유되고 있다면 집단사고의 가능성을 의심해 봐야 한다. 또 대외적으로 폐쇄성을 가지게 된다. 경쟁자 혹은 외부에 있는 다른 사람들을 적대시하거나 과소평가하는 경향을 보이며, 나아가 외부에서 들어오는 부정적인 정보나 경고음을 무시한다. 끝으로 대내적으로는 획일성을 강요하는 분위기가 조성된다. 전체적인 합의에 대해서 부정적이거나 대안적인 생각을 구성원 스스로가 억제하는 경향을 보이며, 만장일치에 대한 집단적인 허상을 공유한다. 간혹 구성원 일부가 이탈하려는 조짐을 보이면 집단 충성심의 수호자를 자처하는 인물이 나서서 막고, 해당 이탈자에 직간접적인 집단적 압력을 행사하는 현상이 나타난다.

위와 같은 집단사고 현상이 집단의사결정 과정에서 나타난다면 결과적으로 의사결정의 질이 현격하게 떨어지고 궁극적으로 전체 조직의 실패로 이어질 수 있는 심각한 상황이 벌어지게 된다. 집단사고가 초래하는 구체적인 결과들은 이렇다. 먼저, 주어진 의사결정 안건에 대해서 제한적인 대안만을 생각하게 된다. 논리적으로 생각할 수 있는 다른 대안들을 아예 사전에 배제하거나 논의 과정에서 충분히 검토하지 않고 제외시켜 버린다. 정보 수집 및 분석에서도 편향성을 띠는데 특히 추구하고자 하는 결론에 대해 긍정적인 정보는 확대 해석하고 부정적인 정보는 무시하거나 왜곡한 채 해석해 축소하는 경향이 두드러진다. 따라서 혹시 일이 잘못될 경우에 대비한 컨틴전시 플랜을 마련하지 못하게 된다.

그러면 왜 집단사고 현상이 일어나는가? 재니스는 집단사고의 원인적인 요소를 크게 세 가지 카테고리로 나눠 설명한다. 첫째, 집단의 응집력이다. 일단 응집력이 강한 집단일수록 집단사고 현상이 나타날 가능성이 높아진다는 것이다.

둘째, 조직의 구조적인 결함과 관련한 요인들이다. 의사결정을 하는 집단이 조직 내외부와 단절돼 있어 객관적인 의견과 정보가 원활히 소통되지 않는 경우다. 또 리더가 자신의 편향된 의견을 강하게 주장하고 집단 구성원에게 영향력을 행사하는 경우에도 집단사고의 위험은 높아진다. 집단의사결정 과정이 사전적으로 정해진 일련의 절차와 체크리스트에 따르지 않고 그때그때 상황 전개에 따라 즉흥적으로 이뤄지는 경우 역시 위험하다. 그리고 집단 구성원의 배경과 공통가치가 유사할 경우에도 참여자들의 생각이 비슷하기 때문에 집단사고 가능성이 높아진다.

셋째, 집단사고를 유발하는 상황적 요소들이 있다. 외부로부터의 위협이 심각하고 리더가 제시하는 해결안 외에 마땅한 대안이 없는 경우다. 또 집단적으로 실패 경험이 있다든가 구성원이 주어진 전략적 의사결정을 효과적으로 수행해 내기에 도저히 역부족이라고 느낌으로써 구성원의 자긍심이 낮아진 경우에도 집단사고의 위험이 높아진다.

이런 집단사고의 위험을 어떻게 하면 줄일 수 있을까? 위에서 설명한 내용을 잘 살펴보면 집단사고에 대한 대응책을 자연스럽게 도출할 수 있다. 먼저 구조적인 해결안을 생각할 수 있다. 즉 최소한의 객관성을 보장할 수 있도록 집단의사결정 과정을 시스템화하는 것이다. 적절한 균형과 건강한 견제를 확보하기 위해서 의사결정 과정에서 반드시 거치고 확인해야 하는 프로세스와 체크리스트를 사전에 확립해 놓고 이를 준수하는 것이다. 다양한 상황을 생각하게끔 하는 시나리오 방법론의 명시적 활용도 집단적인 사고의 틀을 확장하는 데 도움이 될 것이다. 또 의사결정 참여자 중에서 소수의 특정인이 소위 '악마의 대변자' 역할을 하게끔 하는 것을 아예 명시적으로 제도화하는 것도 많은 도움을 줄 수 있다. 조직 내부 나아가 외부 전문가를 적절한 시점에 반드시 참여시켜 객관적인 의견을 경청하는 것을 제도화하는 것도 한 방법이다. 또 의사결정 참여자들을 소집단으로 나눠 각기 다른 의견을 생각하도록 유도함으로써 다양한 사고를 유발하는 것 역시 효과적으로 집단사고를 줄일 수 있다.

하지만 위와 같이 제도적으로 다양한 안전장치를 도입하더라도 실제 그런 제도를 활용하는 사람이 진지한 관심과 노력을 기울이지 않는다면 효과가 제한적일 수밖에 없다. 무엇보다 역시 리더십이 중요하다. 리더 본인이 집단사고의 잠재적인 위험을 충분히 인식하고 이를 경계하려는 의도를 갖고 노력해야만 집단사고의 위험에서 벗어날 수 있다. 리더가 결론을 먼저 제시하지 말고 의사결정 참여자들이 다양한 의견을 개진할 수 있도록 분위기를 만들어 줘야 한다. 또 위에서 제시한 여러 가지 제도적인 방지책을 리더가 선도적으로 제안하고 도입해야 한다. 끝으로 중요한 것은 전략적 의사결정에 참여하는 최고경영진 구성을 가능한 한 다양한 배경을 가진 사람으로 채워야 한다는 점이다.

조직의 명운을 가늠하는 전략적 의사결정은 이렇게 열린 시스템으로 다양성을 가진 사람들이 모여 진지한 토론을 거쳐야만 좋은 결과로 이어질 수 있다. 집단사고에 빠지면 조직은 실패한다.

집단의 응집력은 양날의 칼

집단사고 현상에서 흥미로운 점은 집단의 응집력과 관련한 내용이다. 집단사고의 위험성이 높은 조건 중에서 첫 번째로 꼽히는 요인이 바로 집단의 응집력이다. 집단의사결정에 참여하는 사람 간에 추구하는 가치관을 공유하고 상호 존중하는 마음이 형성돼 있으며 서로 인간적인 매력을 느끼거나 출신, 성장 배경이 비슷하다는 등 단일 혹은 복합적인 이유로 집단의 응집력이 강하다면 집단사고의 위험을 내포하고 있다고 볼 수 있다.

하지만 응집력 없이는 집단 내의 신뢰가 구축되지 않기 때문에 아예 원활한 의사소통조차 이뤄지지 않을 우려가 있다. 따라서 응집력은 집단의사결정의 질을 좌우하는 양날의 칼이다. 요컨대 응집력은 집단사고의 필요조건이지 충분조건은 아니다.

공통의 가치를 추구하고 상호 간 신뢰를 바탕으로 단합된 마음을 가지는 것은 분명히 의사결정의 질을 높이는 데 중요한 요인이다. 다만 그런 집단의 단결력이 자칫 조직의 구조적인 결합이나 상황적 요인에 의해서 집단사고에 빠져들면, 이른바 '집단광기'로 돌변해 자기들만의 프레임에 갇힌 채 어처구니없는 의사결정을 하는 바보 집단으로 추락하게 되는 것이다.

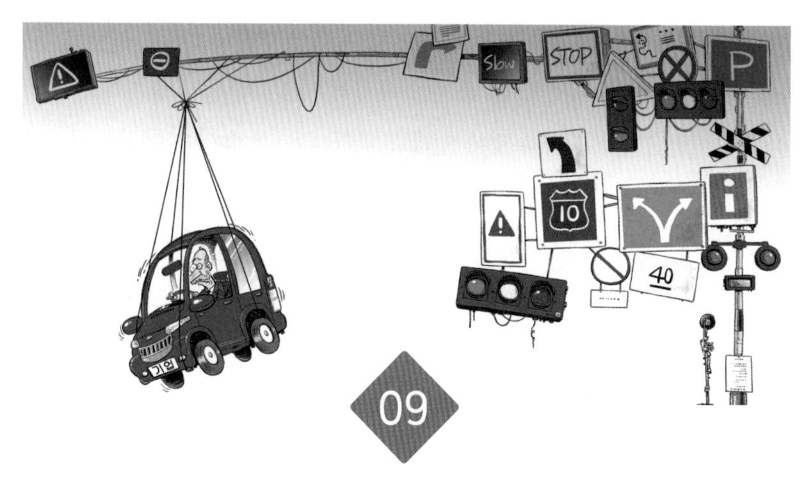

09

복잡성의 시대, 어떻게 대처해야 하나

핵심에 집중 IBM, 공급사와 혁신 공유한 P&G '복잡성의 덫' 탈출

복잡성 증가율 세계 3위 한국, 공급 사슬 글로벌화로 불확실성 확산
한국기업 빠르게 '복잡성 덫'과 조우

일본 도요타 리콜과 한진해운발 대란
대우조선의 생산 효율 20% 감소도
결국은 복잡성 증가가 불러온 사태

어느 산업군 · 기업도 안심할 수 없어
더 복잡해지기 전에 진단 · 처치해야

2012년 2월 '하버드비즈니스리뷰'에 '도요타의 초성장과 복잡성의 덫(Toyota's Hyper Growth and Complexity Trap)'이란 글이 실렸다. 이 글은 2010년에 벌어진 일본 도요타의 대규모 리콜 사태가 복잡성에 기인하고 있다는 점을 지적한다. 도요타는 세계 유수의 자동차 기업들이 따라하지 못하는 독특한 생산 방식을 보유하고 있다.

하지만 급속한 세계화는 도요타의 해외 생산 공장을 2배로 늘렸고, 제품군도 70여 개 확대됐다. 또 공정이 복잡해지면서 손실이 늘어나고 수익성이 줄어들면서 복잡성의 덫에 걸리고 말았다는 것이다. 도요타의 사례에서 우리는 무엇을 느낄 수 있을까.

도요타의 사례에서 보듯이 현대는 '불확실성의 시대'라고 해도 과언이 아니다. 정보통신기술의 발달로 기업의 활동 무대는 세계가 됐고, 이로 인해 공급 사슬도 글로벌화됐다. 한국 기업들도 21세기 들어오면서 해외 공장을 설립하고 해외 기업을 인수하는 등 공급 사슬을 확장해 왔다. 이런 공급 사슬의 글로벌화는 기업의 수익에 긍정적인 효과를 미쳤지만 불확실성을 증대시키는 결과도 낳았다. 이런 와중에 한국 기업들의 복잡성은 빠르게 증가하는 추세에 있다. 국내에서 경영활동을 하는 기업들은 높은 수준의 복잡성을 겪고 있으며, 복잡성 증가는 지정학적 위치와 관계없이 세계적인 현상으로 나타나고 있다.

이렇게 복잡성이 증가하는 것은 세계적으로 보편적인 현상이지만, 증가율에서는 지역, 경제발전 정도 등에 따라 차이가 있다. 한국의 복잡성 증가율은 68%로 세계에서 이탈리아, 중국에 이어 세 번째로 빠르게 늘고 있다. 이는 남아프리카공화국과 같은 순위며, 국가별 복잡성 증가율을 고려할 때 국내 기업은 다른 국가의 기업보다 더욱 높은 수준의 복잡성을 경험하고 있다.

최근의 한진해운 사태는 한진해운만의 문제가 아니라 화주인 삼성전자 및 국내 중소기업들의 물품에 문제가 연쇄적으로 발생하는 이른바 글로벌 공급체인과 관련한 복잡성에 기인한다. 이런 복잡성은 해운회사가 가지는 공급망 범위의 확대에 따른 공급망 구조의 복잡성이 증가한 사례로 볼 수 있다. 이뿐만이 아니다. 대우조선해양은 생산 효율이 20% 감소했다. 이 역시 다양한 사업에 뛰어들어 사업의 종류가 늘어남에 따라 회사의 복잡성이 증가, 생산성이 떨어진 사례다. 정성립 대우조선해양 사장 역시 이를 대외적으로 인정한 바 있다.

이런 상황에 비춰 봤을 때 기업의 복잡성을 진단하는 것은 꼭 필요하고 중요한 일이다. 컨설팅업체 윌슨페루멀의 스티븐 윌슨은 '복잡성 큐브'를, 엔터프라이즈그룹 설립자 존 마리오티는 '복잡성 지수'를 개발해 복잡성 진단 방법을 제시했다. 하지만 복잡성 큐브와 복잡성 지수는 모두 한계가 있다. 복잡성 큐브는 복잡성 요인들에 대한 명확한 기준 정립에 필요한 데이터의 정합성을 확보하는 데 어려움이 있다. 이 정보들은 대부분 내부 정보로, 이런 정보를 제공받지 못하면 신뢰성 있는 측정값을 도출하기 어렵다. 따라서 범용적 측정모델로 활용하기에는 한계가 있다. 복잡성 지수는 산업별 특성이 반영된 모델로 평가할 수 있으나, 이 역시 복잡성 요인에 대한 명확한 기준 설정과 신뢰성 있는 데이터 확보에 어려움이 있다고 판단돼 국내 기업의 복잡성을 측정하는 데 무리가 있다.

이처럼 복잡성을 야기할 수 있는 기업의 요인들은 정성적인 요인이 많아 측정하기 어려울 뿐더러 그 요인을 파악하는 것조차 한계가 있다. 즉 통계적으로 이를 분석하기에는 거의 불가능하기에 세계적으로 복잡성에 대한 관리의 중요성을 강조하고 있지만 그 관리가 잘 되고 있는지 아닌지에 대한 분석 방법론은 전무한 상태다. 필자는 한국능률협회컨설팅(KMAC)과 서울대 생산관리연구실의 연구원들과 함께 한국 기업과 산업 수준에 맞는 복잡성을 진단할 수 있는 방안을 지난 2년간 연구해 왔으며 곧 그 결과를 발표할 예정이다. 해외의 복잡성 극복 사례에서 복잡성 측정 요인을 추출하는 방식을 취했다.

필자가 연구에 참고한 해외의 복잡성 극복 사례 중 IBM을 살펴보자. IBM은 과거 하드웨어부터 소프트웨어, 그 밖의 관련 제품까지 모두 기업 자체 조직을 통해 수행해 왔다. 그로 인해 많은 문제점이 생겼다. 시장 내 점유율이 10% 이하로 급격하게 하락하고, 모든 사업 분야에서 경쟁사보다 기술력이 뒤처지게 됐으며, 매출 대비 많은 비용 지출로 1992년도에는 50억 달러의 대규모 순손실을 기록했다. 즉 수직적 통합으로 조직이 다양한 기능을 수행하면서 복잡성의 덫에 빠진 것이다. 또 P&G 같은 기업은 시장 경쟁이 심화되고 독자적인 연구 개발만으로는 경쟁력을 유지하기가 어려운 상태에 직면했다.

이 두 회사는 어떻게 복잡성을 극복했을까. IBM은 생산라인을 협력사에 의뢰했다. 오픈 이노베이션을 통해 핵심 역량에만 본사가 집중하고, 나머지는 아웃소싱하는 전략으로 내부의 복잡성을 감소시켰다. P&G는 독자적인 연구를 위한 본사 연구진을 더 늘리지 않았다. 이는 본사의 복잡성을 가중시키지 않고도 중소 공급업체의 연구진과 아이디어 공유 및 상호 교류를 활발히 하며 제품 혁신을 가능케 했다.

또 세계 최대 아웃소싱 업체인 홍콩의 리&펑(Li&Fung)은 명확히 정의된 제품 및 서비스 표준을 제시하는 방법 등을 통해 복잡성을 줄였다. 개방적인 경영을 통해 신뢰가 기반이 된 공급사슬을 구축해 복잡성을 혼자 짊어지는 것이 아니라 동반자인 공급사슬 구성체와 함께 대응하는 방안을 모색하기도 했다. 또 공급업체가 너무 많아지거나 지나치게 외부 업체에 의존하면서 야기되는 복잡성을 해결하기 위해 끊임없이 협력업체 네트워크를 확장했다. 이를 통해 이들 간 긴장과 경쟁 분위기를 유도함으로써 복잡성 문제 해결의 성공 사례로 꼽힌다.

복잡성은 더 복잡해지기 전에 진단, 처치해야 한다. 국내 건설산업과 같은 산업군의 경우 큰 복잡성에 직면해 있는 것으로 보인다. 복잡성의 덫은 어느 산업군, 어느 기업에나 찾아올 수 있다. 지금 당장 발밑을 살펴보라. 이미 당신의 기업은 복잡성의 덫에 발을 들여놓지는 않았는가.

복잡성의 측정과 그 방법

피터 터크먼 슬로베니아 루블리아나대 교수와 미국 DRK리서치의 케빈 매코맥은 2009년 발표한 논문에서 공급사슬의 위험 요소로 불확실성을 꼽았다. 허대식 연세대 교수는 2004년 논문에서 공급사슬 구조를 결정하는 요인으로 복잡성을 언급했다.

공급사슬이 글로벌화되면 소비자가 많아지고, 많아진 소비자는 다양한 니즈(needs)가 있으므로 기업이 제공해야 하는 제품이나 서비스 수가 늘어난다. 해외에 영업점이나 공장을 설립하는 것도 현지화 등의 복잡성을 야기하며, 글로벌 공급사슬을 위해 많은 회사와 관계를 맺는 데 이 역시 복잡성을 일으킨다.

기존에 개발된 복잡성 진단 모델 중 가장 주목받는 것은 스티븐 윌슨이 2013년 발표한 '복잡성 큐브'와 존 마리오티의 '복잡성 지수'다. 복잡성 큐브란 복잡성의 세 가지 유형을 복잡성 큐브라는 개념으로 제시하면서 이를 이루는 제품 복잡성, 프로세스 복잡성, 조직 복잡성을 함께 관리해야 한다고 강조했다.

마리오티는 그의 저서 『복잡성 위험(Complexity Crisis)』에서 복잡성 지수(Complexity Index)를 개발했으며 이를 통해 영업점 수, 공급업체 수, 고객 수, 제품 수, 제품 기능 등이 복잡성과 연관이 있다고 언급했다.

03

급변하는 환경에서 혁신이란 무엇인가

Key Word 1

속도의 대항마는 유연성 · 탄력성

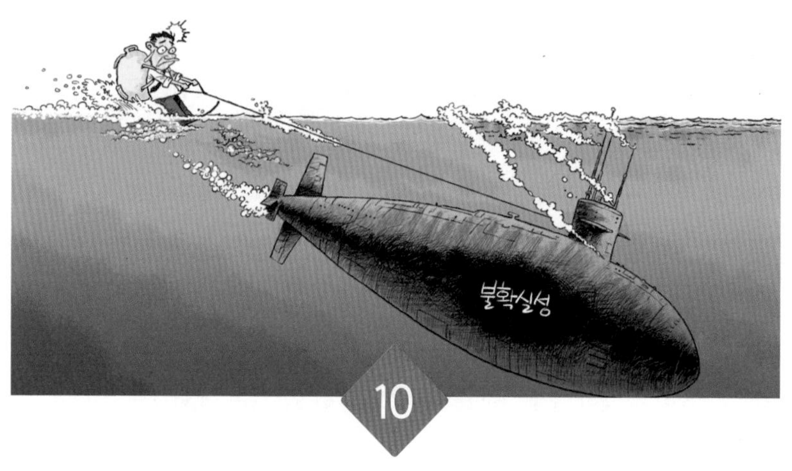

10

전략 패러다임이 변하고 있다

불확실한 사업 환경… 실패 확률 낮추려면 '시나리오 전략' 세워라

테러 · 알파고 등 늘어나는 변수
과거엔 사례 분석해 목표 세우면 기업들 원하는 성과 얻어
최근엔 대외환경 불확실성↑ '계획적 접근방법' 효력 떨어져

'시나리오 전략 대표주자' 셸
'큰 그림' 그린 후 신호 감지… 사업 단계별로 대응책 만들어

CEO, 습관적인 사고방식을 리셋해야

올해에도 여전히 환율, 유가 등 주요 지표가 요동치고 있다. 중국 경제의 경착륙 우려는 여전하고, 미국 대선 후 트럼프의 행보는 혼란을 가중시킨다. 벨기에 테러는 세계를 경악하게 했고, 영국의 유럽연합(EU) 탈퇴는 세계 질서의 변화를 암시한다. 알파고의 등장은 디지털 기술의 미래 가능성을 새삼 깨닫게 하고, 애플의 매출 감소는 그 누구도 마음을 놓을 수 없는

초(超)경쟁 상황을 대변해 준다.

이렇게 사업 환경이 급변하는데 도대체 기업은 사업전략을 어떻게 짜야 하는가? 만나는 경영자마다 속수무책이라며 아우성이다. 정말 큰 문제는 이제까지 써 온 전략경영 방법론들이 더 이상 먹혀들지 않고 있다는 데 있다. 나름대로 전략의 대가라고 일컬어지는 교수들은 물론이고, 오랜 전통을 가진 전략컨설팅 회사들도 클라이언트의 전략적 고민을 예전과 같이 명쾌하게 풀어 주지 못하면서 고전하고 있다. 왜 그런가. 도대체 이제까지 잘되던 것들이 무엇이 문제이기에 효과가 없다고들 하는 것인가.

그 이유는 한마디로 말해서 '불확실성'이 뚜렷이 증가했기 때문이다. 여기에서 말하는 불확실성은 이제까지 우리가 경험하지 못한 사건이 일어나는 상황을 말한다. 흔히들 불확실성과 위험을 개념적으로 혼용하기도 하는데, 양자는 질적으로 다른 개념이다. 좀 딱딱한 설명을 하자면, 위험은 확률 분포를 어느 정도 사전적으로 짐작할 수 있는 경우를 말한다. 이제까지의 경험치가 어느 정도 축적돼 있기 때문에 그런 것이다. 반면에 불확실성은 확률 분포 자체를 모르는 경우다. 즉 특정 사건이 일어날 확률에 대해 전혀 모른다. 왜냐하면 우리가 처음 당해 보는 사건이기 때문이다. 경험이 없으므로 우리의 '프레임' 밖에 있고, 가끔은 상상조차 어렵다.

이제까지 전략경영에서 제시한 다양한 전략 수립 방법론은 '계획적 접근방법(planning approach)'이라고 이름 붙일 수 있다. 목표를 정하고 외부 환경과 조직 내부 여건을 분석해 목표를 달성할 수 있는 전략계획을 수립한 다음, 계획을 실행에 옮기면 원하는 성과를 낼 수 있다는 것이 계획적 접근방법의 요지다. 이런 접근방법의 기저에는 미래 상황을 어느 정도 예측할 수 있다는 생각이 깔려 있다. 즉 이미 일어난 과거의 자료인 다양한 사례를 기반으로 현재를 바라보면 미래가 보인다는 식의 사고방식이다.

그런데 이런 접근방법의 효력이 최근 급격히 떨어지고 있다. 최근 벌어지고 있는 양상은 불확실성의 영역에 속하기 때문이다.

불확실성의 환경을 헤쳐나가기 위해서는 이제까지와는 질적으로 다른 새로운 전략 수립 접근방법이 필요하다. 새로운 방법론은 '발생적 접근방법(emergent approach)'이라고 할 수 있다. 상황을 분석하면 무엇을 해야 할 것인지 답이 나온다고 한 계획적 접근방법과는 본질적으로 달리 접근한다. 어차피 미래의 상황은 변화할 것이고 그런 변화가 어떤 형태를 띨 것인지는 사전에 알 수 없다는 것을 대전제로 삼는다. 따라서 사전에 꼼꼼한 계획을 짠다는 것은 무리고, 출발선상에서 어느 정도 가설적인 방향을 잡을 수 있을 정도의 전략계획을 수립해 실행하면서 실제 상황의 변화에 따라 환경에 적응하며 계획을 탄력적으로 수정 및 보완해 나간다는 것이 발생적 접근방법의 핵심적인 내용이다.

그럼 전통적인 전략계획 기반의 전략 수립 접근방법을 보완 또는 대체할 만한 발생적 접근방법의 구체적인 방법론은 무엇인가? 필자는 대표적인 방법론으로 이른바 '시나리오 접근방법'을 권하고자 한다. 시나리오 방식은 2차 세계대전 이후 미국의 랜드연구소에서 소련과의 핵전쟁에 대비하기 위해 개발한 일종의 가상 전쟁게임인데, 이후에 민간 기업으로 확산된 전략 수립 접근방법이다.

시나리오를 가장 잘 활용한 기업으로 세계적 에너지 기업인 셸(Shell)을 들 수 있다. 원유 가격에 기업 성과가 좌우될 수밖에 없는 셸은 오랫동안 유가가 어떻게 변화할 것인지에 초미의 관심을 쏟고 있다. 유가가 어떻게 변할 것인지는 그야말로 불확실성의 대표적인 사례다. 유가는 워낙 복잡한 변수들에 의해 결정되기 때문이다.

실제로 셸은 시나리오를 활용해 커다란 성공을 경험한 바 있다. 1970년대 유가가 급등한 소위 오일 쇼크를, 시나리오를 가지고 미리 예상했다. 단지 예상에 그친 것이 아니고 그에 따른 적절한 전략을 남들보다 한발 앞서 일찍 실행에 옮김으로써 막대한 재무적 성과를 올렸다. 또 소련의 붕괴를 예상해 당시 북해 유전에서의 전략적 대응을 미리 실행함으로써 개가를 올리기도 했다.

셸은 조직 내부에 전문적인 시나리오팀을 두고 회사의 명운이 걸린 중요한 전략적 사안에 대해서는 반드시 시나리오를 만들어 미래의 불확실성에 대비하고 있다. 이들의 방법론은 이제까지 경영자들에게 익숙했던 전략계획 접근방법과는 본질적으로 많은 차이가 있다. 과거의 자료를 분석하면 답을 찾을 수 있다는 계획적 사고와는 달리, 미래는 과거와 단절돼 과거 자료를 아무리 잘 분석해도 치명적인 전략적 맹점이 있을 수 있다는 겸허한 사고를 기반으로 한다.

세상을 움직이는 커다란 힘에 대해 체계적인 관찰을 함으로써 미세하지만 중요한 신호를 감지해 낸다. 커다란 힘들을 심층적으로 이해해 몇 가지 핵심적인 불확실성을 도출해 내고, 이를 기반으로 시나리오를 개발한다. 감지된 신호가 과연 어느 시나리오에 가까운 미래를 의미하는지를 추론하면서 불확실한 미래를 그려 나가고, 그에 따라서 회사의 전략적 방향을 가늠하는 것이 셸의 전략 수립 접근방법이다. 필자는 이런 접근방법이 날로 극심해지는 불확실성을 헤쳐 나가는 데 매우 유용할 것으로 확신한다.

불확실성이 높아지고 있는 최근의 경영 환경에서 경영자들은 효과적인 전략을 수립하는 것을 날로 어렵게 느낄 수밖에 없다. 문제는 경영자의 습관적인 사고방식이다. 불확실성은 경험해 보지 못한 미래이기 때문에 이제까지의 익숙한 전략계획 수립 방식으로는 잡아낼 수 없다. 전략계획을 하되, 그 한계를 분명히 인식하고 불확실성에 대비한 전략적 사고방식과 방법론을 시급히 보완해야 한다. 불확실성이 가득한 오늘날 필요한 것은 미래에 대한 전략적 감수성을 키워 나가는 일이다. 전략 경영의 '패러다임' 변화가 필요하다는 의미다.

시나리오 접근방법의 출발점은 주제 정하기

시나리오 접근방법의 출발점은 무엇에 대한 시나리오를 작성할지를 결정하는 것이다. 회사·조직의 비전 달성을 위한 중요한 전략적 사안과 관련한 주제를 시나리오 대상으로 삼으면 된다.

주제가 결정되면 해당 주제의 내용에 어떤 요인이 영향을 미치는지 분석한다. 이때 사용하는 분석 틀은 이른바 STEEP로 사회문화, 기술, 경제, 친환경, 정치적인 측면에서 세상이 어떻게 움직이고 있는지를 폭넓게 고민하는 것이다. 이렇게 도출한 요인 중에서 비교적 확실한 것들은 걸러내고, 불확실한 요인으로 분석을 좁혀 나간다. 이 중에서 불확실성 정도가 크고 예상 효과가 커다란 것을 '핵심 불확실성'이라고 이름 붙이고, 이를 시나리오 작성의 축으로 삼는다. 끝으로 현재 수립한 전략(계획)을 각각의 시나리오에 대입해 보고 실제로 그런 미래가 전개된다면 어떻게 전략을 수정 또는 보완할 것인지 고민하는 것이다.

간혹 시나리오를 미래의 특정 사건을 미리 예견하는 식으로 주장하는 경우가 있는데, 이는 매우 우려스러운 일이다. 시나리오는 미래를 점쟁이처럼 예측하는 기법이 아니다.

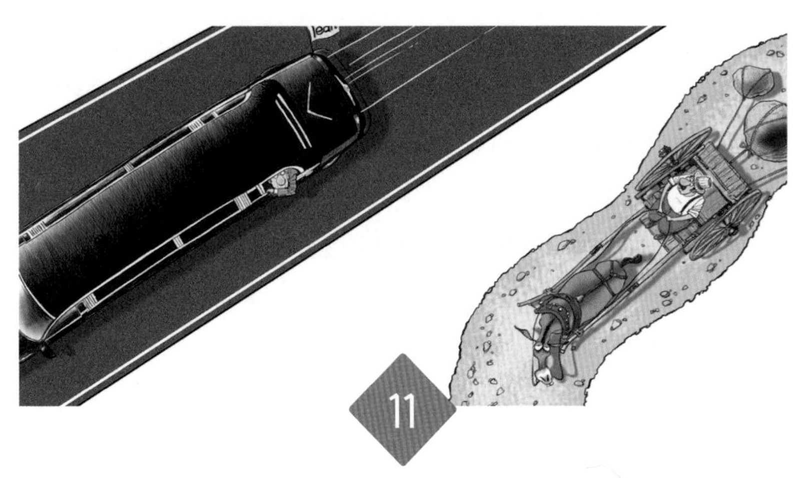

11

급변하는 사업 환경과 린경영

빠르고 유연하고 단순하게… '골리앗 조직' 혁신하는 '린경영'

일본 자동차산업의 성공 비법
고객가치 창출에 도움 안되는 일체 활동 '낭비'로 규정해 제거
도요타 생산방식서 개념 도출

'굼뜬 대기업' 회춘 명약… '속전속결' 스타트업 벤치마킹
GE '속도경영'으로 조직 대변신… 경영혁신 모범사례로 확산

린경영의 원칙… 고객 최우선해 업무방식 개선
구성원 자발적 참여 유도하고 목표에 부합하는 전략 세워야

사업 환경이 갈수록 악화되고 있다. 정치·경제·사회·문화·기술 등 거시환경에서 유래하는 불확실성의 정도가 날로 커지고, 이와 연동해 고객 요구가 상시적으로 변화하고 있으며, 시장을 차지하려는 경쟁은 치열해지고 있다. 이런 상황에서 기업에 요구되는 것은 급변하는 환경에 빠르고 유연하게 대응하고 선제적으로 움직일 수 있는 역량이다.

최근 소위 '린(lean)' 경영방식이 다시 회자되고 있는데, 특히 '속도'와 '유연성'을 강조하는 방식을 말한다. 린이란 용어는 1988년 미국 매사추세츠공과대(MIT)의 자동차 연구 프로젝트에서 일본의 도요타 생산방식을 심층 연구한 결과를 설명한 보고서에서 연유했다. 당시 미국 자동차시장에서 선풍을 불러일으킨 도요타 생산방식의 핵심은 고객 가치를 창출하는 데 도움이 되지 않는 일체의 활동을 낭비로 규정하고 이를 철저하게 줄여 나가는 데 있다고 설명했는데, 이런 낭비 제거 활동의 기반에 깔린 일련의 경영철학을 '린'이라고 이름 붙인 것이다.

요즘 새삼스럽게 부각되고 있는 린 경영방식은 위의 도요타 생산방식에서 말하는 린보다 한층 진화된 내용을 담고 있다. 실리콘밸리의 벤처기업가 에릭 리스가 2011년 자신의 창업 경험을 기반으로 『린 스타트업(Lean Startup)』이란 제목의 책을 펴낸 뒤부터 확산됐다. 리스는 창업 초기 기업들의 경우 자원이 제한되어 있으므로 불필요한 활동을 최소화하고 직간접적인 경험을 통한 학습을 거쳐 재빠르게 사업모델을 바꿔 나가야 성공 확률을 높일 수 있다고 설명하면서 그것이 도요타의 린경영과 일맥상통한다고 주장했다.

제프리 이멜트 GE 회장은 급변하는 사업 환경에서 어떻게 하면 대기업의 한계로 지적되는 '속도가 떨어지는 것'을 고쳐나갈 수 있을까 고민했다. 삼성의 '스피드 경영'까지 벤치마킹할 정도로 심사숙고한 이멜트의 시선은 실리콘밸리의 스타트업(신생 벤처기업)에 고정됐고, 2012년 리스의 『린 스타트업』을 기본 모델로 한 '패스트 웍스(Fast Works)'란 GE식 속도경영 방식을 마련했다. 경영에 관한 한 모범사례로 불리는 GE가 린 방식을 도입한 이후 다른 많은 기업도 저마다 이런저런 이름을 붙여 나름대로 린 경영방식을 채택했다.

스티브 블랭크는 2013년 '하버드 비즈니스리뷰' 논문에서 린 스타트업의 특성을 기존 경영방식과 대비해 잘 설명하고 있다. 그가 말하는 기존 경영 방식은 한마디로 전형적인 대기업의, 매우 체계적으로 짜인 경영 시스템을 지칭한다. 즉 구체적인 사업계획을 수립하고, 철저한 시장분석을 기반으로 제품을 개발하며, 기능별로 역할이 분담된 조직에서 완벽한 자료를 토대로 신중하게 의사결정을 한 뒤 빈틈없이 실행에 옮겨 계획한 대로 성과를 거두는 방식이다. 여기에서 실패는 방지되거나 최소화돼야 하고, 실패에 대한 책임은 엄중하게 묻는다.

이에 반해 린 스타트업은 성공적인 실리콘밸리 창업회사들의 전형적인 경영방식이다. 전략은 큰 방향을 잡는 것이고, 완벽한 전략계획이란 효력이 없기 때문에 가설적인 전략을 가지고 빨리 실행해 지속적으로 개선해 나간다. 제품 개발 역시 완성품을 만들어 팔기보다는 시장의 변화가 감지되면 가능한 한 빨리 출시해 소비자 반응을 반영하면서 시장을 넓힌다. 조직은 정형화될 수 없고 상시적으로 프로젝트팀 형식으로 구성하고 해체한다. 실패는 흔한 일이고 배울 점이 있는 한 실패는 긍정적인 것이다.

최근에는 이런 스타트업이 주는 시사점에서 한걸음 나아가 보다 보편적인 관점에서 린 경영방식을 논의하기 시작했다. 다양한 의견이 속출하고 있는데, 전략경영 컨설팅 회사인 맥킨지는 2014년 내부 연구보고서에서 린경영의 네 가지 원칙을 다음과 같이 정리했다.

첫째는 고객가치 중심 원칙이다. 린경영은 누구를 위한 것인가. 다름 아니라 고객이다. 고객가치와 관련이 없는 것은 최소화해야 한다. 그러려면 고객가치에 대한 깊이 있는 이해가 필요하고, 기업은 고객 입장에서 왜 구매 의사가 애초에 생기는가부터 구매가 이뤄진 뒤 제품이나 서비스를 사용하는 경험에 이르기까지 총체적인 고객 경험을 철저히 이해해야 한다.

두 번째 원칙은 흥미롭게도 기업 내 구성원에 대한 것으로, 조직 구성원들의 잠재력을 충분히 끌어내야 한다는 것이다. 구성원이 고객가치에 대해 근본적인 생각을 하게 되면 자발적으로 고객가치를 제고하는 더 나은 방식을 생각해 낼 수 있고, 결과적으로 고객가치가 창출되는 동시에 구성원의 직무 만족도도 높아지는 선순환적인 조직으로 변화한다는 것이다. 결국 리더십과 자발적 조직문화가 핵심이다.

세 번째는 일하는 방식의 개선이다. 일반적으로 기업의 역사가 깊어질수록 일하는 방식이 정형화되기 마련이고, 한 번 형성된 방식은 특별한 계기가 없는 한 바뀌지 않는다. 린경영의 원칙 중 하나는 이제까지 일한 방식보다 더 나은 방식이 있다는 믿음을 조직 전반에 확산시키는 것이다. 틀에 박힌 방식을 붙들고 있지 말고 언제나 문제의식을 가지고 개선방안을 치열하게 생각해 내자는 것이다. 즉 막연히 생각하지 않고 깊이 있는 관찰과 구체적인 자료에 입각해 일하는 방식을 개선하는 것이다.

끝으로 전략과 목표의 정합성이다. 조직이 지향하는 바를 재차 명확히 하고, 전략이 과연 그런 지향점과 잘 연계돼 있는지 점검하는 것이 마지막 원칙이다. 당연한 이야기지만 목표와 수단이 따로 놀아서는 안 된다는 것이고, 위에서 말한 세 가지 원칙을 종합하는 의미로 볼 수 있다.

언제나 그렇듯이 뭔가 새로운 경영 용어가 주목받으면 너나 할 것 없이 채택하는 경향이 있다. 오죽하면 혹자는 경영 개념의 등장과 퇴장을 패션사업에 비유해 일시적으로 유행하는 조류로 치부하기까지 한다.

린경영 역시 한때의 조류가 될 수도 있다. 하지만 내용을 들여다보면 매우 근본적인 원칙을 강조하고 있다. 린경영은 철저히 고객 관점에서 가치 있는 활동을 중심으로 군살을 빼는 단순화가 핵심이다. 단순하기 때문에 빠르고 유연할 수 있다.

사업 환경의 불확실성 정도가 날로 더해지고 있다. 조직 내부적 이유로 오랫동안 쌓여온 복잡성, 고객가치와는 관련이 없는 복잡성을 원칙을 가지고 과감히 제거해 나가지 않으면 어떤 기업도 내일을 보장할 수 없다.

GE의 변신 이끈 '패스트 웍스'

제프리 이멜트 GE 회장의 오랜 고민 중 하나는 거대 기업인 GE가 어떻게 급변하는 사업 환경에 빠르게 대응하는가였다. 삼성의 스피드 경영 등 다른 대기업들이 어떻게 하고 있는지 연구하던 GE의 고민을 해결할 실마리를 풀어준 것은 실리콘밸리의 스타트업이었다. 『린 스타트업』의 저자 에릭 리스를 포함한 실리콘밸리식 사고방식에 익숙한 외부 전문가들과 공동 프로젝트를 벌여 '패스트 웍스(Fast Works)'라고 이름 붙인 GE식 속도경영 방식을 도입해 실행했다.

오랫동안 하드웨어 중심으로 성장해 온 GE는 완벽한 제품을 만들어 파는 데 익숙해 있고, 이런 방식은 급변하는 환경에서 대응 속도가 떨어질 수밖에 없다. 처음부터 완벽한 제품을 만들려고 하지 말고 일종의 시제품을 만들어 출시한 이후 소비자 반응을 적극 반영해 제품을 개선해 나가는 것이 패스트웍스의 핵심 내용이다.

패스트 웍스는 본질적으로 기술적인 방법론의 개선이 아니라 근본적인 사고방식의 변화를 시도하는 조직문화 혁명이다. 린경영이 관심을 끄는 것은 GE 사례에서 보듯이 산업화시대에 성장해 온 많은 대기업이 21세기 경영환경에서 어떻게 변신해 나가야 하는가에 대한 시사점을 주기 때문이다.

12

디자인 싱킹(design thinking)

정답만 찾는 '비즈니스 싱킹'… 혁신하려면 '디자이너처럼 생각하라'

분석 통해 계획 세우고 실행하는 기존의 단선적 · 논리적 사고방식은
급변하는 디지털 세상 못 쫓아가

문화인류학자가 원주민 살펴보듯 편견 · 선입관 벗어난 열린 마음으로
소비자의 행태 세밀히 관찰… 고객 중심의 제품 · 서비스 내놓아야

연말이 되어 해가 저물고 또 다른 한 해가 다가올 때면 기업들은 내년도 전략계획을 수립하느라 부산하다. 이제는 전략을 '어느 특정 시점에, 일시적 노력을 통해 잘 정리한 계획'쯤으로 받아들이면 그 효과를 기대하기 힘들다. 자고 일어나면 새로운 일들이 벌어지는 불확실성의 세상에서 전략은 상시적으로 수정, 보완되면서 진화해 나가야 한다. 이런 맥락에서 '디자인 싱킹(design thinking)'을 주목해 볼 만하다. 변화무쌍한 사업 환경을 헤쳐나가면서 전략을 유연하게 가져가기 위해 경영자들이 가져야 하는 일련의

사고방식을 적절하게 설명하고 있기 때문이다.

디자인 싱킹은 한마디로 "디자이너처럼 생각하라"는 것이다. 디자인 싱킹은 세계적 디자인 컨설팅 회사인 IDEO의 창업자이자 최고경영자(CEO)인 팀 브라운 등이 주창하면서 관심을 끌기 시작했다. 브라운은 오랜 시간 현업에 종사하면서 어떻게 하면 디자인이 고객의 가치를 높여줄 수 있을 것인가를 고민했다. 그리고 그 해답으로 디자인을 제품 위주의 전문분야 활동으로 국한하지 말고 고객, 나아가 사회에 가치를 더하는 창의적인 사고방식으로 확장해서 봐야 한다고 역설했다.

디자인 싱킹의 내용을 구체적으로 풀어서 보면 다음과 같이 요약할 수 있다. 첫째, 철저히 고객 중심, 나아가 인간 중심의 사고방식이다. 디자인은 고객 혹은 사용자가 있기 마련이다. 겉으로 아무리 멋있게 디자인됐다고 하더라도 실제 사용하는 사람이 불편을 느낀다면 좋은 디자인이 아니다. 성공적인 디자인의 공통점은 출발부터 끝까지 사용자가 중심이 되고 작은 부분까지도 고객 입장에서 만들어졌다는 것이다. 기능적으로는 훌륭하지만 무려 30여 가지의 버튼으로 이뤄져서 사용자가 혼란스러워하는 리모컨의 사례는 우리가 흔히 접하는, 고객이 아니라 제품 위주의 사고방식이다. 디자인 싱킹은 도대체 왜 이 제품이나 서비스가 존재해야 하는가에 대한 근본적인 자각에 입각한 사고방식이다.

둘째, 디자인 싱킹은 완벽한 계획이 아니라 유연한 계획을 추구하는 사고방식이다. 철저한 분석을 통해 처음부터 오차 없는 계획을 수립하고 그대로 실행하는 것이 아니라, 지향해야 하는 큰 방향을 설정하고 계획이 있긴 하지만 상황의 변화에 따라 언제든 계획을 수정하고 보완한다는 유연성이 핵심이다. 아무리 사전적으로 분석하고 고민하더라도 실제 사용자가 해당 디자인을 어떻게 생각하고 사용할지 미리 완벽하게 알 수는 없다. 성공적인 디자인 프로젝트의 과정을 들여다보면 예외 없이 사용자가 실제로 어떻게 생각하고 사용하고 느끼는가를 탐색해 가면서 여러 차례 디자인을 수정하고 보완해 나간다. 디자이너의 생각은 가설에 지나지 않으며, 고객이 원하는 답을 찾아가기 위해 언제든 처음으로 돌아가는 반복적 과정을 거치게 마련이다.

셋째, 디자인 싱킹은 혁신과 창의를 유발하는 사고방식이다. 많은 사람의 감탄을 자아내는 성공적인 디자인의 탄생 과정을 보면 기존의 편견과 선입관에서 벗어난 사고가 기본이 되고 있음을 알 수 있다. 전문적인 디자이너 훈련 과정에서는 세심한 관찰이 강조된다. 특정 제품이나 서비스에 사람들이 어떻게 반응하는가를 마치 문화인류학자가 전혀 새로운 마을에 들어가서 현지인들의 행태를 관찰하듯이 면밀하게 지켜보는 것이다. 이런 과정에서 금기시되는 것이 편견과 선입관이다. 디자이너의 주관적 시각으로 제품과 서비스를 디자인하면 자칫 어긋날 위험이 있다. 철저히 실증적으로 관찰하고 사용자 경험에 비추어 디자인할 때 성공 가능성이 높아진다. 혁신과 창의의 가장 큰 걸림돌이 기존의 사고방식이라는 것은 상식이다. 디자인 싱킹은 겸허한 관찰을 강조함으로써 기존의 생각을 넘어서서 새로움에 접근하게끔 해준다.

넷째, 디자인 싱킹은 폐쇄적이지 않고 개방적인 사고방식이다. 성공적인 디자인의 또 하나의 공통점은 외부와의 소통이다. 최근에 두드러지는 디자인 프로세스상의 변화는 사용자 역할에 관한 것이다. 오랫동안 사용자는 멋지게 만들어진 디자인을 사후적으로 이용하는 수동적인 역할을 한다고 여겨져 왔다. 그러다가 점차 사용자의 경험이 디자인 생성과정에 포함돼야 한다는 측면이 강조되면서 디자인 완성 이전에 사용자를 개입시키는 단계로 진입했다. 한걸음 더 나아가 많은 성공적인 디자인 프로젝트에서는 잠재적 고객과의 협업이 중요한 부분을 차지한다. 디자인의 초기 단계부터 완성에 이르기까지 사용자의 생각이 적극적으로 개진되는 개방성이 핵심이다. 인터넷과 모바일로 대표되는 디지털 세상에서 참여, 공유, 개방은 생존에 필수적인 키워드다. 디자인 싱킹은 구체적으로 어떻게 개방적인 사고를 할 것인가를 보여주고 있다.

끝으로, 디자인 싱킹은 치우치지 않고 적절한 균형을 추구하는 사고방식이다. 브라운은 성공적인 디자인 사고의 과정을 선택의 폭을 넓히는 확산단계와 좁혀서 선택을 하는 수렴단계의 반복으로 설명한다. 로저 마틴 캐나다 토론토대 경영대학원 교수에 의하면, 디자인 싱킹의 특성은 분석과 직관 또는 논리와 감성 등을 대립하는 개념으로 생각하지 않고 양립 가능한 것으로 생각하는 소위 '통합적 사고'이다. 예컨대 낮은 가격과 높은 품질이라는 일견 상충되거나 모순적으로 보이는 대안들을 단선적으로 줄을 그어 어느 하나만을 선택해야 한다는 단편적 생각으로는 훌륭한 디자인을 만들어 낼 수 없다. 양자를 대립적인 시각에서 보지 말고 폭넓은 맥락에서 고객가치라는 본질적인 내용에 뿌리를 두고 양자의 적절한 균형점을 추구해야 한다. 문제를 해결하는 데에는 단 하나의 길만이 존재한다는 아집으로는 날로 복잡해지는 세상사를 해결할 수 없다. 다양한 방법의 장단점을 균형감 있게 고려해 문제를 풀어 가는 지혜를 부각하는 것이 디자인 싱킹이다.

그야말로 한치 앞을 내다보기 힘든 격변의 시대다. 사물인터넷(IoT), 인공지능(AI) 등 기술의 혁명적인 변화부터 북한 핵미사일 실험, 트럼프 행보의 여파 등 상상조차 못할 사회적 현상에 이르기까지 불확실성으로 가득 찬 사업 환경을 헤쳐 나가기 위해 그 어느 때보다도 전략적 사고가 절실한 요즈음이다. 오랫동안 전문 분야로 발전해 온 디자인 분야에서 체계화된 일련의 사고방식의 외연을 넓혀 제시된 디자인 싱킹은 극심한 불확실성하에 어떻게 전략을 세워 나갈 것인가에 대해 많은 시사점을 던져 준다. 고객가치의 기본을 확실히 하고 편견과 선입관에서 벗어난 열린 마음으로 혁신을 추구하면서, 복잡한 변수들로 얽혀 있는 사업 환경을 큰 맥락에서 균형감 있게 이해하는 사고방식이야말로 전략적 사고의 진수를 담고 있기 때문이다.

IBM · P&G '디자인 싱킹'으로 조직혁신

1991년 미국 실리콘밸리에서 세 개의 디자인 회사가 합병해 설립된 IDEO는 산업디자인 영역을 뛰어넘어 '디자인 컨설팅'이란 분야를 개척한 회사다. 특이점이라고 여길 것은 이들이 '디자인 싱킹을 활용한 조직혁신'을 주창하면서 전통적인 경영컨설팅 방법론에 대한 대안을 제시했다는 점이다.

많은 기업은 급변하는 사업 환경에 대응하기 위한 혁신적 조직문화를 만들기 위해 디자인 싱킹을 활용하고 있다. IBM은 디자인 싱킹을 근간으로 하는 혁신적 사고방법론을 전사적으로 도입해 구성원의 혁신적 마인드를 제고하는 등 기업문화를 변화시킨 바 있다. 초기적인 성공을 거둔 뒤에는 이를 외부 고객과의 관계로 확장해 고객과 협업을 이루어 고객의 관점에서 획기적으로 고객 서비스를 개선하는 프로그램으로 발전시켰다. 또 P&G는 디자인 싱킹을 통해 외부의 아이디어를 적극적으로 수용, 혁신을 도모하는 이른바 '오픈 이노베이션' 방식을 도입했다. 이로써 혁신에 대한 조직의 전통적인 생각을 바꾸는 데 성공했다. 이렇듯 디자인 싱킹은 조직의 오랜 관행적인 사고방식을 근본적으로 바꾸는 조직혁신의 효과적인 방법론이 될 수 있다.

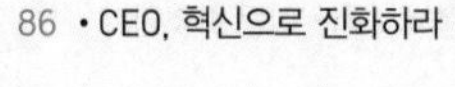

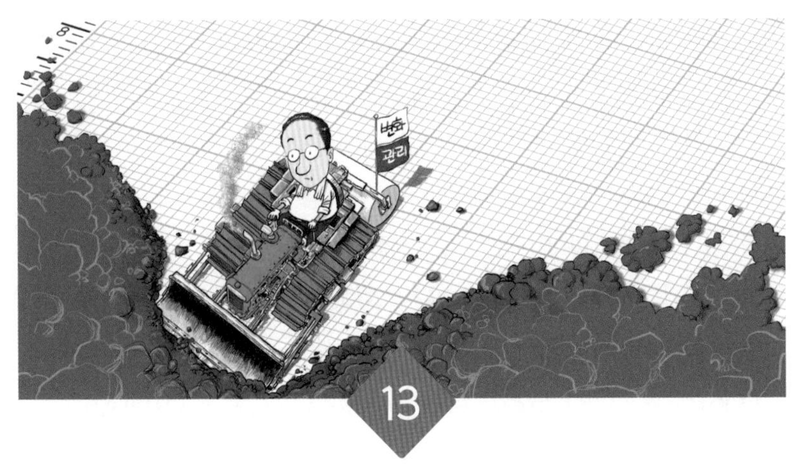

13

조직의 변화관리

SW · 서비스가 경쟁력인 시대… GE처럼 '굴뚝산업 조직DNA' 바꿔라

"제품중심적 사고 · 문화로는 안 된다"… SW전문가 영입하며 전사적 변신
전략수립엔 꼼꼼한 경영자들, 전략 실행과 직결된 조직변화엔 무지
구조 · 프로세스 · 사람 · 문화… 조직관리의 4대 요소 모두 고려
변화관리의 당위성 공유시켜야

전략과 조직은 분리해서 생각할 수 없다. 전략을 세운다는 것은 조직을 변화시켜 나간다는 것을 포함하는 의미다. 필자가 24년 전에 박사학위를 받고 맥킨지에 입사했을 때 처음 접한 용어 중 하나가 '변화관리(change management)'였다. 성공적인 전략의 핵심이 조직 변화라는 것을 깨닫게 해준 계기가 됐다. 경영자들은 전략을 수립하는 데는 상당히 체계적으로 생각을 정리하는 것에 비해 전략 실행에 결정적인 조직 변화와 관련한 내용에 대해서는 놀라울 정도로 생각이 체계화돼 있지 못하다.

최근의 급격한 사업 환경 변화는 조직 변화관리의 중요성을 더 부각시키고 있다. 디지털 기술의 혁신적인 발전으로 야기되는 현상들이 대표적이다. 예를 들어, 하드웨어의 중요성이 상대적으로 줄어들고 소프트웨어가 경쟁력의 핵심이 돼 가고 있다. 또 제품 자체보다는 그 제품을 활용한 서비스의 내용에 따라서 승자와 패자가 구분되고 있다.

우버나 에어비앤비 사례는 더 극단적이다. 제품을 생산하거나 소유하지 않는 회사가 전통적인 자동차회사나 호텔보다 기업 가치를 높이 인정받는 것이 현실이다. 산업사회의 패러다임하에서 설립돼 운영되는 대부분 기업이 어떻게 조직을 변화시켜 나가야 하는가를 고민하게 하는 상황이다.

변화관리의 첫 번째 원칙은 '틀을 가지고 생각하라'는 것이다. 조직은 매우 복잡한 존재다. 바라보는 관점에 따라 조직을 달리 정의할 수 있는데, 이런 조직의 다면적인 내용을 몇 가지 분석적인 틀을 가지고 이해할 수 있다. 예를 들어 조직을 구조, 프로세스, 사람, 그리고 문화의 네 가지 구성요소로 이해할 수 있다. 구조는 조직도에 그려진 조직의 보고체계를 의미한다. 프로세스는 조직이 움직이는 과정, 예를 들어 의사결정 과정 등을 뜻한다. 사람은 글자 그대로 조직의 내부 구성원을 말하고, 문화는 조직이 가치판단의 기준으로 삼는 집단적인 믿음과 일련의 공유된 규범을 지칭한다.

'조직이 변화됐다'고 하려면 위에서 말한 조직의 구성요소가 모두 변화돼 있어야 한다. 그런데 많은 기업에서 조직 구성요소의 일부에 대한 변화 시도에 그치는 경우가 많다. 가장 흔한 경우가 조직구조의 변화다. 구조적인 변화는 가장 실행이 쉽고 가시적이라는 장점을 지닌다. 말하자면 조직도를 다시 그리는 것이다. 기존 조직구조를 뒤로 하고, 새로운 부서를 만들고 일부 부서를 없애기도 하면서 회사 전체의 구조적인 관계를 새롭게 정하는 것이다. 안타까운 현실은 많은 구조적 변화 노력이 그다지 효과를 내지 못한다는 점이다. 겉으로 모양은 바꿨지만 업무가 이뤄지는 프로세스는 기존 방식 그대로인 경우가 많다. 구성원의 생각과 행동은 더 더디게 바뀌며, 조직문화의 변화는 요원한 경우가 일반적이다.

변화관리의 두 번째 원칙은 위에서 설명한 조직의 구성요소 중 어디부터 변화를 시도해 전체의 변화를 이끌어 갈 것인가에 대한 접근방법을 결정하는 것이다. 막연하게 동시다발적으로 전반적인 조직 변화를 시도하면 자칫 조직에 커다란 혼란을 초래할 위험이 있다. 신중하게 디자인된 접근방법으로 변화를 '관리'해야 한다. 물론 조직의 구성요소가 모두 바뀌어야 하기 때문에 특정 측면에서 변화의 시동이 걸리지만 다른 측면의 변화 역시 연계돼 변화하는 전체 조직 구성요소 간의 정합성을 유지해 나가야 한다는 점을 유념해야 한다. 기업의 개별적인 여건 및 상황과 속해 있는 산업 내지 시장의 특성에 따라 변화관리의 접근방식이 다를 수 있다. 구체적인 사례를 간략히 살펴보면 이미지가 더 명확히 그려질 것이다.

구글이 작년에 시도한 조직 변화는 전형적으로 구조적인 측면의 변화관리 접근방법이라고 할 수 있다. 급변하는 디지털 사업 환경에서 시장을 선점하는 전략을 사용하는 구글은 결과적으로 산만해 보일 정도로 다양한 영역으로 사업다각화를 했다. 회사를 알파벳이라는 지주회사와 바이오, 홈정보기술(IT), 스마트시티 등의 구체적인 사업을 하는 여러 자회사로 개편해 조직 변화를 시도해 나가고 있다.

제너럴일렉트릭(GE)의 최근 변화관리는 상대적으로 프로세스와 사람을 우선시하면서 조직 변화를 시도하는 사례로 볼 수 있다. 130년이 넘는 오랜 전통을 지닌 GE는 전형적인 20세기 산업사회의 성공모델이다.

이들의 고민은 어떻게 하면 하드웨어, 제품 중심적인 사고에 젖어 있는 제조업 조직문화를 21세기 사업 환경에 맞게 바꿀 것인가이다. 빌 러라는 소프트웨어 전문가를 최고경영자(CEO)가 직접 공을 들여 영입하면서 대대적인 변화가 시작됐다. 외부전문가 영입에 이어 전개된 CEO 주도의 일련의 변화관리 과정은 매우 치밀하고 정교하게 이뤄졌다. 기존 구성원의 자존심을 살려가면서 왜 소프트웨어가 회사의 미래가 돼야 하는가를 설명하고 동참을 유도해 나갔다. '산업인터넷'이 미래 주력사업이라고 선언한 GE의 변신은 매우 놀라운 속도로 이뤄지고 있다. 프리딕스라는 이름의 클라우드 기반 개방형 소프트웨어 플랫폼이 시장에 나왔고, GE는 2020년까지 세계 10대 소프트웨어 회사가 되겠다고 공언했다. 한마디로 21세기에 최적화된 조직으로 거듭나겠다는 것이고, 실제로 조직은 변화하고 있다.

신생회사는 이른바 과거의 '레거시(유산)'가 없어서 더 과감한 변화관리가 가능하다. 넷플릭스의 변화관리는 흥미롭게도 조직의 가치관을 강조하면서 조직문화 측면에서 접근하고 있다. 마치 프로구단과 같은 성과지향적인 문화를 내세우면서 'Context, not control(우리는 통제하지 않고 스스로 알아서 하도록 한다)'이라고 설명한다. 예를 들어 넷플릭스에는 회사 경비를 사용하는 지침이나 내규가 없다. 회사에 도움이 되는 방식으로 지출하라는 단순한 원칙만 있을 뿐이다.

끝으로, 변화관리는 결과보다 과정을 중요시하는 것이 원칙이다. 조직의 실체는 다양한 배경과 생각을 가진 사람들의 집합이다. 조직구조, 프로세스, 사람, 그리고 조직문화 어느 것을 건드리든 기본적으로 조직 구성원이 변화를 마음으로 받아들여야 한다. 사소해 보이지만 세세한 과정상의 절차가 공정하게 이뤄져야 하고, 변화의 당위성을 명쾌하게 공유해야 한다. 변화관리에서 '관리'는 억지스러움이 아니라 과정에 꼼꼼한 고민과 진실성이 담김으로써 이뤄지는 인간적인 노력을 의미한다.

한국 기업들은 어떻게 21세기에 적응해 나갈 것인가

디지털 기술혁명을 중심으로 하는 21세기의 사업 환경 변화는 많은 한국 기업에 커다란 숙제를 던지고 있다. 삼성, 현대자동차, LG, SK, 포스코 등 이른바 간판 기업들이 공통으로 직면하는 문제는 하드웨어, 제품 중심의 전통적인 제조업 경쟁력을 어떻게 21세기에 맞게 변화시킬 것인가 하는 것이다. 단순히 하드웨어, 제품 자체의 상대적 부가가치가 낮아지는 데 그치는 사안이 아니다. 더 중요한 것은 젊고 유능한 인재들이 전통적인 한국 기업의 문화를 불편해하고 아예 회사를 떠난다는 것이다. 이대로 간다면 한국 대표 기업들의 글로벌 경쟁력은 급격하게 약화될 가능성이 있다.

한국 기업들이 당면한 도전은 전략의 문제이기도 하지만 조직 변화의 문제인 점도 있다. 지난 40여년의 성공에 대한 기억이 뿌리 깊게 박혀 있어서 조직의 집단적인 사고방식이 최근의 환경변화를 좇아가지 못하는 것이다.

변화관리에서 해결의 실마리를 찾아야 한다. 마치 체계적인 식단과 운동을 통해서 체질을 근본적으로 바꾸어 가듯이 조직 변화에 대한 커다란 분석적 틀과 치밀한 접근방법, 그리고 최고경영진이 확고한 변화 의지를 가지고 지금 당장 변신을 시작해야 한다. 조직 변화는 대개 무지(無知)의 결과가 아니라 의지(意志)의 결과다.

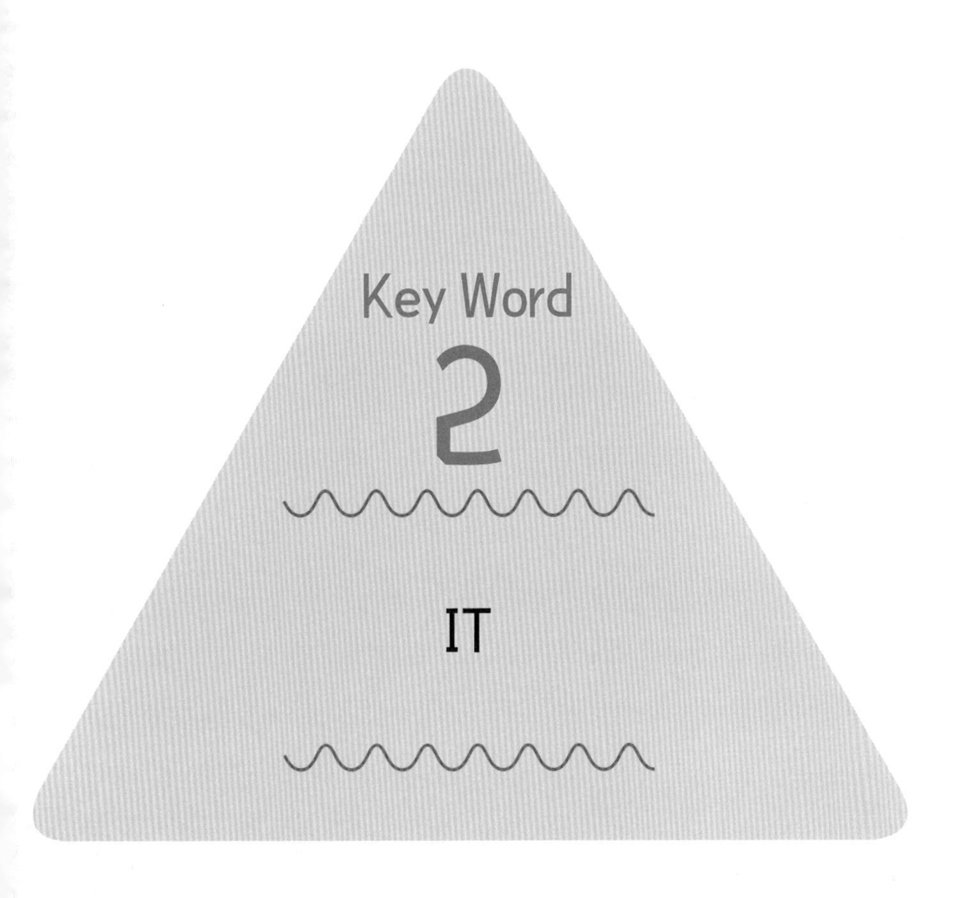
Key Word
2
IT

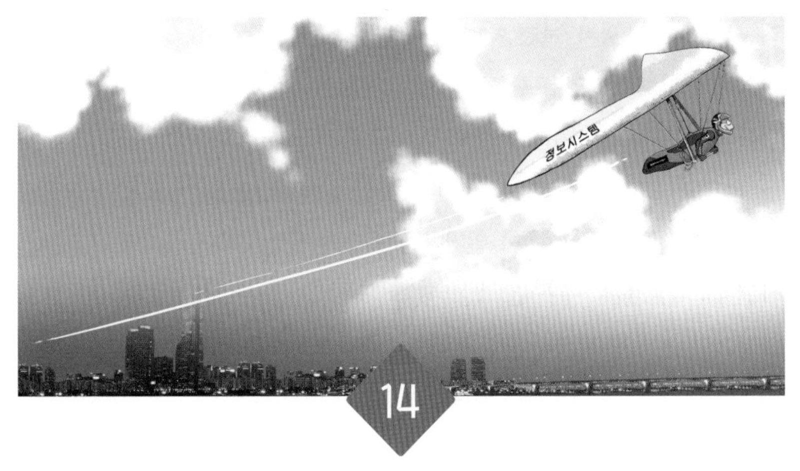

14

경영정보시스템과 조직업무 변화

지적 노동의 표준화 · 계량화… '프로세스 혁신' 완성도 높인다

조직의 저항 · 역량 고려 없이 경영자의 의욕만 앞세워
정보시스템 도입 땐 낭패… 기능 중심 업무회귀 '비일비재'
업무관리 · 모니터링 강화로 '대리인 비용' 감소 큰 성과

산업혁명 후 현대사회로 사회가 진화하면서 기업의 조직은 점점 커졌다. 기업들은 커지는 조직에 맞춰 '지식'을 유지·발전시키면서 내부 전문가를 교육·양성하기 위해 재무, 생산관리 등 '기능' 중심 조직을 발전시켰다. 하지만 기능 중심 조직의 문제점은, 조직은 기능별로 구성돼 있지만 기업의 일은 기능별로 처리되지 않고 기본 처리단위라고 할 수 있는 프로세스의 '흐름'에 의해 처리된다는 것이다.

고객이 물건을 주문해서 배달받기까지의 기업 활동을 하나의 프로세스라고 하자. 이 간단한 프로세스는 주문을 받는 마케팅, 돈을 받는 재무, 거래를 인식하는 회계, 물건을 배달하는 생산관리 등 여러 기능별 부서들을 거치게 되고, 많은 업무 협조를 필요로 하는데 이 과정에서 업무의 비효율성이 발생하며 거래 처리 시간이 소요된다.

하나의 프로세스가 많이 일어나는 일이 아니라면 그 비효율이 작을지 모르지만 하루에 수만 건이 일어나는 기업의 상품 주문 및 배달 프로세스라면 그 비효율은 매우 클 것이다. 만약 이것을 프로세스 중심 조직으로 바꾼다면 프로세스 하나를 전담하는 사람 또는 담당 주체가 생기고 업무 협조의 비효율을 제거할 수 있다.

그렇다면 이런 비효율을 야기하는 기능별 조직을 프로세스 기반 조직으로 진작에 재구성하지 못한 이유는 무엇이었을까. 프로세스 기반 업무시스템 구현을 위한 필요조건은 회계, 생산, 마케팅, 고객 정보 등의 전 조직 수준 공유 및 유지인데 이것은 데이터베이스(DB), 업무프로세스 표준화 및 자동화 등 고도의 정보기술(IT) 지원 없이는 불가능하므로 과거 기업은 구현할 수 없었던 것이다.

하지만 구현 가능한 IT가 있음에도 많은 기업들은 프로세스 기반 조직 구현에 아직도 어려움을 겪고 있다. 모든 중요한 정보시스템의 구현에는 조직의 변화가 크게 요구되며, 자연히 현재 상태를 유지하고자 하는 조직 구성원들의 저항이 따른다. 일찍이 앨빈 토플러가 저서 『권력이동』에서 이야기했듯이 경영 권력은 정보를 소유하는 자에게 있으며, 이 정보의 소유구조를 바꾸는 정보시스템의 도입은 정보의 독점적 소유권을 잃게 되는 개인 또는 부서의 저항에 부딪히게 된다. 이와 같은 저항은 적극적·소극적 형태로 나타나며 많은 경우 정보시스템 도입의 실패로 귀결된다. 이 밖에도 정보시스템은 도입에 따른 단기적 감원의 원인으로 비난받았으며, IT 부족으로 인한 실패로도 많은 비난을 받았다.

이와 같은 부작용들에 의한 실패로 인해 'BPR'로 불리는 '비즈니스 프로세스 리엔지니어링'은 부정적 이미지가 많았다. 문제점 중에서 인사관리적 실패 요인 해결을 관점으로 한 변화관리(change management)가 부각됐다. 변화관리는 조직 구성원이 그 변화가 무엇인지 이해하고, 변화에 의해 구현되는 기업의 비전이 무엇인지를 받아들이는 부분에 중점을 두고 있다.

경영정보시스템은 최고경영자(CEO)를 위한 시스템이다. 공룡이 멸종한 이유 중의 하나가 큰 덩치 탓에 말단 기관의 정보가 뇌까지 이르는 시간이 오래 걸려 반응 대응이 둔감했기 때문이라고 하듯이, 많은 조직원을 거느린 기업은 CEO의 의사결정이 둔감해질 수밖에 없다. 하지만 정보시스템에 의해 말단 직원의 경영정보까지 CEO가 실시간으로 보고 판단할 수 있다면 이 조직은 인간의 민첩성을 가질 수 있다.

래리 엘리슨 오라클 CEO가 신혼여행 당시 휴양지 바다 위 그의 요트에서 늦은 밤에 실시간으로 오라클 자회사의 재무제표를 대시보드를 통해 세부 내용까지 자세히 분석해 보고, 자회사 경영자와 국제전화로 소통했다는 일화처럼 언제 어디에서든 실시간 의사결정과 소통을 가능하게 해 주는 것이다.

이와 같은 목적을 위해 정보시스템, 특히 전사적자원관리(ERP) 시스템 구축을 가장 원하는 것이 CEO다. 하지만 이런 시스템은 수용을 위한 조직의 저항을 극복해야 하며 정보관리부서의 역량도 고려해야 한다. 국내 많은 중소기업은 새로 도입한 정보시스템이 사장된 채 있거나 충분히 활용되지 못하고 있고, 다시 옛 시스템으로 돌아가는 경우도 비일비재하다. 경영자의 의욕과 시스템 구현 시 효과만 보고 조직의 역량 진단 없이 무리하게 정보시스템을 도입한 조직에는 오히려 큰 해악이 될 수 있음을 알아야 한다.

과거 생산관리 시스템의 혁신이 현대 경영의 시발점이 된 공장 프로세스 개선이었다면, 현재의 ERP는 기업 업무 프로세스의 혁신이라고 할 수 있다. 이제 육체 노동자인 블루칼라의 업무혁신, 업무 프로세스의 혁신에 이어 기대되는 것은 비즈니스 프로세스 관리시스템(BPM: business process management)에 의한 지적 노동자인 화이트칼라 업무의 혁신일 것이다. 그동안 지적 노동 프로세스가 시스템화될 수 없었던 것은 지적 노동의 표준화와 업무 진행, 성과에 대한 계량적 분석이 어려웠기 때문일 것이다. 하지만 많은 부분이 관리될 수 있는 방향으로 시스템화하고 있다.

예를 들어 팀 수준으로 하는 업무에서 각자의 일이 결합될 때 누구 때문에 업무가 며칠째 진척이 없는지 매일 게시하고 체크하는 등 화이트칼라 업무를 블루칼라 업무처럼 '컨베이어벨트화'하는 시스템이 도입되고, 이메일을 통한 메시지의 송수신 활동 정도와 업무공헌 정도의 상관관계를 분석하며, 그 결과를 바탕으로 활동의 정도를 평가하는 방법 등도 제시되고 있다. 그동안 성과의 측정, 평가가 어려웠던 지식의 생성·관리도 지식관리시스템(KMS: knowledge management system)에 의해서 표준화·계량화돼 관리되고 있고 그 완성도가 점점 높아지고 있다. 이와 같은 지적 화이트칼라 업무의 관리, 모니터링 방법의 강화는 경영관리에서 고질적인 문제라고 할 수 있는 '대리인 비용(agency cost)'의 감소에 큰 성과를 내고 있고 앞으로 더 큰 개선이 있을 것으로 보인다.

화이트칼라의 지적 노동 부분의 업무 개선을 넘어서 미래에 더욱 기대되는 것은 인공지능(AI)에 의한 지적인 개인 노동의 완전 대체일 것이다. 미래 정보시스템이 촉발할 경영환경의 혁신적 변화에 대해 조직과 개인은 어떻게 대응·변화해야 할 것인가. 미래 IT 발전에 대한 보다 심층적인 분석과 이를 바탕으로 한 대비가 경영계에 필요할 것이다.

기능 중심서 프로세스 중심으로…'BPR' 경영혁신기법

1993년 마이클 해머 미국 매사추세츠공대(MIT) 교수는 새로운 경영정보 기술을 활용한 프로세스 기반 업무기법들을 집대성해 비즈니스 프로세스 리엔지니어링(BPR: business process reengineering) 개념을 제안했다.

BPR은 기본 기능 중심조직을 프로세스 중심으로 혁신할 때 기존 업무에 있던 기본적인 가정부터 부정하고 새롭게 구성하는 것(fundamental rethinking)을 획기적이고 급진적으로 해 10~20%의 성과가 아닌 2~10배의 극적인 성과를 추구하는 경영혁신기법이다.

IBM의 하드웨어, 소프트웨어를 구매하는 소비자에게 자금을 대여하는 IBM크레디트는 정보기술로 구현한 프로세스 기반으로 업무를 재구성해 기업·기능 간 소통의 비효율을 제거한 결과 자금 대여 결제 프로세스가 평균 7일에서 네 시간으로 줄어드는 등 생산성이 수십 배 높아지는 효과를 거뒀다. 프로세스를 기반으로 해 업무를 재구성하는 프로세스 리엔지니어링 기법은 세계 유수 기업들이 활용하고 있으며 많은 중소기업도 도입을 추진하고 있다. BPR은 SAP, 오라클 등이 제공하는 기업의 전사적자원관리(ERP: enterprise resource planning)의 근간이 되는 기법이라고 할 수 있다.

15

전자상거래와 IT가 바꾼 경영 방식들

롱테일 법칙 · 그로스해킹 · 옴니채널… 관성 깨면 새 수익모델 보인다

롱테일 법칙
파레토 법칙과 대조… VIP고객 20% 만큼 하위고객도 중요

그로스해킹
새로운 마케팅방법론… 페북 등 SNS로 최고 광고효율 추구

옴니채널
온·오프라인 채널 통합… 오프라인 고객, 온라인 구매로 유도

전자상거래가 1990년대 후반 출현했을 때 세상을 온통 바꿔 놓을 것 같은 기대에 많은 사람이 휩싸였지만 실제 전자상거래의 수익은 실망스러웠고 많은 기성학자는 기존 경영방식, 경제원칙을 지킬 것을 제시했다. 하지만 전자상거래와 이를 지원하는 새로운 정보기술들은 새로운 비즈니스 모델과 함께 발전해 왔고, 우리는 기존 경영 방식이 깨지는 많은 현상을 목

격했다. 일례로 이런 현상을 분석하는 데 기존 경제학의 생산비용이론을 대신해 거래비용이론이 각광받는 것과 같은 변화가 있었다. 이 중에서 몇 가지 중요한 새로운 경영방식, 관련 시각의 변화를 살펴보고자 한다.

■ 롱테일(long tail) 법칙

롱테일 법칙은 기존 마케팅의 법칙인 파레토 법칙에 대비되는 이론이다. 파레토 법칙은 '이탈리아 인구의 20%가 이탈리아 전체 부의 80%를 보유하고 있다'고 주장한 이탈리아 경제학자 빌프레도 파레토의 이름에서 따왔다. 많은 마케팅 사례에서 상위 20%의 고객이 80%의 매출을 차지한다는 사실과 일치해 마케팅에서 기존 VIP 마케팅 전략을 정당화하는 주요 법칙이다. 하지만 2004년 정보기술(IT) 유명 잡지인 '와이어드(Wired)'의 편집자이던 크리스 앤더슨이 나머지 80%의 전자상거래에서의 중요성을 주장하면서 롱테일 법칙은 전자상거래의 새로운 마케팅 법칙으로 떠올랐다. 이 법칙 존재의 증거로 아마존 등 전자상거래 기업의 경우 나머지 하위 80%의 책에서 매출이 50% 정도 발생해 파레토 법칙이 지켜지지 않는다는 실증적 사실 등이 발견됐다.

이는 기존의 경우 고객이 볼 수 없던 많은 비인기 도서가 정보기술의 발달로 검색되고, 고객 기호에 맞게 추천됨으로써 가능해진 일이다. 비인기 품목도 기억에서 잊혀지지 않고 추천될 수 있다는 것이다. 롱테일 법칙은 VIP 고객이나 주요 품목이 중요하지 않다는 이야기가 아니라 IT로써 모두에게 모든 품목에서 마케팅 활동이 전개돼야 함을 의미한다.

■ 기존 B2B 방식의 B2C화

중국 알리바바는 기존 B2B(기업 간 거래) 시장을 B2C(기업과 소비자 간 거래) 시장과 같은 모습으로 바꿔놨다. 창업자 마윈이 꿈꿨다는 이 B2B 시장은 B2C 시장과 같이 다수 공급자의 공급 가능 물품들이 B2C 카탈로그와 같이 다수 제시되고, 기업 소비자는'거기에서 공급을 원하는 물품을 고르기만 하면 되는 것이다. 기존 B2B 시장은 대량 거래를 인적 접촉으로써 수행해 왔다. 긴밀한 거래를 통해 안정성을 추구한 면은 좋았지만 다소 거래비용이 많이 드는 비효율성을 지니며 경쟁 면에서 제한적이라는 문제가 있었다.

이에 반해 알리바바의 거래는 비효율을 줄이고 편의성을 늘려 기업 간 경쟁을 통해 시장에 의한 효율적 가격에 거래가 실현되는 성과를 거뒀다. 이때 기존 비효율적인 공급자는 도태의 길을 걷게 된다.

■ 그로스해킹(growth hacking)

가트너그룹은 2017년이 되면 페이스북과 같은 소셜네트워크서비스(SNS)에서의 광고가 기업들이 가장 많은 광고비용을 쓰는 부문이 될 것으로 예측했다. 기존 매체 광고시장 대비 SNS 광고시장이 커진다는 것을 의미한다. 고객의 취향을 파악하고, 더 효과적으로 고객에게 접근해 저비용으로 최고의 광고 효용을 추구하는 그로스해킹은 '창의성, 분석적 사고 및 소셜 매트릭스를 사용하는 기술 스타트업에 의해 개발된 마케팅 기술'로, 이 개념의 최초 제안자인 미국의 유명 마케터 션 엘리스에 의해 새로운 마케팅 방법론으로 부상하고 있다. 일례로 유명 벤처기업으로 파일 저장공간을 저장하는 서비스 기업인 '드롭박스(Dropbox)'는 신규 사용자가 서비스를 알게 되는 경로가 대부분 '친구'라는 점에 착안, 친구 추천으로 드롭박스를 사용하게 되면 두 사람 모두에게 500MB(메가바이트)씩의 무료 공간을 제공하는 추천 프로그램을 실시하여 회원 가입률을 60% 증가시켰다.

■ 전자상거래와 기존 상거래 채널 통합(옴니채널)

기존 상거래 입장에서 많은 기업은 전자상거래가 등장했을 때 물류 측면에서만 전자상거래 채널을 활용할 생각을 했다. 기존 마케팅 활동으로 가면 동일 그룹 내 전자상거래 채널마저 경쟁으로 인식할 정도의 폐해가 발생했다. 이와 같은 과거 채널 인식을 멀티채널 모델이라고 한다면, 마케팅 활동에서 통합과 상호적 활용을 도모하는 것이 새로운 옴니채널 모델이다. 오프라인 유통 기업에 오프라인 매장에서 제품을 확인하기만 하고 온라인에서 구매하는 쇼루밍(showrooming)과 같은 기회주의적인 소비자의 행동에 따른 피해는 전자상거래 채널을 경계해야 할 경쟁 상대로 보게 했다. 하지만 이런 기존 관념을 탈피해 이를 역이용하면 일단 오프라인에서 상품에 관심을 두고 있는 고객을 자신의 온라인채널에서 구매하게 하는 방법을 모색하거나, 일단 온라인에서 상품에 대한 정보를 입수하되 오프라인의 장점인 상품 확인과 함께 구매하게 하는 역쇼루밍(reverse-showrooming) 같은 형태의 물품 구매를 유도할 수 있다.

전자상거래로 인해 새로운 경제법칙이 출현하는 상황에서 기업들은 어떻게 대응해야 하는가. 필자는 두 가지 제언을 하고자 한다. 첫째, 기존 지식을 깨라. 기존 기업들의 새로운 발전은 창의적인 사업을 발굴해 새로운 시장을 만드는 것에서 가능할 것이다. 아마존의 롱테일 마케팅, 알리바바의 인터넷 B2B 비즈니스의 B2C 비즈니스화 등에서 봤듯 기존 기업의 과거 경제법칙과 믿음에 얽매인 불필요한 관행과 가정을 깨고, 문제를 해결하고자 하는 창의적 아이디어들은 기업에 새로운 가능성과 시장을 열어 줄 것이다.

둘째, 시너지 효과를 창출하라. 전자상거래는 기본적으로 기존 기업에 추가된 하나의 공급채널이다. 기존의 가격관리, 촉진관리 정책, 베스트 프랙티스(best practices) 등을 잘 지키되, 스마트태그(RFID), 저전력 블루투스(BLE) 등 신기술에 귀를 기울이고 활용 방안을 모색해 자신의 효율을 높이고자 하는 지속적 노력이 필요하다. 그리고 과거 완전 구분된, 또는 경쟁관계로서의 마케팅 채널에 대한 생각을 버리고, 위에서 설명한 쇼루밍 같은 채널 시너지의 활용 방안에 대한 모색이 필요할 것이다.

전자상거래, 거래비용 줄이고 기업조직 규모 축소

매사추세츠공과대(MIT) 경영대학원 경영정보 전공 교수인 토머스 멀론(Thomas Malone)과 그의 공저자들은 미국 컴퓨터공학, 경영정보 산업 종사자 협회(ACM)의 대표 저널인 'Communications of ACM'에 1987년 게재한 그들의 논문 '전자거래 시장과 전자위계조직(Electronic Markets and Electronic Hierarchies)'에서 전자상거래가 조직 구조에 미칠 영향에 대해 예견했다. 당시는 전자상거래가 본격적으로 태동하기 전이었다.

이 논문에서 제기한 중요한 개념이 경제학 '거래비용이론'의 자산 특수성(Asset Specificity) 개념이다. 어떤 서비스가 일반적 기능(commodity·제조공정상 일반 제품 제조에서나 필요한 일반적 제조 공정상 기능)이라면 이를 취득해 사용하는 것은 언제든 시장에서 가능한 데 비해 특수한 기능으로 특정 조직에만 필요한 기능이라면 위계조직(hierarchy), 조직 내부로 고용을 통해 흡수하는 것이 거래비용 최소화를 위해 필요하며, 조직의 크기를 결정하게 된다는 것이 기본적 거래비용이론의 내용 중 하나다.

특히 거래에 필요한 통제비용, 거래관계유지비용, 정보비용 등 조정비용(coordination cost)이 여기에서 관건인데, 전자상거래상 정보기술이 조직의 규모를 키울 수 있는 편의성을 제공하기도 하지만 조정비용을 상대적으로 많이 줄이게 되고 이 효과로 시장 역할이 커져 일반적인 기업의 조직 규모는 줄어들게 되리라는 것이 전자상거래의 미래에 대한 예측이다. 이 같은 예측의 상당 부분이 현실에 실현된 것을 생각한다면 1987년의 예측의 힘은 놀랍다.

거래비용 이론은 많은 경제학자에 의해 정립됐지만, 2009년 노벨경제학상을 공동 수상한 올리버 윌리엄슨 버클리대 교수가 그 대표적인 학자다.

16

공급사슬관리(SCM)의 변화와 금융SCM

공급사슬 비용 최소화하는 '금융SCM'… 핀테크 등 기법 진화중

원자재 수입부터 제품 생산까지 전 세계로 경영 무대 확대
글로벌 공급사슬관리 보완할 금융 리스크 관리 중요성 커져
운전자본 · 현금흐름 최적화 위해 '예리한 가격 가치' 따져야

경영학을 전공한 사람이 아니더라도 공급사슬관리(SCM:supply chain management)란 용어는 한 번쯤 들어봤을 것이다. SCM, 즉 공급사슬관리는 원자재부터 시작해 이를 공급자가 가공하고 공장에서 유통업체를 거쳐 도매상에 넘어간 뒤 소매상에서 고객이 물건을 구매하기까지의 전 과정을 관리하는 것을 의미한다. 예를 들어 밀을 수확해 제분소에서 밀가루를 빻고 이를 유통해 공장에서 빵을 만든 뒤 도매상이 이 빵을 대량으로 구매해 소매상에게 판매하고 이를 소비자가 구매하는 경로를 관리하는 것이다. 이 경우 수확되지 않은 밀이 여러 공급사슬 단계를 거쳐 소비자가 구매하는

빵이 되기까지 물품의 가치가 점차 상승하므로 가치사슬(value chain)이라고도 불린다.

최근 기업의 활동이 점차 글로벌화돼 가고 있다. 공급사슬관리는 더 이상 하나의 국가 안에서 이뤄지는 활동이 아니게 됐다는 말이다. 앞서 언급한 빵을 만드는 공급사슬관리에서 밀이 국내가 아니라 해외에서 혹은 밀가루 자체를 해외에서 가지고 오는 등 다양한 원자재를 수입하고 또 수출하고 있다. 많은 글로벌 기업은 원자재를 수입하기도 하고 해외 공장에서 제조 활동을 하기도 하며 해외 소비자에게 판매하는 등 글로벌 공급사슬 활동을 늘려 가고 있다. 이는 내수시장의 크기가 작은 한국의 기업들이 성장하기 위한 필수 조건이기도 하다. 특히 현대자동차, 삼성전자, LG전자 등 국내 주요 기업들은 국내뿐 아니라 전 세계의 다양한 나라에서 원자재를 수입하고 이를 상품으로 제조해 판매한다.

이렇게 다양한 국가에서 국내 기업들이 공급사슬 활동을 활발히 하다 보니 타국의 환율 변화 및 은행 이자율 변화 등 금융 관련 요인과 관련한 금융 리스크에 노출된다는 것은 어찌 보면 당연한 일이라고 할 수 있다. 즉, 글로벌 공급사슬을 구축하고 있거나 혹은 구축할 기업들은 필연적으로 금융 분야에 대한 이해도 역시 높여야 한다는 말이며, 자사의 공급사슬에 존재할 수 있는 금융 리스크를 줄이기 위한 전략을 세워야 한다는 의미이기도 하다.

이처럼 공급사슬의 글로벌화는 곧 금융 분야에 밀접한 영향을 받게 되는 결과를 가져왔으며 최근 발달한 정보기술(IT)과 금융 분야를 접목한 핀테크 기술 발전은 이를 더욱 가속화했다. 금융과 IT의 결합을 통해 기업들은 펀딩과 파이낸싱에 대한 다양한 접근이 가능해지게 됐고, 기업 재무정보에 대한 접근성이 높아져 소비자들이 기업 투자에 대한 관심을 이전보다 더 갖게 됐다. 또 디지털 금융 혁신은 금융 공급사슬 구축을 위한 방대한 정보처리 역시 가능하게 했다.

이런 상황에서 '금융SCM'이란 용어가 등장했다. 금융SCM이란 기존의 공급사슬관리를 보완하고 강화할 수 있는 다양한 금융 기능을 결합한 확장된 개념의 공급사슬관리를 의미한다. 일부 문헌에서는 금융공급사슬관리를 '제3세대 SCM'이라 칭하기도 한다. 공급사슬 구성 요소별 필요한 금융기법과 이런 금융기법이 제대로 작동하기 위한 기존 공급사슬 객체들의 역할을 포함하고 있다. 또 금융SCM에서는 기업의 재무 및 회계 담당 부서, 거래금융회사를 포함한 공급사슬 객체 간 재화 및 현금의 이동이 주요 이슈로 다뤄지고 있다.

금융SCM의 주 목적은 전체 공급사슬 비용을 최소화하고, 운전자본(working capital) 혹은 현금(cash)의 흐름을 최적화하는 것이다. 필자는 금융SCM 시대의 핵심적인 10대 이슈를 'SHARP PRICE'로 정리해 봤다. 시스템(system·성공적 금융SCM을 위한 인사·조직·IT 시스템 구축), 헤지(hedge·리스크 분산 및 헤지), 에이전시(agency·금융 파트너 선택), 리버스팩토링(reverse factoring·역팩토링에 대한 이해와 성공적인 수행), 플랫폼(platform·공급사슬금융 플랫폼 구축)과 공급자 및 구매자(provider & purchaser·금융SCM 공급자 및 구매자 선택), 상호관계(relationship·금융SCM 파트너와의 관계 유지), 재고(inventory·운전자본 최적화를 위한 재고관리), 현금(cash·운전자본 최적화를 위한 현금관리), 평가(evaluation·금융SCM 성과지표 구축)의 머리글자를 따 조합한 용어다.

SHARP PRICE는 '분명한 가치' '예리한 가격' 등으로 번역할 수 있다. 분명하고 정확한 가치를 주고받는 것이 금융SCM의 출발점이란 점에서 적절한 조어라고 할 수 있다. 금융SCM 도입을 위해서는 거래의 기초를 잘 지키는 것, 즉 앞서 나열한 10개의 이슈를 성공적으로 다루는 것이야말로 가장 중요한 출발점임을 알 수 있다.

최근에는 금융기법을 공급사슬에 적용해 효율성을 높이기 위한 노력이 계속되고 있다. 유럽에서는 기업의 파이낸싱을 돕기 위한 공급사슬금융(supply chain finance)에 대한 연구가 활발히 전개되고 있으며, 글로벌 공급사슬의 리스크를 관리하기 위한 노력도 계속되고 있다. 또한 앞서 언급한 핀테크산업이 대두하면서 금융기법을 도입해 기업의 지급 및 대출 지원 시스템을 향상시키는 IT 솔루션을 제공하는 업체가 빠르게 늘고 있다.

하지만 금융과 공급사슬의 신융합 분야는 아직 개척될 여지가 많이 남아 있다. '금융공급사슬'이라고 불리는 이 분야는 지금껏 많은 연구가 이뤄지지는 않았지만 성장 잠재력이 풍부하고, 기업운영 전략의 뉴 패러다임으로 발전될 가능성도 크다. 마지막으로 금융SCM과 관련해 한 가지 기억해야 할 것은 금융SCM이 기존 SCM 이론을 반박하는 것이 아니라 상호 보완하고 있다는 점이다. 금융SCM에서 다뤄지는 다양한 이론은 기존 공급사슬과의 조화 속에서 적용돼야 한다. 성공적으로 적용될 경우 기업운영의 효율성을 높이고 경영 성과를 증대시킬 것으로 기대된다.

금융SCM의 주요 프로세스

(1) 공급사슬금융 관리 프로세스

기업의 펀딩·파이낸싱 지원 및 운영 프로세스를 통칭하지만 일반적으로 팩토링·역팩토링 관리 프로세스만을 의미하기도 한다. 최근에는 많은 문헌에서 공급사슬금융과 역팩토링이 동일시되고 있다. 역팩토링이란 금융회사 혹은 공급사슬금융 플랫폼 제공 기업들이 미지급 매출채권을 만기가 도래하기 전에 할인된 가격으로 구매하는 것을 의미한다. 이를 통해 기업들의 현금 유동성을 개선시킬 수 있다.

(2) 리스크 관리 프로세스

기업에 닥칠 수 있는 위험 요인들을 분석하고 적절한 헤지 방안을 마련하기 위한 전사적 리스크 관리 프로세스를 의미한다. 금융SCM에서 중점적으로 언급되는 리스크에는 운영리스크, 평판리스크, 환율리스크, 전염리스크, 규제리스크가 있다.

(3) 파트너 관리 프로세스

금융SCM의 주요 파트너인 금융회사, 공급자, 구매자에 대한 선택 및 관리 프로세스를 의미한다. 특히 파트너의 신용 등급 및 재무 건전성을 중점적으로 점검하는 것이 기존 공급사슬관리와의 차이점이다.

(4) 운전자본 관리 프로세스

공급사슬의 유동성(Liquidity)을 최적화하기 위한 유동자산관리 및 유동부채관리 프로세스를 의미한다. 특히 금융SCM에서는 재고자산과 현금 흐름에 대한 관리가 중요하다.

17

전자상거래와 비즈니스 모델 혁신

'레몬시장' 무너뜨린 소비자 리뷰… 전자상거래 되살린 '신의 한 수'

초기 전자상거래 시장은 한계 뚜렷
구매 저조… 광고효과도 기대이하

소셜네트워크 등장으로 다시 관심
키워드 검색 광고 · 소비자 간 협력 등
획기적인 아이디어로 폭발적 성장

창조 · 혁신이 '불가능'을 가능케 해
인공지능 · 가상현실 등 신기술도
새로운 비즈니스 모델 등장 가속화

1995년 국방부를 포함한 미국 정부는 알파넷(Alphanet)을 전신으로 하는 인터넷의 관리를 AT&T 등 민간 정보통신 서비스업체들에 이관키로 결정했다. 민간기업이 관리하면서부터 발전하게 된, 그리고 주인이 없는 세상에서 가장 크게 성장한 네트워크가 바로 인터넷이다.

전자상거래는 이 인터넷을 바탕으로 하고 있다. 전자상거래 초창기에는 많은 경제전문가들이 전자상거래가 모든 구매자와 공급자에게 완벽한 완전 경쟁시장을 구현하게 하고, 경제를 발전시켜 새로운 산업 기회가 많이 생길 것으로 기대했다. 앨빈 토플러 같은 저명한 학자들도 인터넷이 우리 삶에 근본적이고 심오한 변화를 가져올 것으로 전망했다.

하지만 결과는 이들의 기대와는 달랐다. 전자상거래로 인한 시장점유율 및 발생 수익은 매우 실망스러웠다. 소비자들은 인터넷에서 많은 정보를 서핑(surfing)했지만, 기대만큼 실제 전자상거래 사이트들에서 상품을 구매하지 않았다. 전자상거래에서의 광고효과와 광고수입도 기대처럼 크지 않았다. 소비자는 인터넷에서 쏟아지는 광고들을 기억하지 못했다. 이들 광고에 관심을 가지지 않았으며 자연히 광고의 구매효과는 매우 떨어졌다. 이런 문제에 대해 세계적인 경영학자 마이클 포터는 "기본 경영전략으로 돌아가라"는 해결책을 제시하기도 했다.

하지만 차갑게 식어버린 전자상거래의 열기는 바닥을 친 뒤 다시 천천히 불붙었다. 이는 각종 소셜네트워크의 활성화와 함께 전자상거래의 발전을 저해하던 문제점을 하나씩 해결한 전자상거래 기업들과 경영자들의 획기적인 비즈니스 모델 아이디어 덕분이었다. 소셜네트워크의 급격한 성장으로 인터넷 이용이 폭발적으로 늘었다. 이용자들은 인터넷을 하루 평균 2시간 반이나 사용하게 됐다. 새로운 비즈니스 모델들을 통해 이런 인터넷 소비자들의 수요를 수익화하는 데도 성공하게 됐다. 비디오 광고, 중간 광고(Interstitials) 등 소비자의 눈길을 끄는 발달된 광고를 통해 광고의 구매연결 효과가 크게 뛰었다. 구글의 새로운 광고모델인 '키워드 검색 광고'는 인터넷 이용자들의 검색 필요성과 관련 광고를 연결해 줌으로써 광고의 구매연결 효과를 훨씬 더 높였다. 기존 인터넷 배너 광고 등을 활용할 수 없었던 중소기업들도 키워드 노출 광고를 구매해 광고매체를 매우 효과적으로 활용할 수 있는 길을 열었다.

광고효과 미흡과 함께 꼽히는 또 다른 전자상거래의 문제는 소비자의 상품 접근과 경험의 제한성이다. 소비자는 상품을 직접 보고, 만져 보는 등 대면접촉으로 상품에 대한 정보를 얻고 구매에 확신을 얻는 게 보통이다. 그러나 상품에 대한 실제적, 물리적 경험이 불가능한 전자상거래에선 소비자들이 상품에 대해 확신하지 못해 구매가 일어나지 않는 측면이 있다. 2001년 노벨 경제학상 수상자인 조지 애컬로프는 이런 현상을 정보비대칭에 의한 '레몬시장 문제'라고 설명했다.

어떤 상품에 대해 많은 정보가 없는 소비자와 많은 정보를 가진 판매자 간에는 정보불균형이 존재한다. 이때 소비자는 판매자가 좋은 상품을 시장에 내놓지 않을 것으로 보고 낮은 가격을 지급하려고 하며, 판매자는 이 낮은 가격에는 좋은 상품을 내놓지 않게 되는 악순환이 일어난다. 이에 따라 시장에는 레몬차 같은 열등재만 남게 되고, 결국 시장 자체가 성립하지 않는 결과가 초래된다는 것이다. 전자상거래 시장은 이런 정보불균형 문제로 초기에 어려움을 겪었다. 많은 전문가는 전자상거래 시장의 성공 여부를 회의적으로 바라봤고 전자상거래 버블 붕괴는 이 회의감을 더욱 부채질했다. 하지만 많은 경영자들에 의해 전자상거래의 이런 단점을 해결하는 메커니즘이 개발됐다.

가장 성공적인 것이 미국 최대 경매사이트인 이베이가 제공하는 것과 같은 '제삼자 리뷰(third party review)' 정보공유 메커니즘이다. 어떤 상품을 구매한 소비자들은 자신이 구매한 물품에 대한 사용후기를 남기고, 이를 본 다른 소비자들은 해당 물품에 대한 직접적 경험이 없어도 이 사용후기를 믿고 물건을 구매하게 된다. 기구매 소비자로서는 정보를 남기는 것이 일종의 대가 없는 봉사지만, 향후 그 사이트에서 새로운 물품을 구매할 때 덕을 보게 된다. 품앗이 형태의 소비자 간 협력이 되는 것이다. 가장 복잡한 상품이라는 중고자동차의 경우도 미국에서 가장 커다란 시장이 바로 전자상거래 시장인 이베이라는 사실은 정보불균형이 얼마나 잘 극복되고 있는지 보여주는 사례라고 할 수 있다. 이와 같은 소비자 간 협력으로 정보불균형 문제가 해결되면서 양질의 판매자가 시장에 나오고, 나쁜 판매자는 도태돼 시장이 성공적으로 정착하게 됐다.

인터넷 서비스업은 소비자의 참여가 서비스의 가치 그 자체라고 할 수 있을 만큼 중요하다. 그러나 소비자가 인터넷 서비스를 직접 경험하고 애정 또는 충성도(loyalty)를 형성하기 전에는 그 서비스를 구매하려는 생각을 갖기 어렵다는 문제점이 있다. 인터넷 서비스업자로서는 고객의 구매 없이 광고모델만으로 서비스에서 수익을 창출하는 게 쉽지 않다. 이런 인터넷 서비스 시장의 고민에 대해 제시된 비즈니스 모델이 프리미엄(freemium) 모델이다. 기본 서비스는 무료로 제공하면서, 부가적인 서비스에 가격을 책정해 사용자들이 필요한 경우 자발적으로 구매하도록 유도하는 방법이다. 무료 소비자로 많은 사용자를 확보하고, 이들이 사용하면서 서비스에 대한 충성도를 형성하고 추가적인 서비스들을 구매하게 함으로써 수익을 올리는 방법이다. 야후의 프리미엄 메일이나 한국 게임업체들의 앱 내 구매(in-app purchase) 같은 사례들이 좋은 예다. 이런 방법들은 전자상거래 기업들이 초기 광고수익에 국한된 수익모델의 한계를 극복할 수 있게 해 줬다.

위에서 살펴본 것과 같이 전자상거래는 많은 획기적인 모델을 통해 사이버공간에 독자적인 시장을 창조하고 번성할 수 있었다. 문제를 극복하는 창의적이고 혁신적인 기업들과 사용자들의 아이디어에 의해 이와 같은 기적이 가능했다. 향후 기존 기업과 시장에서 해결이 불가능하다고 여겨지던 문제점들은 이와 같은 창조와 혁신에 의해 해결되고 시장은 더욱 확대될 것으로 예상된다. 여기에 4차 산업혁명에 의한 대량 정보의 활용, 인공지능(AI)의 발전, 가상현실(VR) 기술들은 기존 비즈니스의 붕괴와 새로운 비즈니스, 비즈니스 모델의 등장을 더욱 가속화시킬 것으로 기대된다.

15년 前 'O2O' 내다본 마이클 포터의 전자상거래 전략

미국 하버드대 경영대학원의 저명한 교수로, 경영전략의 대가인 마이클 포터는 2001년 하버드비지니스리뷰에 기고한 '전략과 인터넷(Strategy and the Internet)'에서 1990년대 후반, 2000년에 일어난 전자상거래의 버블 붕괴 현상은 경영자들이 경영전략의 기본 원칙을 무시한 결과라고 분석했다.

가격 관리 등 경영의 기본적 전략수칙을 무시하고 밑지는 판매를 하는 등 무리한 경영을 한 결과 전자상거래의 버블 붕괴가 초래된 것이라고 봤다.

그리고 포터는 그의 5가지 영향력 모델(five forces model)을 중심으로 설명하며, 전자상거래가 기존 기업에 새로운 기회를 가져오고 경영에 호의적인 환경을 줄 것으로 낙관했다. 그러나 5가지 기업에 위협이 되는 영향력 중 '공급자의 협상력'을 제외한 나머지 4가지 영향력(경쟁자의 경쟁, 새 경쟁자 진입, 대체상품 진입, 고객의 협상력)이 더 늘어나 결과적으로 더 좋지 않은 경영환경을 제공하고 있다고 지적했다.

그렇다면 이에 대한 경영의 해결책은 무엇인가. 그는 전자상거래의 핵심 원천이라고 할 수 있는 정보기술을 활용해 기업 내부의 힘을 늘리는 것을 첫 번째 방법으로 제시했다. 기업의 내부 연계, 업무 효율성 등을 더욱 향상시키라는 주문이다. 두 번째 방법으로 제시한 것은 전자상거래 채널과 기존 오프라인 채널의 결합으로 시너지 효과를 내라는 것이다.

기존 기업이 전자상거래 채널을 활용하는 것이 새로운 전자상거래 채널만 가진 기업보다 여러 가지 다양한 전략 구사가 가능하다는 것이다. 최근 활성화되고 있는 O2O(online to offline), 옴니채널 같은 경영현상들에 대한 조언을 15년 전에 한 대가의 직관력이 놀라울 정도다.

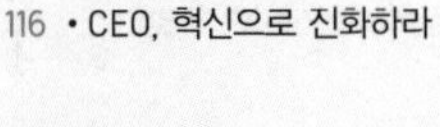

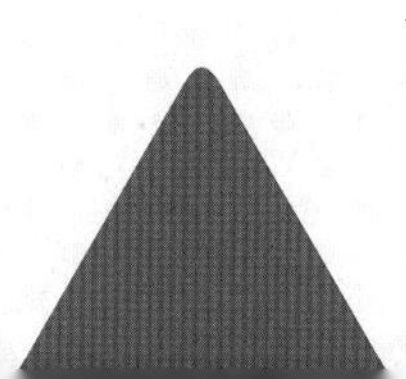

Key Word 3

경영과 빅데이터

18

분석학이 변화시키는 공급사슬관리

빅데이터로 더 신속 · 정교해진 공급망관리… '수익 극대화 경영' 가속

경영환경에 유연하게 대처
전통적인 모형에 온라인 데이터 결합
자동차제조사, 판매량 예측력 40% 높여
P&G는 운송 비효율 15% 이상 줄여

'수익경영' 확산 불러와
데이터 분석으로 가격 · 서비스 다각화
항공 · 의료 · 운송 등 분야서 주로 활용
분석학 발달로 다른 산업에 적용 늘어

기업은 제품 또는 서비스의 수요와 공급을 가장 효율적으로 맞추고자 끊임없이 노력한다. 이유는 간단하다. 초과 수요는 수익 기회의 상실을, 초과 공급은 비용 증가로 이어져 어떤 경우든 수익성에 비효율적인 결과를 가져오기 때문이다.

전통적인 제조업에서는 수요와 공급의 효율적인 균형을 위해 '공급사슬

관리' 기법을 활용한다. 원자재가 제품으로 생산돼 소비자 손에 도달하기까지는 다양한 기업과 생산설비, 유통과정을 거치는데 이를 체계적으로 관리해 최소의 비용으로 수요를 충족하는 기법이다. 소비자는 일상생활에선 이를 직접 느낄 수 없지만, 워낙 중요한 분야이다 보니 20세기 초부터 다양한 수리적 방법론과 정보기술(IT) 시스템이 동원돼 많은 혁신이 이뤄졌다. 공급사슬관리 분야는 21세기 빅데이터 및 비즈니스 분석학과 만나 효율성에 새 전기를 맞고 있다.

공급사슬관리 활동은 크게 조달·제조·배송·반품의 네 가지로 나뉘고, 여기에 단기·중기·장기 수요예측을 중심으로 하는 계획이란 활동이 뒷받침된다. 즉, 다양한 수요예측을 바탕으로 제품을 만들고 고객에게 배송할 때까지의 모든 활동을 관리해 효율적으로 수요를 충족시키는 것으로 요약할 수 있다.

먼저, 계획과 관련된 가장 중요한 방법론은 수요예측기법이다. 수요예측을 위해서는 먼저 데이터 마이닝 기법을 활용해 수요에 영향을 미칠 것으로 예상되는 요인을 뽑아낸다. 우유 판매량이 시리얼 판매량과 연관이 있다고 판명되면 이를 시리얼 수요를 설명하는 하나의 요인으로 활용할 수 있다. 그 다음 도출된 요인을 조합해 제품 판매량을 예측한다. 장기예측에는 거시경제자료, 인구통계학자료, 기술변화 추세 등을 활용하고 중·단기예측에는 제품군 간, 제품과 원자재 간의 관계 등을 고려해 보다 자세한 예측모델을 만들어 활용한다.

빅데이터와 분석학이 활성화되면서 공급사슬에 활용되는 수요예측에 근본적인 변화가 보이고 있다. 생산의 전 과정 및 배송, 반품 과정 등에서 많은 데이터가 추가 수집되기 때문에 예측모델에 활용할 수 있는 요인이 다양해지고 있다. 또 한 가지 이유는 전통적인 수요예측 모형에 소셜네트워크서비스(SNS)와 온라인 데이터가 결합되면서 기존에 데이터 부족으로 예측모형 구축이 어려웠던 제품들, 예를 들어 판매량이 많지 않은 자동차 모델에 대한 예측 등이 훨씬 정확해지고 있다.

어떤 자동차 제조사는 SNS와 온라인의 검색 및 질의응답 데이터를 기존 예측모형에 추가 활용해 예측력을 40% 이상 향상시키기도 했다. 자동차라는 제품 특성상 구매 전 SNS와 온라인에서 정보수집 활동을 많이 할 것이라는 점에 착안해 개별 소비자에 대한 매우 설명력 높은 구매예측모형을 만들 수 있었다.

조달은 핵심 공급자를 선정하고 공급가격 및 방식을 결정하는 활동이다. 분석학은 조달활동에 활용할 수 있는 다양한 방법론을 제공한다. '해석적 계층처리(analytical hierarchy process)'는 선택할 수 있는 대안이 다양하고 이들을 판단할 기준 또한 다양할 때 이 과정을 정량화함으로써 공급자 선정 과정을 객관적이고 투명하게 할 수 있다. '공급사슬지도화(supply chain mapping)'는 천재지변이나 비상상황 시 공급사슬 위기관리에 큰 도움을 준다. 2012년 방글라데시의 한 공단에서 발생한 대형 화재로 큰 피해가 발생했으나 월마트는 2011년에 이들을 공급자에서 제외해 피해를 보지 않았다. 시스코는 공급사슬지도화 및 '기업 사외관계망(enterprise social networking)'을 활용해 공급사슬의 취약점을 파악하고 파트너사와의 협력 관계를 관리한다. 미국 매사추세츠공대(MIT)가 개발한 'sourcemap.com'과 같은 도구는 공급사슬 관계를 형상화해 다양한 용도로 활용할 수 있도록 해 준다. 이 밖에 다양한 공급자를 대상으로 경매 시스템을 구축해 조달 가격을 결정하게 해주는 기능도 분석학의 영역이다.

제조활동에서는 먼저 제조와 관계된 설비들, 예를 들어 공장, 물류센터, 도소매센터의 위치 등을 네트워크 형태로 파악하고 이를 최적화하는 작업이 필요하다. 이 네트워크가 방대하고 복잡해지면 전통적인 최적화 방법론으로 풀기 어렵기 때문에 최근 활발히 활용되는 유전자 알고리즘, 머신러닝 등을 활용해 접근한다. 또 다양한 제조 전략, 예를 들어 시장이 성숙하지 않아 수요를 정확히 파악할 수 없을 때 활용하는 '지연생산전략(postponement strategy)'의 경우 제품의 특성이 결정되는 순간을 최대한 늦추게 되는데 이를 뒷받침하려면 분석학을 기반으로 다양한 시장상황에 유연하게 대처할 수 있는 생산 시스템을 구축해야 한다. 이 밖에도 제조에 필연적으로 수반되는 일정관리, 즉 생산에 필요한 인력 및 설비 등의 자원을 다양한 공정에 배분하는 작업도 분석학의 영역이다.

최근 콜센터, 의료기관, 항공사 같은 서비스 영역으로 적용이 확산되는 추세다. 배송 및 반품 단계에서는 운송 일정관리 등이 주된 활동이다. 코카콜라사는 디젤 운송차량 일부를 디젤·전기 하이브리드 트럭으로 교체하기 시작했는데 이를 위해 자사의 차량 관리유지 비용, 차량 구매가격, 운송 수요, 과거 디젤 연료 가격 변화 등의 데이터를 이용해 디젤 가격의 변화 모형을 만들었고, 이를 바탕으로 분기별 또는 디젤 가격 변화 시점마다 얼마나 많은 디젤·전기 차량을 구매하고 운행해야 할지를 결정하는 동적수리모형을 구축해 활용하고 있다. 프록터&갬블은 컨트롤타워 시스템을 통해 인접한 모든 공급사슬 요소와의 운송 상황을 시각적으로 모니터링해 공급사슬상 운송의 비효율성을 15% 감소시키기도 했다.

수요와 공급의 균형을 맞추기 위해 전통적으로는 수요예측에 맞춰 생산 용량을 조절하는 방식이 대세였다. 그러나 항공, 의료, 운송, 숙박과 같이 이미 투자돼 갖춰진 생산 용량을 활용하지 않으면 낭비되는 특성을 가진 산업의 경우 가격을 포함한 다양한 방식으로 수요를 조절, 생산 용량에 맞추는 '수익경영(revenue management)' 방식이 대두하고 있다. 수익경영은 항공산업에서 처음 활용됐는데, 항공산업에서는 같은 좌석도 판매시기, 왕복, 편도, 환승, 마일리지 탑승, 제휴카드 등에 따라 수십 종의 가격 등급이 있음은 주지의 사실이다. 가격 등급이 결정되면 항공사는 예약 한도를 결정하는데 이 예약 한도의 결정에는 등급별 수요, 예약 취소 확률, 소비자 성향 등이 고려된다. 만약 환승까지 변수에 넣는다면 문제는 훨씬 더 복잡해진다. 이런 과정을 거쳐 예약 한도를 결정하면 경매 시스템이나 동적가격 결정 메커니즘에 따라 가격이 결정된다. 수익경영은 제품 및 서비스 수요에 대한 데이터가 폭발적으로 발생하는 추세에 힘입어 활발히 연구, 활용되는 추세다.

제품이 다양화하고 불확실성이 커지며 글로벌 경쟁이 치열한 국제 경영환경에서 수요와 공급의 균형을 맞추는 것은 쉬운 일이 아니다. 반면 소비자와 공급사슬 전반에서 폭발적으로 발생하는 데이터는 급변하는 경영환경에 대처하게 해 줄 재료를 제공한다. 분석학을 기반으로 다양한 데이터를 활용해 기업이 속한 공급사슬 전반을 일관되게 개선해 나가는 건 어찌 보면 현대 경영환경의 복잡성을 이겨 내는 데 필수불가결한 작업일 듯하다.

자라, 전 세계 매장 판매 · 재고 실시간 파악

패스트패션의 선두주자인 스페인 자라(zara)는 빠른 정보 수집과 공급사슬 대응에 힘입어 성공했다. 의류 제품의 판매와 재고 상황은 실시간으로 공유되며 생산, 유통, 조달 의사결정에 바로 반영된다. 또 이 정보들은 동적인 상품 구성을 가능케 하는데, 매일 새로운 상품 구성을 통해 패션에 민감한 소비자의 소비심리를 파고든다.

자라는 무선식별(RFID) 시스템을 활용, 생산공장으로부터 판매시점관리(POS) 시스템까지의 과정을 모니터해 실시간으로 어떤 상품이 팔리고 있는지 파악하고, 판매가 발생할 때마다 재고주문을 하며 이 정보들을 전체 공급사슬에서 공유하고 있다.

패스트패션 시장과 마찬가지로 편의점 이용객은 선호도가 빠르게 바뀌고, 빠른 대응을 원하는 취향을 가지고 있다. 세계 최대 편의점 체인인 일본 세븐일레븐은 신선도를 강조하는 전략을 추구하고 있는데, 일본 제조업의 강점인 '적시생산방식(just in time)'을 차용하고 있다.

세븐일레븐은 POS 데이터를 공급 및 유통사와 공유해 미래 수요를 예측하고, 시간 단위의 판매 추이를 분석해 자라처럼 제품 구성에 동적으로 활용하고 낭비되는 식품류를 최소화하는 데 활용한다. 일례로 세븐일레븐의 우유 및 유제품 구성은 시간 단위로 바뀐다고 한다.

비즈니스 분석학이 온다

과학으로 건진 빅데이터, 경영의 눈으로 분석해야 '대박 신화'

분석학은 과학과 경영의 융합
CEO는 이익과 비용 항상 고민… 데이터 과학자도 경영마인드 필요

글로벌 기업들 '빅데이터 진군'
인사·조직 분야에도 적용… 투명하고 효율적인 경영 선도

데이터 분석은 IT서비스업
제조업 비중 유달리 높은 한국, 규제까지 많아 성공사례 드물어

지금 이 순간에도 지구촌 곳곳에서 엄청난 양의 데이터가 발생하고 있다. IBM에 따르면 매일 250경바이트 이상의 데이터가 쏟아진다. 이는 600메가바이트(MB) 영화 39억 편 분량이다. 이 추세는 점점 가팔라지고 있어 지금까지 인류가 쌓은 총 데이터의 90%가 최근 2년간 발생했다고 한다. 인터넷, 모바일, 사물인터넷 등의 폭발적인 성장에 기인한 것이다.

이렇게 많은 데이터는 무슨 의미가 있을까. 보통사람들에게는 아무 소용이 없지 않을까. 맞는 얘기다. 제대로 활용되지 못한 데이터는 어딘가의 저장장치에 방치된 채 잊힐 것이다. 그런데 이들 데이터가 가치를 갖게끔 가공해 주는 학문분야가 통합되는 추세다. 이들을 총칭해 '비즈니스 분석학'이라고 한다. 이런 데이터를 가공하는 사람은 '데이터 과학자'라고 부른다.

방대하게 생성되는 데이터를 잘 활용하기 위해서는 데이터를 다루고 의미 있는 형태로 가공해 의사결정에 결정적인 도움을 주는 역할을 하는 데이터 과학자를 확보해야 한다. 미국에서만 150만 명 이상의 데이터 과학자가 추가로 필요하다는 조사도 나온다. 데이터의 증가 속도에 비해 이를 취합하고 가공할 인력이 매우 부족하다는 의미다. 이를 위해 많은 대학은 데이터 및 비즈니스 분석학 과정을 신설, 인력 양성에 나서고 있다. 반면 한국의 대학은 이런 흐름에서 뒤처져 있다. 분석학 전문가에 대한 기업의 수요가 별로 없고 대학의 학제 간 칸막이에 의해 수학, 전산학, 경영학 등의 전격적인 협업이 잘 이뤄지지 않는 문제가 있어서다.

세계적으로 비즈니스 분석학을 활용해 엄청난 효과를 얻은 성공사례는 많다. 유권자들이 전단, 방문, 전화 등을 통한 선거운동에 어떻게 반응할지를 분석해, 박빙 양상의 지역을 효과적으로 공략한 2012년 버락 오바마 미국 대통령의 대선캠프 사례가 잘 알려져 있다. 월마트는 기상재해 등이 발생하기 전에 수요가 급증할 물품을 미리 확보해 큰 경영성과를 올렸고, 프로 스포츠계에는 데이터를 근거로 저비용 고효율을 추구하는 머니볼(Money Ball) 이론이 자리 잡은 지 오래다.

한 가지 재미있는 것은 이렇게 데이터를 활용해 성과를 낸 사례가 아직은 미국을 중심으로 한 서구경제권에 집중돼 있다는 사실이다. 이는 몇 가지 요인에 기인한다. 먼저 서비스산업의 발전 정도다. 비즈니스 분석학은 기본적으로 정보기술(IT)서비스업에 해당한다. 부가가치 창출 관점에서 볼 때 선진국 경제중심은 서비스산업으로 옮겨진 지 오래다. 이는 비즈니스 분석학을 비롯한 IT서비스업 기업이 고수익을 창출할 사회적 기반이 다져졌음을 의미한다. 반면 한국은 경제협력개발기구(OECD) 국가 중에서도 유달리 제조업 비중이 높고 서비스업의 생산성 또한 제조업에 비해 매우 낮은 편이다. 각종 규제 탓에 서비스업종에 대한 자본투자가 힘들다. '서비스산업발전기본법'이 국회를 넘지 못하고 있는 것도 다른 선진국의 상황과 대조적이다. 기업을 비롯한 많은 조직의 의사결정 과정에 객관적인 투자 대비 효용이 아닌 다른 논리가 비(非)정형적으로 영향을 미치는 특유의 조직문화 또한 그렇다.

최근 인텔의 인사·조직 담당자가 분석학을 활용해 기업 인사시스템을 투명하고 효율적으로 개선한 사례를 접했다. 인텔을 비롯한 글로벌 대기업은 인사·조직 영역에 분석학을 활발히 적용하는 추세다. 인사·조직 영역은 매우 민감하고 문화적, 비정형적 요인이 뒤얽혀 있기 때문에 데이터 분석만으로 의사결정을 하기 어려운 분야다. 한국도 조직 투명성이 많이 높아지기는 했지만 파벌 및 온정주의와 지배구조상의 문제점 등이 아직까지 인사·조직 원칙을 좌우하는 게 현실이다. 데이터와 분석학을 중심으로 한 투명하고 효율적인 인사·조직 시스템 정착에 걸림돌이 존재하는 것이다.

구글 인공지능(AI) '알파고'와 이세돌 9단의 바둑대국으로 우리 생활 깊숙이 들어온 인공지능은 분석학에도 심대한 영향을 미칠 전망이다. 데이터 과학자가 주어진 상황에 맞는 데이터를 선택하고 가공하는 역할의 많은 부분은 소위 '인지기술(cognitive technology)' 몫으로 넘어갈 전망이다. 데이터 과학자뿐 아니라 법조인, 의료인 등 전문 지식노동자의 입지가 매우 축소될 것이란 우려도 나온다. 이에 대해 분석학의 대가 토머스 대븐포트 교수는

△인지기술 간 조화를 이끌어 낼 수 있는 역할 △인지기술을 관리하는 관리자 역할 △새로운 인지기술을 구현하는 역할 △당분간 인지기술이 대체할 수 없는 창조적인 영역 또는 세분화되고 전문화된 분야를 발굴하라고 조언한다.

예를 들어 사모펀드의 분석업무 대부분은 사람이 하면 15시간 걸릴 내용을 단 30분 만에 수행하는 전문 소프트웨어로 대체되는 상황이지만 이들을 전반적으로 관리할 수 있는 역량을 키워 좀 더 총체적인 가치창출을 이루는 방향으로 가든지, 아예 새로운 분석학 도구를 개발해 새로운 적용 분야로 진출하라는 것이다. 어떤 전략이든지 결국 스스로의 역량을 키우고 시야를 넓혀 환경변화에 적극적으로 대응하라는 주문이다.

데이터 분석 결과를 의사결정에 잘 활용하기 위해서는 데이터 과학자와 이를 활용하는 의사결정자 간 소통이 중요하다. 분석학은 과학과 경영의 융합분야다. 데이터 과학자는 데이터 수집 및 분석 과정에 많은 노력을 기울이기에 이를 강조하는 경향이 많다. 그러나 의사결정자는 분석 결과가 경험적으로 제대로 된 통찰을 주는지, 기대되는 이득에 비해 이를 실행하는 데 수반되는 유무형의 비용을 감당할 수 있는지를 더 중요하게 여긴다. 데이터 과학자는 이런 의사결정자의 관심사를 제대로 이해해 소통에 초점을 맞춰야만 분석을 성공적으로 활용할 수 있게 된다.

데이터 과학자의 양성 과정에는 데이터 확보 및 가공 능력뿐 아니라 소통능력도 배양하는 융합적 학제과정을 갖춰야 함을 의미한다.

데이터는 금광석과 같다. 19세기 미국 캘리포니아에서 금광이 발견됐을 때 제일 먼저 돈을 번 사람은 금 채굴 기술을 가진 사람이었고, 그다음은 정제 기술이 있는 사람, 그다음은 번 돈을 송금해 주는 업자들이었다. 21세기 조직의 경쟁력은 데이터 소스를 확보하고 이를 정제·가공하며 의사결정에 적극적으로 활용하는 능력에 달려 있다. 국가경쟁력 측면에서 보면 이런 데이터 활용의 중요성을 인지하고 이를 가능하게 해 주는 분석서비스업을 활성화해 다양한 조직의 경쟁력을 제고할 여건을 조성하는 것이 중요하다. 이를 위해서는 관련 학문분야의 협업을 통한 데이터 과학자의 양성 및 공급을 활성화하고 기업 및 공공분야 기관의 수요가 늘어나는 선순환이 자리 잡아야 할 것이다.

카지노 호텔 수익 높여 준 데이터 분석

데이터 분석학은 카지노호텔의 수익관리에도 활용된다. 카지노호텔은 일반 호텔과 다른 몇 가지 특징이 있다. 첫째, 고객 행위에 대한 정보를 비교적 자세히 습득할 수 있다. 카지노게임에서 베팅하는 패턴 정보와 기본 인적사항 정보를 활용하면 매우 상세한 개인 고객별 수익률 모델을 얻을 수 있다.

둘째, 카지노 고객은 카지노 게임에 대해 개인별로 매우 차별화한 지급의사를 가지고 있다. 카지노 이용 고객은 카지노 게임에 대한 지급의사가 많게는 수십, 수백 배까지도 차이가 난다. 고객 예약 시점에 이 지급의사에 대한 정보를 파악해 선별 수용하게 되면 매우 효율적으로 수익 극대화를 이룰 수 있다.

셋째, 카지노호텔 고객은 특성상 일반 호텔 이용객보다 예약을 늦게 하는 경우가 많다. 카지노게임에 대한 지급의사가 높은 고객일수록 이런 경향을 보인다. 이를 바꿔 말하면 미리 예약하려는 고객 중 지급의사가 높지 않다고 판단되는 고객의 예약을 받지 않고 객실을 남겨둬 지급의사가 높은 고객이 마지막 순간에 예약하는 상황에 적극 대응하는 전략이 가능하다는 얘기다.

미국 노스캐롤라이나주의 한 카지노호텔은 분석학 시스템을 적용, 이런 카지노호텔 고객 특성을 파악해 수익관리에 활용한 결과 숙박률은 연중 98% 이상을 기록하고 수익률도 60%를 넘는다고 한다.

20

과학적 경영의 원조 '선형계획법'

최적의 광고전략 · 생산계획 · 가격책정… '수치'로 보여주는 경영과학

앞서 필자는 경영과학 사례로 인공 신경망의 딥러닝 기술을 이용한 인공지능(AI) 컴퓨터 '알파고'에 대해 언급했다. 이번엔 조금 더 과거로 거슬러 올라가 보자. 바로 과학적 경영의 시작이라고 불리며, 필자가 강의하는 학교의 '경영과학(Management Science)' 과목 첫 부분에서 다루는 선형계획(Linear Programming) 이야기다.

선형계획법은 자원을 용도에 맞게 효율적으로 배분하는 문제를 해결하기 위해 사용되는 방법이다. 이윤 최대화나 비용 최소화라는 목적 달성을 위해 한정된 자원 같은 제약조건을 적용해 최적해를 구해 내는 과정이다. 제2차 세계대전 당시 효율적으로 군수 물자를 생산하고 수송하기 위한 작전연구 분야였고, 대(對)U보트 작전의 성공적 수행을 위해 연구팀을 꾸려 준비하던 것에서 발전해 산업 전 분야에 확산됐다. 최근에는 광고믹스 문제,

생산계획 문제, 포트폴리오 구성 문제 등 다양한 분야에서 적용되고 있다.

선형계획법 정립에 큰 기여를 한 인물은 조지 버나드 댄치그(1914~2005)다. 그와 선형계획법에 얽힌 유명한 일화가 전해지는데, 맷 데이먼 주연의 영화 '굿 윌 헌팅'에서 청소부로 일하던 주인공이 수학 난제를 푼 것만큼 극적이다.

UC 버클리 학생 댄치그는 어느 날 수업에 지각을 했다. 강의실에 들어서자마자 수업은 끝나버리고, 그는 칠판에 적힌 두 문제를 노트에 옮겨 적었다. 그는 이 문제가 숙제라고 생각하고 열심히 고민했지만, 지금까지의 숙제 중 가장 어렵다고 생각했다. 그리고 1주일 정도 고민한 끝에 완성한 문제 풀이를 교수 책상에 두고 나왔다. 얼마 후 담당 교수가 이 과제물을 들고 기숙사 방문을 다급하게 두드렸다. 놀란 댄치그가 나오자 교수는 이렇게 외쳤다. "자네가 지금 무엇을 나에게 제출했는지 아나? 자네는 지금까지 누구도 푼 적이 없는 통계학의 난제를 풀었다네."

'선형계획의 아버지'로 불리는 댄치그는 1914년 미국 오리건 주 포틀랜드에서 태어나 UC 버클리에서 박사학위를 받았다. 1947년 댄치그는 선형계획법 역사에 한 획을 긋는데, 바로 선형계획법 해법인 단체법(Simplex Method)을 고안한 것이다. 최근에는 컴퓨터의 발달로 린도(Lindo), 링고(Lingo) 등 전문 프로그램이나 마이크로소프트 엑셀의 해찾기 기능을 통해서 선형계획법을 쉽게 풀이할 수 있지만 그 기초가 된 것이 댄치그가 개발한 단체법이다. 이렇게 개발된 선형계획법은 아직도 국내외 산업에 많은 영향을 미치고 있다.

병원에서도 선형계획법은 다양하게 활용되고 있다. 앞에서 짧게 언급한 캐나다 마운트 시나이병원 사례를 살펴보자(14-15쪽 참고). 캐나다 병원은 정부에서 자금을 지급하는 '단일지불제도'로 운영한다. 전문의가 부족해 진찰이 지연되기 일쑤며 단순 내시경 검사에도 2~3개월이 걸린다. 서비스를 제공한 만큼 의사가 월급을 받으므로, 의사의 과잉 서비스 가능성이 있다. 정부의 예산 지원 부족으로 병원 시설이 낙후돼 있고 수술실, 입원실 등이 매우 부족하다. 캐나다 병원은 우리가 생각하기에 최적으로 운영된다고 보기 어렵다.

그렇다면 어떻게 운영하는 것이 최적인가? 병원 수술실은 사용 가능 시간이 정해져 있으므로, 각각의 날에 이용 가능한 수술실의 총 개수의 데이터를 얻을 수 있다. 또 수술실에서 진행되는 수술 유형은 몇 가지이며, 수술 부서 역시 몇 개인지를 알 수 있다. 특정한 날에 하나의 수술실에는 한 부서만 배정된다는 식의 가정도 선형계획법에 반영될 수 있으며, 하나의 수술실을 두 부서가 각기 다른 주에 사용할 수 있다는 가정도 포함할 수 있다. 각 주 사이의 일관성도 반영할 수 있으며, 이를 통해 주별, 일별 각 부서에 할당될 수 있는 수술실 공간을 목적함수로 두고, 이 값의 최댓값, 최솟값도 계산할 수 있다. 이 같은 제약 조건 아래 마운트 시나이 병원은 수술 시간을 줄이려는 병원과 수술 시간을 늘리려는 의사의 상반된 의견을 모두 반영해 총체적인 해법을 찾고자 선형계획법을 사용했고, 이를 통해 상당한 성과를 거뒀다.

선형계획법은 일상에서도 흔히 접할 수 있다. 우리는 매일 TV, 휴대폰 등을 통해 각종 광고에 노출된다. 그럼 어떻게 해야 광고를 통해 자사 제품이나 서비스를 소비자에게 널리 알릴 수 있을까? 답은 의외로 간단하다. 시청률이 높은 프로그램 앞뒤에 광고를 많이 배치하면 된다. 하지만 그 시간대에는 광고료가 비싸게 책정돼 있을 것이고 그러면 총이익이 줄어들 수 있다.

이를 위해 사용되는 것이 선형계획법이다. 최적의 광고 전략을 세우기 위해 시청률 정보, 광고 비용 등의 데이터를 수집한 뒤 이를 1차 제약조건식과 광고비용 최소화, 시청률 최대화를 동시에 만족시키는 복수목적선형계획법을 구성하면 된다. 이때 제약조건으로는 자사의 예산, 방송통신위원회 정책 등이 포함될 수 있다.

이런 광고 외에도 제품 제조회사들도 선형계획법을 사용하고 있다. 반도체 관련 모듈, 웨이퍼, 유기발광체 등을 제조하거나 파운드리 위탁 생산을 하는 글로벌 기업 페어차일드 역시 제품 가격 책정을 위해 선형계획법을 사용했다. 이는 페어차일드의 비생산적인 가격 산정 프로세스를 해결하고 다수의 가격 산정 방식으로 인한 기존의 혼선을 해결하는 동시에 e비즈니스를 위한 최적 가격 도출을 가능하게 했다. 즉 가격 분할화를 통한 채널별 가격 적용 혼선을 방지했고, 가격 책정 시간이 70% 감소하는 효과를 거뒀으며, 약 20여 개의 분할화를 통한 최적 단가적용, 매출 15% 상승, 최적 가격을 통한 수익 향상, 가격 산출을 위한 인력 10% 절감 등 많은 성과를 거뒀다.

이처럼 우리 주변의 삶과 산업에는 선형계획법이 녹아들어 있다. 지금 주변에 어떤 경영 과학적인 요소가 있는지, 어느 부분에 선형계획법이 적용돼 있는지 살펴보라. 만약 적용돼 있지 않다면 적용할 수 있는 문제가 있는지 생각해 보자. 무엇을 기대했든 선형계획법은 언제나 현 상황에서의 최적해라는 선물을 제공할 것이다.

경영현장에서 응용되는 '선형계획'

선형계획문제의 예시를 살펴보자. 작은 가구 공장을 운영 중인 K씨는 매출의 최대화를 원한다. K씨는 매일 32㎏의 원목을 제공받는다. 공장에는 노동자가 10명 있으며, 이들은 하루에 6시간 근무한다. 책상을 만들려면 3시간의 노동시간과 4㎏의 원목이 필요하고, 의자를 만들려면 6시간의 노동시간과 2㎏의 원목이 필요하다. 책상과 의자는 각각 20만 원, 24만 원에 팔린다.

여기서 K씨가 알고 싶어 하는 것은 매출 최대화를 위해 책상과 의자를 몇 개씩 생산해야 하는가다. 무한정 생산하면 매출은 최대화되겠지만, 제약조건인 근로시간과 원목 재고량이란 제약조건이 있어서 그렇게 할 수는 없다.

선형계획법으로 풀어 보자. 의사결정변수인 책상 생산량을 A, 의자 생산량을 B라고 하자. '(20만원×A)+(24만원×B)의 최대화'가 목적함수가 된다. A와 B는 각각 0보다 같거나 커야 하며, 근무시간 제약조건(3A+6B60)과 원목 재고 제약조건(4A+2B32)을 만족해야 한다. 이를 단체법이나 엑셀의 해찾기로 풀면 이 회사는 매일 책상 4개, 의자 8개를 생산해야 가장 큰 매출을 올릴 수 있으며 이때 예상되는 하루 매출은 272만 원이다. 이와 같이 선형계획문제는 여러 산업과 일상생활에서 쉽게 응용돼 사용될 수 있다.

21

서비스 사이언스와 수요매출관리(DRM)

서비스도 과학적으로 접근해야 '돈 되는' 고객 찾고 수익 극대화

서비스의 무형적 특성으로 체계적 방법론 없는 게 현실

수요매출관리 중요성 점점 커져
'수익 직결' 소비자 분석하고 홍보 계획 · 할인정책 등 최적화
GE · 포드… 글로벌 기업 적극 활용

지난 해에는 여러 언론을 통해 '서비스산업 발전 기본법안'에 관한 뉴스를 많이 접할 수 있었다. 2012년 정부가 발의한 이 법안은 의료산업 민영화를 위한 포석이란 논란 속에 이번에도 처리되지 못한 채 해를 넘겼다. 서비스산업의 발전은 왜 중요한가. 어떻게 발전시켜야 하며, 이의 발전은 우리에게 무엇을 가져다줄 것인가.

2004년 12월, PC산업의 상징이던 미국의 IBM이 PC사업 부문을 중국 레노버에 매각하는 충격적인 사건이 있었다. IBM의 PC사업 부문 매각은

존 제조 중심의 사업구조를 서비스 중심으로 완전히 탈바꿈시키기 위한 것이었다. 서비스가 부가가치를 창출하는 주요한 산업으로 거듭나고 있음을 보여주는 이보다 더 좋은 사례는 없다고 생각한다.

서비스산업의 부상과 더불어 과거 컴퓨터 사이언스(computer science)라는 신분야를 개척했던 IBM이 오늘날에는 서비스 사이언스(service science)라는 새로운 분야를 만드는 데 힘을 쏟고 있다. 서비스 사이언스는 IBM이 기존 제조 중심의 사업 구조를 서비스 중심으로 전환하면서 서비스의 연구 및 관련 이론의 적용에 앞장서 대두되기 시작했고 일부 글로벌 기업에서는 이미 경영에 접목해 좋은 성과를 내고 있다. 국내에서는 삼성SDS가 이 분야에 대해 연구와 적용을 추진하고 있다. 지금까지는 정보기술(IT)이 제조업 등 전통산업의 부가가치를 높이는 역할을 했는데, 이제는 유비쿼터스(ubiquitous·장소에 상관없이 자유로이 네트워크에 접속할 수 있는 환경) 기술을 통해 삶의 질을 향상시키는 원격진료·사이버교육·전자뱅킹·DMB 등 서비스 분야를 활성화하는 것이 훨씬 중요해질 것이란 분석이다. 따라서 서비스업도 제조업과 마찬가지로 상품화 과정을 거쳐야만 효율을 높이고 수익을 창출할 수 있을 것으로 판단하고 있다.

서비스란 고객접점관리를 통한 고객과의 상호작용이 가장 중요한 요소로 작용하는 가치 창출 활동이다. 그러나 대부분 고객이나 기업이 기대하는 서비스를 창출하지 못하는 것이 현실이다. 서비스의 중요성이 증대되고 강조되며, 관련 기술도 급속도로 발전하고 있음에도 불구하고 서비스의 대표적 특징인 '무형성(無形性)'으로 인해 서비스에 대한 정의나 프로세스, 성과 측정 등 서비스 전반과 관련된 과학적이고 체계적인 방법론이 부재하기 때문이다. 이와 같은 현실에서 서비스 이론과 현실의 차이 혹은 고객의 기대수준과 서비스 제공자의 역량 간에 존재하는 격차를 과학적인 접근으로 해결하려는 노력의 산물이 서비스 사이언스다.

서비스 사이언스는 경영학·컴퓨터공학·산업공학·사회과학·법과학 등과 같이 이미 확립된 분야의 학문들을 통합적으로 응용하는 서비스에 대한 새로운 과학적 접근법이다. 이미 언급한 바와 같이 서비스산업은 서비스의 무형성이란 특징 때문에 재고 비축으로 소비자의 수요 변동에 대응할 수 없다. 이는 매출 기회 상실이나 혹은 과도한 서비스 능력(capacity)의 보유로 인한 비용 유발을 초래할 수 있다. 따라서 서비스업에서는 수익성 최대화를 위한 수요관리 기법인 수요매출관리(DRM)의 중요성이 더욱 크다고 할 수 있겠다.

그렇다면 수요매출관리란 무엇인가. 기업이 물건을 만들기만 하면 고객이 사 주던 시대를 지나 풍요의 시대에 접어들면서부터 기업들 사이에서 수요관리는 지속적인 관심사가 돼 왔고 그 개념 또한 계속해서 발전해 왔다. 단순한 수요예측에서, 수요를 창조한다는 개념을 넘어, 오늘날에는 '돈이 되는' 고객의 수요를 관리한다는 개념으로까지 발전했다. 즉 오늘날 기업들은 단순히 수요와 공급을 일치시키는 것이 아니라 수익성을 최고 수준으로 끌어올리는 방식으로 수요를 관리한다는 것이다.

이처럼 오늘날 수요관리의 특징은 바로 '수익(profit)'이다. 기존의 단순한 수량 중심 수요예측에서 벗어나 수익 관점에서 수요를 예측하고 '돈이 되는' 고객의 수요를 창조하는 방향으로 진화하고 있는 것이다. '수요매출관리'라고 일컬어지는 DRM(Demand and Revenue Management)은 수요관리에 고객의 정보를 반영함으로써 수요를 최적화하고 수익 중심으로 수요를 창출함으로써 수익성을 최대화하고자 하는 수요관리 기법이다. 다양한 시나리오와 과거 고객 데이터를 분석함으로써 최적의 가격정보와 판매촉진방법을 도출해 기업의 기대수익을 예측하고 수요관리를 지원한다. 현재 및 미래 고객의 수요를 예측하고 수요 창출, 판매 및 공급 사슬을 매출 및 이익으로 최적화하고자 하는데, 고객군마다 세세한 최적 가격을 설정해 단가 및 판매량의 최적화와 수요 조절에 목적을 두고 있다. 가격 변경이나 프로모션 등에 대한 시장의 반응은 지극히 복잡하고 방대한 정보량을 필요로 하므로 이 복잡한 시스템 체계를 수학적으로 모델화하고 시장의 흐름을 시각화하는 것이다.

실제로 DRM 솔루션들이 개발돼 수요예측, 프로모션 계획, 제품 수명주기 가격, 할인정책 등의 최적화를 지원해 주고 있다. 포드자동차, AT&T, 까르푸, 하얏트호텔, 3Com, 아마존, 보잉, 코카콜라보틀링, 컴팩, 듀폰, GE, 할리데이비슨, 유니레버, 유나이티드에어라인 등 수많은 유수의 글로벌 기업이 이미 DRM 중 일부 혹은 전 모듈의 솔루션을 도입, 수요매출관리에 활용함으로써 수익을 증대시키고 있다.

서비스 사이언스 시대의 수요매출관리를 위해서는 수요 창출에 가장 성공할 확률이 높은 고객 집단은 누구며, 이 집단의 행동 패턴이 어떤지, 어떤 방법으로 이 집단의 구매를 유도할 수 있으며, 이들에게 제시할 수 있는 적정 가격은 어느 수준인지를 분석해 낼 수 있어야 한다. 하지만 이와 같은 수요매출관리를 통해 수익을 극대화하고 있는 국내 기업의 사례는 아직 찾아보기 어렵다.

기업들은 고객 전체 시장을 유의미한 기준으로 잘게 쪼개 어떤 시장을 대상으로 어떤 판촉활동 및 가격 정책을 써야 하는지를 분석해야 하는 것이다. 이때는 단순히 감각에 의존하는 것이 아니라 과거 고객 데이터베이스를 철저하게 분석하는 시장분석기법을 적용해 서비스 사이언스 시대를 현명하게 헤쳐나가야 할 것이다.

고객 DB 구축한 미국 카지노호텔의 성공사례

하라스 엔터테인먼트는 2005년에 인수한 시저스 엔터테인먼트로 회사명을 변경, 성장세를 이어가며 세계 최대 호텔 카지노 체인으로 거듭났다.

카지노는 호텔 객실 예약률과 게임 테이블 가동률 등 무형의 서비스 이용률은 최대로 높이되 이용되지 않는 서비스에는 불필요한 인력 배치를 줄이는 등 비용을 최소화해야 한다. 그런데 하라스는 성수기만 되면 실제 예약건수의 두 배에 달하는 예약 요청을 거절할 수밖에 없었다. 수익을 최대화하기 위해서는 높은 객실 점유율을 유지하는 동시에 가장 많은 돈을 지출하는 고객의 예약률을 높여야 하는 과제를 안고 있었던 것이다.

이런 문제를 해결하기 위해 하라스는 회사의 모든 슬롯머신, 호텔예약 시스템의 고객정보를 통합했다. 이를 통해 쌓인 데이터로 고객의 가치를 분석해 수익 극대화 프로모션을 고안했다.

예를 들어 단일 여정에서 같은 도시에 있는 여러 하라스의 호텔을 방문한 고객은 단 하나의 호텔을 방문한 고객보다 200% 높은 수익을 올려 준다는 사실을 발견했다. 이에 따라 하라스는 한 카지노의 고객들이 다른 곳에서 식사하거나 쇼를 보도록 유인하는 새로운 프로모션을 개발해 성공을 거뒀다.

22

급변하는 인사경영 패러다임

직원 이직·성공 확률까지 분석… 구글의 질주 이끈 '데이터 인사혁신'

전문성·경험보다 철저히 데이터 중시
채용·생산성 제고 등에 선제적 활용
기업 성과·직원 만족 동시에 달성

IoT·소프트웨어 급속한 발전 따라
데이터 기반 인사관리 확산되지만
활용 역량 갖춘 대기업은 7%뿐

기업경영에 가장 중요한 의사결정은 무엇일까. 재무, 연구개발(R&D), 브랜드 전략, 고객관계 관리, 생산설비의 효율화 등 최고경영자(CEO)의 머리를 아프게 하는 많은 영역의 이슈들이 즐비하다. 하지만 많은 최고의사결정자들의 이야기를 들어 보면 가장 근본적인 고민거리는 역시 사람을 관리하는 일이다. 이유는 간단하다. 기업의 수많은 의사결정은 사람이 내리므로 사람을 잘 관리하면 좋은 의사결정은 자연스럽게 따라오기 때문이다.

전통적인 인사관리의 핵심은 관계관리에 기반한다. 인간관계는 근본적으로 주관적이고 상호적인 개념이기 때문에 모든 경영 영역들이 데이터에 기반하는 방향으로 변화하는 물결 속에서도 인사관리 분야는 저항이 가장 심한 영역으로 남아 있다. 끝없는 혁신으로 21세기 가장 성공적인 기업 중 하나가 된 구글의 성장동력은 인사관리 혁신에서 유래한다. 그리고 구글의 인사관리는 철저히 데이터에 기반을 둔다. 예를 들면 구글뉴스, 지메일(gmail), 애드센스 등과 같은 새로운 서비스들을 탄생시킨 '20% 타임', 공짜 음식과 다양한 놀이 공간 및 활동 제공 등 파격적인 정책들은 모두 데이터에 근거해 도출되고 운영되는 정책들이다.

구글은 인재관리(HR·Human Resource)라는 용어 대신 인재운영(People Operations)이란 용어를 쓴다. 생산설비, 프로세스 관리 등에 주로 적용되는 과학적 운영기법인 운영관리(Operations Management) 영역으로 본다는 의미다. 또 인사를 운영하는 주체를 인재 분석팀(People Analytics)이라고 부른다. 역시 기업 인재들을 분석의 대상으로 본다는 철학이 뚜렷하다. 인사관리 분야 전문가인 존 설리번 박사가 파악한 구글의 혁신적인 인사운영 사례 중 몇 가지를 살펴보자.

첫째, 구글 내부 데이터를 분석해 성공적인 매니저의 중요성과 조건을 밝혀내고, 이 조건들을 8가지 요소로 정리해 1년에 두 차례씩 직원들로부터 평가받도록 했다. '공기 프로젝트(project oxygen)'라 명명된 이 프로젝트는 꼭 필요한 상위 직급자의 자질을 정착시키는 데 매우 큰 역할을 했다. 이를 벤치마킹한 국내외 많은 기술 및 스타트업(신생 벤처기업)들이 비슷한 인사정책을 도입하고 있다.

둘째, PiLab(People & Innovation Lab)을 운영해 사회학적 실험을 하여 가장 효율적으로 인재를 관리하고 생산성을 높이는 방법을 파악한다. 여기에는 직원들이 가장 만족해 하는 동기부여 방식을 파악하는 것과 건강 증진을 위한 과학적인 실험들도 포함된다.

셋째, 최근 많은 기업이 도입을 검토하고 있는 예측적 분석학(predictive analytics) 기법들을 활용해 직원들의 이직확률 계산모형을 통한 선제적 이직 방지, 효율적인 작업환경 구축 등에 활발히 활용한다.

넷째, 이런 분석학 기법들을 직원 채용에 활용하는 데 특히 구글에서는 성공할 확률에 대한 분석학 모델을 기반으로 채용하고, 인터뷰 절차도 데이터를 기반으로 한 효율적인 모델로 설계한다.

다섯째, 역시 데이터를 통해 혁신활동은 학습, 협업, 재미의 세 가지 요소가 결합될 때 극대화된다는 점을 파악하고 이 요소들을 높일 수 있도록 과업의 부여 방식이나 물리적 환경의 개선 등 온갖 노력을 기울인다. 이외에도 직원들이 창출하는 부가가치를 정확히 계산해 이를 근거로 자원배분 의사결정을 하는 등 데이터에 근거한 인사정책은 전사적인 기업문화로 자리 잡았다.

2004년 기업공개를 한 구글은 전 세계 시가총액 상위기업 중 가장 젊은 기업이다. 때문에 다른 거대기업들에 비해 처음부터 전통적인 관계기반의 인사정책이 아닌 데이터에 근거한 인사정책이라는 혁신을 정착시키기가 용이했다. 또 구글은 창업자 및 임원들에서부터 많은 기술자들까지 대부분 구성원이 분석적인 역량과 문화를 가지고 있어 데이터를 기반으로 한 인사정책의 이해와 수용이 원활했다.

또 다른 글로벌 정보기술(IT) 기업인 SAP사의 경우 '석세스 팩터스'라는 클라우드 기반의 인재관리시스템을 통해 전 세계 지점들의 인재 수요와 공급 현황을 관리한다. 이를 통해 조직 효율성이 증대되고 근무제도가 유연해지며 신속한 보상도 가능해졌다. 또 지속적으로 직원과 상호작용하는 'SAP

토크'라 불리는 평가시스템을 통해 성과를 최적화하고 향상시키는 방법을 꾸준히 토론한다. 결국 데이터를 통한 인재관리시스템으로 기업 성과도 증대하고 직원들에게 돌아가는 혜택 및 개인 발전도 함께 달성하게 됐다.

사물인터넷(IoT)과 소프트웨어기술 등의 급속한 발전은 데이터 기반 인적자원관리가 가까운 미래에 더욱 활성화될 것임을 암시하고 있다. MIT 미디어랩 출신의 와버 박사가 창업한 소시오메트릭 솔루션스(Sociometric Solutions)사는 '사회적 센싱기술'을 활용해 기업 내부의 소통메커니즘을 파악하고, 협업을 활성화하며 조직구조의 혁신을 달성하는 데 활용하도록 돕는다. 이 기술이 활성화되는 데 가장 큰 난관인 인권 및 개인정보 보호 등의 이슈들을 해결하는 제도적, 윤리적 장치들도 함께 연구하고 있다. 아이디얼(Ideal)사는 심리측정(psychometric) 프로그램을 활용해 기업에 가장 적합한 직원을 선별하는 서비스를 제공한다. 이외에도 신규직원 채용관련 복잡한 프로세스와 서류를 간결하고 일원화해 주는 시스템, 직원들의 출퇴근 및 휴가 활용 등 모든 스케줄을 관리해 주는 프로그램 등이 이미 상용화돼 있다.

반면 대부분 기업들은 데이터에 기반을 둔 인적자원관리를 전폭적으로 수용하기가 쉽지 않다. 딜로이트 컨설팅의 조사에 따르면 대기업의 78%는 데이터 기반의 인사시스템이 매우 중요하고 시급하지만 7%만이 인사데이터를 제대로 분석하고 활용할 역량이 있다고 한다. 또 위에서 언급한 인사관리의 각종 데이터를 관리하고 업무들을 자동화하며 분석하는 전문 시스템과 프로그램들의 활용도 매우 미흡한 것으로 나타났다. 여기에는 사람을 다루는 영역에는 사람의 전문성과 경험이 훨씬 중요하다는 인식과 데이터 기반의 의사결정이 정착되지 않은 문화적 배경 등이 작용한다는 분석이다.

또 일반적으로 기업 인사관리 종사자들이 통계, 수학, 전산과 같은 데이터 분석의 학문적 배경이 다소 약하다는 점도 원인이 될 수 있다. 더 나아가 기술에 의해 인사 분야 종사자의 역할이 줄어들 가능성을 염려할 수도 있다. 하지만 기업경영의 근간인 인사관리의 중요성을 인지하고 기업경쟁력의 원천임을 자각하는 기업일수록 경쟁력이 높아지는 것은 당연한 결과다.

일례로 데이터 기반의 인재 채용과 관리에 기반한 구글은 전 세계에서 분야별 최고 인재들을 뽑아 활용한다. 기술 분야는 물론이고 언론, 의료, 자동차, 연예산업 등 구글의 사업 영역이 미치는 모든 업체들은 구글에 인재를 빼앗기거나 좋은 인재를 영입할 가능성이 줄어들게 되는 것이다. 글로벌시장에서 힘든 경쟁을 펼치고 있는 우리 기업들이 꼭 생각해 봐야 할 명제가 아닌가 한다.

글로벌 음식서비스 시스코, 직원 만족도 올려 주니 5000만 불 절감

시스코(Sysco)사는 100개 이상의 사업조직이 독립적으로 운영되고, 5만 1000여 명의 직원과 40만 명의 고객을 지닌 글로벌 음식 서비스 업체다.

이 회사는 각 사업조직에 대해 작업환경 및 만족도, 생산성, 직원유지율 등을 중심으로 분석을 진행했다. 그 결과 직원 만족도가 높은 사업조직의 매출이 높고 비용이 절감되며, 직원유지가 더 잘 되고 고객충성도도 더 높다는 사실을 발견했다. 또 직원 만족도를 효율적으로 높이기 위한 구체적인 방안들도 도출됐다. 특히 배달업무 관련 직원들의 영향력이 높다는 것을 알고 이 직원들의 만족도 향상에 주력해 직원 유지율을 65%에서 85%까지 높였다. 이들의 만족도가 떨어지는 기미가 보이면 바로 이를 상쇄하는 정책을 시행했다. 결과적으로 이 회사는 약 5000만 달러 이상의 비용절감효과를 거뒀고 급속한 매출 신장을 달성했다.

다우케미컬은 직원 4만 명의 과거 데이터를 분석해 화학업종의 경기순환을 고려한 직원수요예측모델을 구축했다. 특히 직원들을 연령별, 직군별로 세분화하고 인사정책, 외부환경요인 등의 변수에 대한 시나리오 분석도 가능한 모델을 개발해 다양한 위험요인에 대처할 수 있는 인사시스템을 갖추게 됐다.

23

국내 의료업계 경쟁력 갖추려면

갈 길 먼 의료 선진화… "고품질 빅데이터 확보 · 플랫폼 역량 키워라"

전 세계 의료 빅데이터 시장, 2023년 629억 달러에 달할 듯
개인 고유 유전자 정보 활용… 의료기관, 양질의 데이터 확보
IT와 연계한 라이프 로그 데이터 등 '삼박자' 갖춰야 서비스 질 향상
글로벌 의료시장 주도하려면 정부 리더십 · 의료계 전향적 자세 절실

1999년부터 2003년까지 행해진 휴먼게놈프로젝트에서 첫 번째 도출된 게놈지도 작성에 소요된 비용은 5억 달러 이상이 될 것으로 추산된다. 이 비용은 2006년에 2500만 달러 정도로 줄었고, 그 후 10여 년이 지난 지금 99달러에 유전자 검사를 제공하는 '23앤드미'라는 업체가 등장했다. 이 회사는 간단한 세포 샘플을 분석해 90개 이상의 질병 발병 가능성을 추정하고 조상 찾기 서비스와 함께 친척 찾기 기능도 제공한다. 그 결과 100만 명이 넘는 회원과 5000만 달러 이상의 투자를 유치하며 의료산업의 미래혁신을 예고하고 있다. 이를 목격한 보스턴컨설팅의 필립 에번스는 개별 DNA

데이터가 임상의료 데이터, 인터넷, 모바일, 사물인터넷(IoT), 웨어러블, 소셜네트워크서비스(SNS) 등을 통한 다양한 생활 데이터 등과 결합되면서 가져올 근본적인 혁신에 대해 설파한 바 있다. 특히 보다 많은 사람의 유전자 정보가 모이면 선제적 의료 진단 및 처방의 정확도가 기하급수적으로 높아지게 됨을 짐작할 수 있다.

데이터 열풍이 전 세계 의료산업에 몰아닥치고 있다. IBM의 인공지능 '왓슨'은 암진단 정확도가 96%에 달해 전문의를 능가하고 있다는 평가이고 제약업계는 신약 개발 및 마케팅에 데이터 기반 프로세스를 도입하고 있다. 각종 약물 개발 시 부작용 및 위험도를 줄이고 SNS 데이터를 분석해 특정 기능의 신약에 대한 수요를 판단해 비용을 줄이고 매출을 향상하는 것이다. 전 세계 정부들도 팔을 걷어붙였다. 미국 전 대통령 버락 오바마 행정부는 2015년 1월에 정밀의료추진계획(PMI)을 발표하고 2억 1500만 달러를 투자한다고 공표해 의학계의 패러다임 변화를 예고했다. 영국은 2013년 보건의료 빅데이터 통합센터(HSCIC)를 설립해 2조 원의 예산을 투입하고 10만 명의 유전자 정보를 분석한다는 목표를 위해 '지노믹스 잉글랜드'라는 국영기업을 설립했다. 일본은 의료 빅데이터 정비 프로젝트를 추진해 역시 맞춤형 진료와 의료서비스 개선에 활용한다는 계획이다. 한국도 국가정보화전략위원회, 한국과학기술기획평가원, 미래창조과학부(현 과학기술정보통신부), 국민건강보험공단, 건강보험심사평가원 등이 의료 빅데이터 및 스마트 헬스 등을 전략적으로 육성하려는 노력을 기울이고 있다.

산업통상자원부에 따르면 전 세계 의료 빅데이터 시장은 2023년 629억 달러에 이를 것으로 전망된다. 이 중 데이터 저장 및 통합이 346억 달러, 데이터 해석 및 분석이 34억 달러, 시각화 및 빅데이터 분야가 248억 달러에 달할 것으로 전망되는데, 해석 및 분석 분야 시장 성장률이 38%로 가장 높을 것으로 예상됐다. 즉, 의료 빅데이터가 어느 정도 수집된 뒤에는 이를 분석·가공해 고품질의 의료서비스에 필요한 지식으로 전환하는 서비스가 부가가치를 많이 창출할 것이라는 예상이다.

데이터에 기반을 둔 의료서비스의 질적 향상에는 크게 개인 고유의 유전자 데이터, 병원 등 의료기관에 보관되는 각종 의료 데이터, 그리고 취미 건강 여가 사회관계 등 생활 전반의 기록인 라이프 로그 데이터 세 가지가 필요하다. 이들 정보를 함께 분석하면서 다양한 유형을 발견하고 그 결과를 토대로 개개인에게 맞춤형 서비스를 제공할 수 있는 것이다. 이런 스마트헬스와 정밀의료의 비전을 구현하기 위해서는 풀어야 할 다양한 과제가 산적해 있다.

먼저 의료산업에서의 개인정보 보호 문제는 특히 까다롭다. 대부분 국가에서 임상실험 시 어떤 데이터를 활용할 수 있는지, 데이터 접근 권한을 누가 갖는지, 어떤 종류의 환자 동의를 얻어야 하는지에 대해 법적 제한이 매우 엄격하다. 이런 데이터를 데이터 과학자가 활용해 분석할 수 있으려면 근본적인 법체계의 개편이 불가피할 것으로 보인다. 당장 국민건강보험공단이 축적한 1조 5000억 건의 데이터를 활용하는 구상에 개인정보 보호와 의료 영리화에 대한 우려가 제기되고 있다. 의료기관 내부에서도 데이터에 대한 관리권한체계를 수립하는 일은 큰 과제가 될 수 있다. 또 양질의 데이터 과학자가 부족할 것으로 전망되는 상황에서 의료 분야에서 활동할 데이터 과학자를 확보하는 것도 근본적인 이슈로 제기되고 있다.

보다 근본적인 조건인 양질의 데이터를 확보하는 것도 당면한 과제다. 기본적으로 전자의무기록(EMR/EHR)의 표준화가 선행돼야 하고, 데이터 생성·관리 과정에 품질향상기법과 자동생산기법을 적용해 저비용·고품질의 데이터베이스화가 필요하다. 이를 위해 한국 의료계에서는 건강보험심사평가원 등이 표준화 대안들을 제시하고 개인정보보호법, 유전체관련법 등에 대한 논의를 하고 있다.

반면 라이프 로그 데이터는 의료계 범위를 벗어나 글로벌 정보기술(IT) 플랫폼 업체가 주도권을 쥐고 있다. 이를 잘 아는 플랫폼 업체들은 건강관련 라이프 로그 데이터를 기반으로 거꾸로 의료 데이터와의 접목을 통해 의료 플랫폼을 장악하려는 전략을 시도하고 있다. 구글은 구글핏 플랫폼을 중심으로 라이프 로그 데이터를 수집하면서 구글 글라스와 전자의무기록까지 연동한다는 계획이고, 애플 역시 헬스킷을 발표해 아이폰 애플워치와의 연동을 바탕으로 의료플랫폼 선점 경쟁을 하고 있는 중이다. 의료계와 플랫폼 업체들 간 협업이 어떻게 이뤄지느냐에 따라 스마트헬스·정밀의료 비전을 구현하는 양상이 크게 영향받을 전망이다.

이 과정에서 과거 플랫폼 업체를 중심으로 융합이 성사된 사례를 참고할 필요가 있다. 통신산업은 모바일 혁명이 이뤄지면서 통신사로부터 플랫폼 업체로 주도권이 넘어간 지 오래다. 미디어산업은 콘텐츠 사업자와 플랫폼 사업자 간 각자의 역할을 어느 정도 나눠 공존하는 모양새인데 이 과정에서 넷플릭스, 허핑턴포스트 등과 같이 과감하고 혁신적인 사업모델을 통해 뉴미디어의 강자로 등극한 사업자도 있고, 몰락한 전통 미디어 기업들도 무수히 많다. 이런 점에서 의료산업 상황은 자동차산업 상황과 비슷한 점이 있다. 독자적인 플랫폼 역량이 낮고 시장이 파편화돼 있으나 고유 영역의 경쟁 우위는 매우 높아 플랫폼 업체들과 대치하며 미래를 고민하는 모양새다. 결국 의료산업 내부 협업을 통해 표준화와 효율화를 추진해야 플랫폼 업체들과의 공생적인 관계 모색 과정에서 주도권을 빼앗기지 않을 수 있다.

데이터에 기반한 의료산업 선진화는 지금까지 보아 온 다양한 산업들의 융합과정보다 한층 더 복잡한 양상으로 전개될 것으로 보인다. 이 과정에는 기술적·법률적·경제적·문화적 걸림돌이 산적해 있다. 글로벌 의료시장에서 한국 의료업계가 경쟁력을 가지고 주도적인 역할을 하기 위해서는 정부의 투명한 리더십과 의료산업계의 전향적이고 미래지향적인 자세가 절실하다.

美 파트너스 헬스케어 등 해외 사례 살펴보니…

파트너스 헬스케어는 매사추세츠병원, 하버드 의대 등 미국 동부 보스턴 인근 다수의 의료기관이 연계된 비영리 단체로 소속 의료기관들의 금융, 운영, 임상분석시스템을 통합한 시스템을 개발·운영한다.

파트너스 헬스케어는 환자추론문서(QPID)라는 전자의무기록(EHR)용 지식시스템을 개발했는데 5000명이 넘는 의료진에 의해 활용되고 있으며 전자의무기록의 활용 수준을 획기적으로 높인 사례로 꼽힌다.

익스프레스 스크립츠는 보험약제관리기업(PBM)으로 연간 15억 건이 넘는 조제 정보를 관리한다. 이 과정에서 발생하는 10페타바이트(petabytes)라는 엄청난 양의 데이터를 분석·활용해 소비자 행동양식 변화를 이끌어 낸다.

예를 들어 처방을 받아 구입한 약을 제대로 복용하지 않는 사례를 줄이기 위해 스크린RX(ScreenRX)라는 시스템을 개발해 의료기록, 처방전, 기존 데이터 등을 함께 분석한다. 이를 통해 소비자가 제대로 약을 복용할 것인지 예측하고 문자메시지를 보내 복용을 상기시키거나 저렴하게 약을 보충하는 방법을 안내하는 등의 관리를 해 약제 낭비를 줄이고 소비자 건강을 증진하는 편익을 제공하고 있다.

Key Word 4

결국 가치전쟁

24

포지셔닝과 차별화

마케팅은 '고객 마음 사로잡기'… '남다른 개성'으로 다가서라

박카스 놀라게 한 비타500
'건강 · 미용에 좋은 기능성 드링크'
젊은 층 · 여성 소비자 마음에 심어
연 800억~1000억 꾸준한 매출

도미노피자의 성공전략
신선한 재료 · 맛 강조하는 대신
'30분 내 배달 못 하면 공짜'
쉽고 단순하게 차별성 부각시켜

마케팅에서 가장 중요한 변수는 고객의 선택(choice)이다. 기업은 고객의 니즈(needs)를 만족시키는 제품을 제공하기 위해 노력한다. 수많은 경쟁 제품 중에서 자기 회사 제품을 고객이 선택해 구매하면 매출이 발생한다. 고객의 개별적 선택이 모여서 총매출이 잡히고, 이를 경쟁 제품과 비교하면 시장점유율이 도출된다. 고객이 각자의 선택과 함께 지급하는 가격과 고객

의 선택을 받기 위해 회사가 지출한 비용의 차이가 이익이 되고, 회사 이익에 대한 주식시장의 장기적 기대가 주가 또는 기업가치에 반영된다. 이처럼 고객의 선택은 회사의 재무성과를 좌지우지하는 핵심적인 경영지표다. 이에 따라 마케팅 연구자와 실무자들은 고객의 선택에 어떻게 영향력을 미칠지에 깊은 관심을 가져왔다.

고객의 제품 또는 브랜드 선택 과정은 특정한 소비 상황에서 니즈를 인식하면서 시작된다. 아주 더운 날씨에는 퇴근길에 시원한 맥주라도 한잔 하고 싶어진다. 이때 고객이 갖는 딜레마는 선택 옵션이 너무나도 많다는 것이다. 2013년 기준 국내에 수입된 맥주 종류는 480여 종이다.

치열한 경쟁 속에서 고객에게 선택받기 위해서는 자기 브랜드가 고객의 마음속에서 특별한 위치 즉 포지션(position)을 차지하고 있어야 한다. 예컨대 피곤할 때는 '박카스', 머리 아플 때는 '아스피린', 마음의 안정이 필요할 때는 '우황청심원' 식으로 어떤 브랜드가 특정한 소비 상황에서 생기는 고객의 니즈를 해결할 수 있는 솔루션으로 확실히 자리매김하고 있다면 해당 브랜드는 비즈니스 전쟁터에서 유리한 고지를 차지한 것이다.

마케터들은 고객의 여러 가지 특성을 기준으로 시장을 세분화(segmentation)한 뒤 어느 집단(segment)에 마케팅 자원을 집중할 것인지를 결정하는 타기팅(targeting)을 한다. 여기서 도출된 목표고객(target customer)의 마음속에서 특정한 위치 내지 포지션을 차지하려는 기업의 마케팅 노력과 프로세스를 포지셔닝(positioning)이라고 한다. 1970년대 초반 포지셔닝 콘셉트를 최초로 대중화한 잭 트라우트와 앨 리스는 포지셔닝을 '잠재고객의 마인드에 특정 제품 또는 브랜드의 위치를 잡아 주는 것'으로 정의한다.

전술한 일련의 과정을 STP(segmentation-targeting-positioning)라고 부르며, 이는 고객 중심 마케팅 전략 수립에서 기본적인 틀을 제공한다. 이때 마케터들은 목표 고객의 마음속에 단단한 입지를 구축하고 있는 기성 브랜드와 경쟁하기 위해서 자신의 브랜드를 어떻게 차별화(differentiation)할 것인가를 고민한다.

피로 해소 및 강장제 드링크 시장에서 수십 년간 부동의 1위 자리를 고수해 온 동아제약 박카스에 대응하기 위해 많은 신제품이 출시됐지만 대부분 큰 성공을 거두지 못한 가운데, 2000년대 초반에 출시된 광동제약의 고용량 비타민C 음료 '비타500'은 독특한 차별화 전략을 내세워 상당한 성공을 거둔 것으로 평가받는다. 여기서 '500'이라는 숫자는 사과 35개, 귤 9개, 레몬 7개를 먹어야 얻을 수 있는 비타민 500㎎을 음료 한 병으로 간편하게 섭취할 수 있음을 강조하기 위한 것으로, 건강과 미용을 위한 기능성 음료로 제품을 포지셔닝하면서 젊은 층과 여성 소비자의 마음을 사로잡았다.

가격 측면에서는 박카스보다 비싼 가격을 내세우며 고급스러운 프리미엄 건강 드링크제라는 이미지를 구축했다. 유통 측면에서는 당시 약국 유통망을 장악하고 있던 박카스에 대응하기 위해 목표고객이 많이 찾는 슈퍼, 마트, 편의점, 할인점, 노래방, 사우나 등의 채널을 통해 제품을 공급했다. 그리고 '카페인 없는 비타민C 음료'라는 슬로건 아래 목표고객이 선호하는 톱스타 비와 이효리, 소녀시대, 수지 등을 기용해 프리미엄 이미지에 맞는 적극적인 광고를 펼쳤다. 그 결과 비타500은 매년 800억~1000억 원 정도의 매출을 기록하는 효자 상품이 됐다.

이처럼 마케터는 4P's 즉 제품(product), 가격(price), 유통(place), 광고·홍보(promotion)의 네 가지 무기를 전략적으로 일관성 있게 활용해 자신만의 차별화된 포지셔닝을 구축해 나갈 수 있다. 비타500은 효과적인 포지셔닝을 통해 '건강과 미용에 좋은 프리미엄 기능성 드링크'란 콘셉트를 고객의 마음속에 성공적으로 인식시켰다.

비슷한 예로 도미노피자를 들 수 있다. 대부분 피자 체인점 또는 동네 레스토랑들은 '신선한 재료' '최고의 맛' 등을 내세운다. 소비자 입장에서는 모든 피자가게가 똑같은 주장을 하고 있으니 어떤 가게를 선택해야 할지 고민하게 된다. 도미노피자는 고객이 보통 어떤 상황에서 피자 배달을 주문하는지에 주목했다.

예컨대 맞벌이 주부가 퇴근 후 배고파하는 아이들에게 빨리 저녁을 먹여야 할 때, 시험공부나 과제를 하느라 시간에 쫓기는 학생들이 대충 저녁을 해결하고 싶을 때, 또 맥주 한잔하면서 운동경기를 보고 있는 사람이 출출해서 피자를 주문할 때 도미노피자의 '30분 내에 배달하지 못하면 공짜'라는 슬로건은 상당히 매력적으로 느껴진다. 더구나 대부분의 사람은 아무리 신선한 재료를 썼다 하더라도 차게 식어버린 피자보다는 구워낸 지 오래되지 않아 아직 따뜻한 피자를 선호한다. 이처럼 '신속한 배달'이라는 가치제안(value proposition)은 도미노 피자만의 독특한 위치를 구축하고, 목표고객들에게 시장에 존재하는 여러 가지 옵션 중 왜 굳이 도미노 브랜드를 선택해야 하는지를 간단명료하게 설득하기에 충분했던 것이다.

포지셔닝에서 가장 중요한 것은 자기 브랜드가 목표고객에게 어떤 종류의 특별하고 유니크한 가치(value)를 제공하는지를 쉽고 단순한 메시지, 즉 가치제안을 통해 전달해 그들의 마음속에 각인시키는 것이다. 가치제안을 작성할 때 특히 유의해야 할 점은 공급자 시각이 아니라 소비자 입장에서 느끼는 가치를 객관적으로 분석 평가하고, 어떤 점을 소비자가 매력적으로 느낄 것인지를 차별화 포인트로 파악해 강조하는 것이다. 해당 제품이나 브랜드가 좋은 가치제안과 다양한 마케팅 노력을 통해 목표고객의 마음속에서 차별화된 포지션을 차지하면 이는 장기적인 기업 경쟁력의 원천이 된다.

인텔 · 키엘 · 허니버터칩 · 크록스… 차별화로 떴다

차별화를 위한 가치제안의 메시지는 슬로건을 제작해 목표고객에게 전달할 수 있지만, 때로는 로고와 이미지에 암시와 연상을 담아 전달할 수도 있다. 예컨대 인텔의 로고 '인텔 인사이드(Intel Inside)'는 눈에 보이지 않는 메모리칩 중 인텔 브랜드의 메모리칩이 최고의 성능을 보장한다는 가치제안을 구체적인 그래프와 데이터 없이 성공적으로 암시하고 있다.

화장품 회사 키엘(Kiehl's)은 매장을 약국처럼 꾸미고, 판매원에게 약사용 흰 가운을 입혀 방문객이 자연스럽게 건강과 미용에 좋은 프리미엄 기능성 화장품의 이미지를 연상하도록 유도했다.

구전효과를 통해 간접적으로 전달하는 것이 효과적일 수도 있다. 최근 상장에 성공한 해태제과의 허니버터칩은 기존의 감자칩과는 차별화된, 달고 짜면서 고소한 맛을 내는 제품이다. 2014년 한 편의점 직원이 독특한 맛에 대한 평을 소셜네트워크서비스(SNS)에 올린 것이 입소문을 타면서 출시 109일 만에 매출 100억 원을 넘기는 성과를 냈다.

크록스(Crocs)는 많이 걷고 오랜 시간 서서 일해야 하는 의사, 특히 외과의사들의 편안한 발을 위해 제작한 신발임을 내세웠다. 크록스의 구멍 난 치즈와 같은 독특한 디자인, 쿠션이 좋고 발 냄새를 방지하는 재질은 과학적으로 디자인된 편안한 신발이라는 연상 작용을 가져왔다. 그러다 의사들 사이에서 입소문을 타면서 2003년 10억 원이던 매출이 2006년 4000억 원으로 크게 뛰었다. 의사 직군과 연결된 제품 이미지는 믿을 만한 의사들에 의해 품질이 검증됐으니 회사가 주장하는 가치제안을 믿어도 괜찮을 것이라는 신뢰감을 소비자에게 줬다.

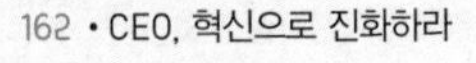

25

차별화? 수성이 더 중요하다

경쟁사가 모방하기 쉬운 '포지셔닝'… 수성 키워드는 품질이다

후발주자에 고전하는 샤오미
승승장구 비결이었던 차별화 전략 중국 오포와 비보가 그대로 써먹어
샤오미 능가하는 가성비 제품 내놔

'지각된 품질' 향상이 롱런 지름길
제품의 지속적인 혁신 못지않게
브랜드 이미지 · 디자인 · 평판 등 소비자의 주관적 판단 이끌어 내야

중국의 황금기를 이끈 당 태종 23년의 정치 토론 기록인 '정관정요'에는 '창업은 쉬우나 수성은 어렵다'는 구절이 나온다. 이는 원래 국가를 세우고 다스리는 법도에 관한 이야기지만, 기업에도 같은 원리가 적용된다. 시장의 수많은 경쟁 기업을 물리치고 고객의 선택을 받기 위해서는 목표 고객의 니즈(needs)를 경쟁 제품보다 잘 만족시킬 수 있는 제품을 만들고 그것을 목표 고객의 마음속에 효과적으로 포지셔닝(positioning)시켜야 한다. 게다가

반짝 인기에 그치지 않고 시장에서 계속 경쟁력을 유지하기 위해서는 차별화(differentiation)한 포지션을 유지하는 마케팅 전략이 필요하다.

2014년 혜성처럼 나타나 단숨에 중국 시장을 장악하고 세계 3대 스마트폰 메이커로 올라선 샤오미는 차별화한 포지셔닝 전략의 재미있는 사례다.

샤오미가 설립된 2010년 당시 급성장하던 중국 스마트폰 시장은 애플과 삼성으로 대표되는 고가격 고품질의 프리미엄 제품군과, 브랜드가 미약하고 품질 수준도 크게 떨어지는 중국산 싸구려 제품군 두 그룹으로 나뉘어 있었다. 이때 샤오미는 부담 없는 가격에 괜찮은 품질, 즉 '가성비'(가격 대비 품질)가 높은 옵션이라는 포지셔닝으로 스스로를 경쟁자들과 차별화하면서 중저가 시장을 빠르게 잠식하기 시작했다.

네 가지 마케팅 믹스를 살펴보면 제품 측면에서는 젊은 취향에 맞는 트렌디한 디자인, 가격 측면에서는 거의 마진이 없을 정도로 저렴한 가격에 제품을 제공해 주머니 사정이 넉넉하지 않은 학생과 직장인의 마음을 사로잡았다. 유통 측면에서는 온라인에서만 제품을 판매하면서 원가 구조를 낮췄으며, 광고·홍보 측면에서는 TV 등 전통적 미디어 대신 소셜네트워크서비스(SNS)와 인터넷 홈페이지 등을 통한 디지털 커뮤니케이션 매체를 활용해 마케팅 비용을 절감했다. 특히 소비자의 의견을 경청하고 존중하는 자세를 보여주면서 급속히 형성된 팬덤(특정 인물이나 분야를 열광적으로 좋아하는 사람 또는 문화)이 웨이보 등을 통해 적극적인 구전 마케팅 활동을 해 준 것이 샤오미의 성장에 큰 힘이 됐다.

이처럼 샤오미는 자신의 브랜드를 기존 경쟁자들과 효과적으로 차별화해 성공을 거뒀다. 문제는 나의 잠재적 경쟁자들이 내가 쓴 포지셔닝 전략을 그대로 복사할 수 있으며, 그렇게 되면 내가 애써 구축한 차별화한 포지션이 고객의 관점에서 더 이상 특별하지 않을 수도 있다는 것이다.

한때 '대륙의 실수', '대륙의 실력'으로 불리며 각광받던 샤오미는 최근 매출 부진을 겪고 있다. 2016년 2분기 중국 스마트폰 시장에서 샤오미의 점유율은 11.7%로 작년 동기 대비 34% 줄었다. 이에 반해 최근 떠오르는 오포(Oppo)는 13.9%, 비보(Vivo)는 11.9%를 차지하면서 중국 시장에서 샤오미를 제쳤다.

돤융핑 회장이 이끄는 오디오·비디오 전문업체 부부가오에서 만든 형제 브랜드인 오포와 비보는 샤오미의 차별화 전략을 모방했다. 오포는 학생과 20~30대 여성을 목표로 음질, 카메라 성능 등이 우수한 50만~60만 원대 제품을 내놓았고, 여성에게 인기가 높은 슈퍼주니어, 리어나도 디캐프리오 등 유명 연예인을 활용한 마케팅으로 입지를 구축하고 있다. 비보는 20~40대 남성을 목표로 고화질 디스플레이, 대용량 램 등을 장착한 80만 원대 제품을 내놓았고, 드라마 '태양의 후예'에서 특전사 대위 역할로 강인하면서도 부드럽고 고급스러운 이미지를 구축해 남성들의 '워너비(wannabe)'로 자리 잡은 한류 스타 송중기를 내세운 광고로 시장을 공략하고 있다.

이처럼 오포와 비보는 시장을 세분화한 뒤 목표 고객의 니즈에 맞는 제품을 전략적으로 출시하면서 샤오미가 점유하고 있던 젊은 고객층을 협공하는 포지셔닝 전략을 취했다. 문제는 샤오미의 기존 목표 고객층은 브랜드 충성도가 낮으며, 가성비를 따져 본 뒤 언제든지 더 좋은 브랜드로 갈아타는 특성이 있다는 것이다. 오포와 비보가 샤오미를 능가하는 품질 수준의 스마트폰을 내놓은 데 반해 샤오미는 스마트폰 제품의 성능 향상에 집중하기보다 노트북, 전동칫솔, 드론(무인항공기), 스마트 운동화, 헤드폰, 공기청정기, 정수기, 밥솥 등 제품 라인 다각화에 주력함으로써 가성비 측면에서 후발주자에 비해 우위를 점하지 못했다.

엎친 데 덮친 격으로 샤오미 제품의 발열 문제, 약한 내구성, 기계적 결함 등에 대한 불만이 온·오프라인에서 구전 효과를 통해 확산되면서 재구매율이 떨어졌다. 최근 한 조사에 따르면 아이폰 사용자의 70% 이상이 아이폰 재구매 의사를 밝힌 반면 샤오미 스마트폰 사용자들은 40% 정도만이 샤오미를 재구매하겠다고 답했다. 이는 샤오미의 실적 부진으로 직결되고 있다.

기업은 시장 세분화(segmentation), 목표 고객 선정(targeting), 포지셔닝으로 이뤄지는 이 STP에 따라 경쟁 제품과의 차별화를 꾀함으로써 시장에서 유리한 위치를 차지할 수 있다. 이는 전쟁에서 적군과 맞서 유리한 고지를 확보하려는 노력에 비유할 수 있다. 그런데 샤오미의 사례에서 볼 수 있듯이 차별화한 포지셔닝 전략으로 고지를 확보하는 것도 중요하지만, 힘들여 구축한 고지를 경쟁자들의 도전으로부터 수성하기 위해서는 더욱 큰 노력이 필요하다. 이때 중요한 것은 제품의 품질이다. 지속적인 혁신을 통해 '객관적 품질(objective quality)'을 향상시킴과 동시에 온·오프라인상에서 전략적 마케팅 커뮤니케이션 활동을 통해 '지각된 품질(perceived quality)'을 잘 관리해야만 차별화한 포지셔닝을 오랫동안 지켜 나갈 수 있다.

제품의 품질, 평판으로 뒷받침해야

마케팅 믹스에서 첫 번째 요소는 제품이고, 제품의 성능(performance)이나 기술적 우수성(technological excellence)을 반영하는 것이 품질이다. 통계적 품질관리의 아버지로 불리는 에드워드 데밍의 도움을 받은 일본 기업들이 1980년대부터 세계 자동차시장과 가전시장을 휩쓸면서 품질의 중요성이 부각됐다. 마케팅 연구자들은 품질이 제품과 기업의 장기적 성공을 위해 가장 중요한 요소임을 실증분석을 통해 입증해 왔다.

마케팅에서 말하는 품질에는 '객관적 품질(objective quality)'과 '지각된 품질(perceived quality)'이 있다. 객관적 품질은 예컨대 스마트폰의 경우 제품 크기, 무게, 중앙처리장치(CPU), 디스플레이, 내구성 등 숫자로 표현할 수 있는 물리적인 특성을 말한다. 지각된 품질은 가성비(가격 대비 품질), 디자인, 사용 편리성(easy-to-use), 브랜드 이미지, 평판 등까지 포함해 소비자의 주관적인 판단에 따라 인식되는 요소들로 구성된다.

뉴욕 스턴경영대학원의 골더 교수와 플로리다 워링턴경영대학원의 미트라 교수는 '마케팅 사이언스(Marketing Science)'에 게재한 논문에서 객관적 품질과 지각된 품질 간의 관계를 분석하면서 한 브랜드가 연구개발(R&D)을 통해 객관적인 품질을 높인다고 해도 이것이 품질에 대한 고객의 인식을 바꾸는 데는 제품 범주에 따라 3~10년 정도의 시간이 걸릴 수 있음을 보여줬다. 또 좋은 평판을 가진 기업은 객관적 품질 향상이 지각된 품질 향상으로 전이되는 시간이 상대적으로 짧아진다는 것을 보여줬다. 이는 장기적인 관점에서 마케팅 전략의 필요성은 물론 평판 관리의 중요성을 시사한다.

26

세계화시대와 3강 법칙

'글로벌 3강'이 지배하는 산업구조… 살아남으려면 '톡톡 튀어라'

3개의 선도기업이 시장 선도
반도체 · 타이어 · 석유 · 항공 등 글로벌 3강 기업이 시장 70% 장악
규제와 반독점 소송 대상 되기도

3개의 선도기업 외 기업
시장 1~5% 차지하는 '스페셜리스트', 제품 차별화로 브랜드 충성도 높아

5~10% 시장 나눠 갖는 일반적 기업… 가격경쟁 심하고 수익률도 낮은 편

모든 성숙단계에 있는 산업은 3개의 선도기업이 주도한다는 '3강(强) 법칙'이 있다. 이들 3강 기업은 전체 시장과 광범위한 고객을 대상으로 다양한 제품이나 서비스를 공급하기 때문에 '전면적 제너럴리스트'로 불린다. 각각 10~40%의 시장을 점유, 합하면 70~90%의 시장을 지배한다. 이들은 규모의 경제 효과를 누리며 시장점유율을 확대해 더욱 높은 수익성을 즐기

는 경향이 있다. 그러나 시장점유율이 40% 선을 넘으면 정부 규제에 놓이게 되고, 반(反)독점소송 대상이 되는 등 규모의 비(非)경제가 발생해 어려움에 부딪히는 경우가 많다.

이들 3강 외 기업들은 두 가지 부류로 나눌 수 있다. 하나는 1~5% 정도의 시장을 점유하는 스페셜리스트다. 이들은 다시 특정한 제품군을 다양한 시장에 공급하는 '제품 스페셜리스트', 특정 지역이나 인구층에 여러 제품을 공급하는 '시장 스페셜리스트', 특정 시장에 특정 제품만을 공급하는 '초대형 틈새자'로 나뉜다. 이들은 차별화가 잘 이뤄지고 브랜드 충성도도 높기 때문에 3강 못지않은 높은 수익률을 실현한다.

또 하나의 부류는 5~10% 정도의 시장을 나눠 갖는 기업이다. 이들은 전체 시장을 아우르는 3개 제너럴리스트와 특정 시장·제품에서 차별화되거나 전문화된 스페셜리스트 사이에 있다. 이들은 스페셜리스트라고 부르기에는 너무 광범위하고 다양한 시장과 제품을 지닌 부류다. 제너럴리스트에 비해 규모의 효율성을 갖추기 어렵고 스페셜리스트처럼 특정 소비자 그룹의 충성심도 기대하기 힘들다. 따라서 이들은 가격경쟁을 위해 제품의 질과 서비스를 낮춰 비용을 삭감하려는 경향이 있고 수익률도 낮다. 이들은 생존의 위기에 직면해 있으므로 '함정에 빠진 기업'이라고도 한다.

소비자는 제품을 구매할 때 일반적으로 3개의 대안을 떠올린다. 독점 또는 2개의 기업이 과점 상태로 있는 경우에는 세 번째 기업이 나타나기 쉽고, 더 많은 기업이 존재하는 경우에는 치열한 가격 경쟁과 품질 저하를 초래하는 경향이 있어 기업과 수요자 모두 피곤해진다. 따라서 자연스럽게 3개의 선도기업으로 압축되므로 이 '3강 법칙'은 조화와 균형을 갖는 경쟁시장의 자연법칙이라고 할 수 있다.

국가별로 장벽이 높았던 시기에는 3강 법칙이 국가별로 적용됐다. 그러나 세계가 단일시장으로 변해 가는 오늘날 3강 법칙은 글로벌 시장에 적용되고 있다. 산업별 세계시장은 글로벌 3강이 지배하는 구조로 바뀌고 있다. 메모리 반도체, 맥주, 렌터카, 시리얼, 타이어, 보험, 알루미늄, 석유, 화학, 항공, 피자 체인, 청량음료, 운동화 등은 3강 법칙의 추진이 완료된 산업이다. 자동차, 은행, 제약, 정보통신, 휴대폰 등은 3강 법칙이 진행 중이다.

글로벌 3강 체제로 굳어지는 산업구조의 변화는 미국 기업에 유리하다고 할 수 있다. 미국은 세계시장에 개방돼 있고, 미국적인 것이 세계적인 것이며, 미국에 세계 1등 글로벌 기업이 많기 때문이다. 국내 1등이라고 해봐야 글로벌 시장에서는 명함도 못 내미는 한국 기업들에게는 위기이며 벅찬 도전인 환경이다.

1993년 말 우루과이라운드 타결과 1995년 세계무역기구(WTO) 체제의 시작과 함께 세계화 시대가 열렸다. 1970년대까지 저품질·저가격의 3류 수준에 머물렀던 한국 상품은 1980년대에 이르러서야 중품질·중가격의 2류 수준으로 올라섰다. 그때까지도 글로벌 시장은 저품질·저가격, 중품질·중가격, 고품질·고가격 시장이 공존하는 구조였다. 그러다가 선진국의 고기술과 후진국의 저임금 같은 경영자원의 글로벌 결합으로 고품질·저가격 제품의 출현이 가능해졌다. 고품질 제품만이 생존 가능한 시대를 맞아 한국 기업들은 1990년대 들어 상당수가 '21세기 세계 일류'라는 비전이나 목표를 내세우고 거대한 도약을 향한 도전에 나섰다. 그 결과 2000년대 초반에는 도전에 성공한 기업과 그렇지 못한 기업으로 나뉘고, 성공하지 못한 기업 상당수는 도태되거나 인수합병됐다. 도전에 성공한 기업은 글로벌 3강이나 글로벌 스페셜리스트로서 자리 잡았거나 가까이 다가간 기업들이다. 전자, 자동차, 조선, 석유화학, 철강, 건설 등 현재 주력산업은 글로벌 기업으로 자리 잡았다고 할 수 있다.

반면 서비스업을 위주로 한 많은 다른 산업은 국내 시장이란 틈새시장에만 주목하고 있다. 유통·요식산업은 글로벌 도전자를 물리치고 뿌리를 확고히 내렸으며, 또 다른 산업들은 정부 규제, 진입장벽 등을 방패 삼아 국내 시장을 지켜 내고 있다.

글로벌 3강이 지배하는 글로벌 산업구조에서 한국 기업들의 생존 가능한 형태는 몇 가지로 구분할 수 있다. 첫째, 글로벌 3강에 포함돼 세계적 지배력을 가지는 '글로벌 메이저'다. 전자, 자동차, 조선, 철강 등이 이런 예다.

둘째, 아시아 등 일정 경제권역이나 특정 제품군에서만 경쟁력을 지니는 '글로벌 마이너'다. 시장 전문화 기업이나 제품 전문화 기업이 이에 해당한다. 아시아에서 경쟁력이 높은 화장품이나 한류 등은 시장 전문화의 예가 될 수 있다. 중소기업의 롤 모델로 언급되는 독일의 세계적 히든 챔피언은 세계 시장을 상대로 하는 제품 스페셜리스트에 해당하는데 아쉽게도 우리는 그런 기업이 매우 부족하다.

셋째, 국내 시장에서만 경쟁력을 발휘하는 기업이다. 금융, 통신, 제약, 유통, 교육, 의료, 농업 등이 이에 해당한다. 이들은 자동차산업에서 보듯이 세계적 메이저의 자회사나 종속 관계로 생존하기도 한다. 이들은 규제나 진입장벽 덕에 유지되는 경우가 많은데, 국가별 진입장벽이 점점 약해지는 추세여서 경쟁력을 확보하지 못하면 생존을 위협받을 수 있다. 거꾸로 의료산업은 글로벌 경쟁력은 갖고 있으나 규제가 글로벌화의 걸림돌로 작용한다.

넷째, 국내 특정 시장과 지역에서만 경쟁력을 지니는 '틈새기업'이다. 요식업, 소매업, 지역건설업, 관광업 등 자영업 중심의 지역 서비스업들인데 이들은 글로벌 기업이나 국가적 기업에 의해 생존의 위협을 받고 있으며 수익성 및 생존율도 떨어진다.

마지막으로는 완제품 생산업체들에 부품이나 비즈니스 서비스를 공급하는 기업들이다. 이들은 글로벌 기업의 경쟁력을 구성하는 한 축으로서 역할을 한다. 그러나 현재 또는 잠재적 경쟁자와 비교해 핵심역량을 갖추지 못할 경우 협상력이 약해져 낮은 수익률과 낮은 임금을 감수해야 한다.

시장이 전 지구적으로 확장되며 글로벌 3강이 산업을 선도하고, 글로벌 스페셜리스트가 시장이나 상품을 차별화해 생존하고 있는 시대다. 한국 기업에는 커다란 위기였지만 적지 않은 기업이 잘 대응하며 경제를 이끌어 왔다. 적절히 대응하지 못한 수많은 기업은 이미 망했거나 생존의 위기를 맞고 있다. 이런 산업구조 변화를 이겨 낼 수 있는 근본적인 변화와 혁신이 필요한 시점이다.

양극화 해소하려면 더 많은 글로벌 기업 키워야

세계화와 함께 글로벌 3강이 지배하는 산업구조로의 변화 속에서 다수의 한국 기업이 국내 3강에서 벗어나 글로벌 기업으로 변신하는 데 성공했다. 이들의 성공 덕분에 오늘날 한국 경제가 많은 무역흑자를 내며 버티고 있다.

이들은 높은 부가가치를 창출해 많은 임금을 줄 수 있는 능력을 갖췄고, 인재 확보 차원에서 또는 노조의 압력에 밀려 1인당 국내총생산(GDP) 4만 달러 수준의 국가들과 비슷한 수준의 고임금을 지급하고 있다. 그렇지 못한 다른 많은 기업은 지급능력 부족 탓에 1인당 GDP에 걸맞은 수준의 임금을 준다.

우리 사회에서는 기업 양극화가 임금의 양극화란 극심한 사회적 갈등을 유발하고 있으며, 성공한 기업에 대한 질시로 이어지기도 한다. 여러 해전에서 왜적을 막아 국가를 구한 이순신 장군이 도망치던 왕을 포함한 많은 무능한 관료의 질시 대상이 돼 토사구팽의 어려운 지경에 처한 것은 국가적으로 불행한 일이었다.

지금의 경제전쟁은 무한히 계속될 수밖에 없는 무한전쟁이다. 그러니 국민적 화합을 심각히 저해하는 갈등을 줄이지 않으면 안 된다. 유일한 생산적 대안은 글로벌 경쟁역량을 갖춘 기업이 더 많이 생겨나 더 높은 임금을 주는 기업이 많아지는 것이다. 즉, 혁신을 통한 저부가가치 기업들의 역량 제고 및 이에 따른 고부가가치화와 고임금화다. 임금이 낮은 중소 제조업 및 서비스 업종의 고품질화를 통한 고임금화가 절실하다.

27

좋은 제품을 만드는 비결

'소비자 필요' 꿰뚫는 솔루션 개발해야 '대박 상품' 나온다

인공감미료 '스플렌다'의 사례
단맛은 설탕과 비슷
칼로리는 60% 이상 줄여 웰빙족들의 구매 이끌어 내

사진 프린트업체 '셔터플라이'는 아이 있는 여성을 목표로 설정
고화질 사진 · 저장공간 무료 등 추억 남기고픈 '필요' 만족시켜

타깃은 너무 좁아도, 넓어도 안돼… 고객 이해가 '좋은 제품' 출발점

혁신(innovation)의 역사는 솔루션(solution)의 역사이기도 하다. 좋은 솔루션은 중요한 문제를 인식하고, 이를 기존 대안보다 더 효과적이고 효율적으로 해결하는 방법을 의미한다. 마케팅에서 가장 중요한 문제는 매출이나 점유율이 아니라 소비자의 니즈다. 특히 기존 대안이 충족시키지 못한 소비자의 니즈를 해결하는 새로운 솔루션을 개발하고, 이를 재화 또는 서비

스 형태로 제공하는 것이 중요하다. 회사에서는 이를 통틀어 제품이라 부른다.

필립 넬슨 뉴욕주립대 교수는 제품의 종류를 탐색 제품(search product)과 경험 제품(experience product)으로 구분했다. 탐색 제품은 소비자가 구매 이전에 품질을 평가할 수 있는 제품이다. 예컨대 휴대폰을 사기 전에도 제품 크기, 무게, 기능, 디자인 등의 정보를 바탕으로 소비자는 경쟁 제품을 쉽게 비교할 수 있다. 경험 제품은 소비자가 직접 체험해 봐야 비로소 품질을 평가할 수 있다. 동네식당의 경우 다른 사람이 아무리 맛있다고 해도 내 입맛이나 취향과는 맞지 않을 수 있기에, 직접 먹어 보기 전에는 평가하기 어렵다.

탐색 제품은 객관적이고 검증 가능한 품질 정보를 광고 및 홍보 등을 통해 적극적으로 제공해 고객을 설득할 수 있다. 기존 설탕 대비 칼로리 섭취를 60% 이상 줄일 수 있다는 가치 제안을 내세운 인공감미료 제품인 스플렌다(splenda)가 좋은 예다. 설탕 과다 섭취로 인한 비만과 당뇨, 고혈압 등의 성인병은 많은 국가에서 심각한 사회문제가 되고 있다. 세계보건기구(WHO)는 설탕의 하루 적정 섭취량을 제시하고 있으며, 영국 정부는 최근 설탕세를 도입해 설탕 과소비를 줄이려고 노력하고 있다. 이를 알면서도 이른 아침에 달달한 커피 믹스 한 잔의 유혹을 뿌리치기는 쉽지 않다.

단맛을 즐기면서도 당과 칼로리 과다 섭취를 피하고 싶은 소비자의 니즈를 해결해 주는 획기적인 솔루션인 스플렌다는 1998년 미국 식품의약국(FDA)의 승인을 받은 뒤 1999년 시장에 소개됐다. 원래 당뇨병 환자를 위해 개발됐으나, 건강에 관심이 많고 칼로리 섭취를 줄이고 싶은 사람들, 특히 아이의 건강을 걱정하는 30대 중반 이후 여성층의 마음을 움직이면서 급성장해 2015년 미국 시장에서 2000억 원 이상의 매출을 기록했다.

다른 인공감미료 제품과 비교해 고온에서 요리가 가능하다는 특징을 바탕으로 차별화에 성공했다. 스플렌다를 쓸 수 있는 다양한 요리 레시피를 소비자와 공유한 것도 성공 비결로 꼽을 수 있다. 시각적 측면에서는 백설탕의 흰색 포장, 흑설탕의 갈색 포장, 다른 인공감미료에 사용되던 분홍 및 파랑 포장과 구별되는 노랑 포장을 채택해 차별화한 브랜드 이미지를 창출했다.

경험 제품은 품질의 평가가 주관적이기 때문에 이에 맞게 마케팅 전략을 세울 필요가 있다. 예컨대 온라인 포토 공유 및 프린트 서비스를 제공하는 셔터플라이(Shutterfly)는 1999년 설립된 스타트업으로 47분기 연속 성장해 2014년 매출 1000억 원, 매출 총이익률이 50%가 넘는 우량회사가 됐다. 설립 당시 월마트, 휴렛팩커드, 코닥 등 1000여 개 크고 작은 기업과 온라인 포토 서비스 시장에서 경쟁해야 하는 셔터플라이의 성공을 예상한 사람은 많지 않았다.

셔터플라이의 성공비결은 목표 고객을 명확히 하고 그들이 원하는 수준의 지각 품질(perceived quality)을 제공한 것이다. 가정에서 아이들 사진을 찍어서 보관하고 이를 활용해 제작한 포토북, 달력, 열쇠고리 등의 소품을 구매하는 의사결정권자는 엄마다.

셔터플라이는 이들이 아이와의 소중한 순간을 오래 간직하거나 주위 사람에게 자랑하고 싶은 니즈를 가지고 있으며, 디자인과 가격에 민감하다는 점을 간파했다. 이를 만족시킬 솔루션으로 고화질 사진, 다양한 배경 디자인 및 컬러 옵션, 사진 저장공간 무료 및 무한 제공 서비스 등을 제공했다.

이를 위해 비용이 많이 드는 TV 광고를 과감히 포기하고, 기술 개발에 집중 투자하면서 서비스 경험에 만족한 소비자의 구전 효과 및 평판에 홍보를 의존했다. 고객의 80% 이상이 여성이며 매출의 절반 이상이 주위에 선물할 일이 많은 크리스마스 시즌에 집중된다는 점을 고려해 선물받는 사람을 기쁘게 하면서도 경제적으로 큰 부담이 되지 않는 다양한 소품 위주의 라인업을 제공, 목표 고객의 큰 고민 중 하나를 해결해 준 것도 성공 요인으로 꼽힌다.

이처럼 목표 고객의 문제를 명확히 파악하고, 이를 기존 경쟁 제품 대비 효과적이고 효율적으로 해결해 주는 새로운 솔루션을 제시할 때 성공 가능성이 높아진다. 이때 목표 고객을 너무 넓게 정의하면 해결해야 하는 문제의 범위가 커지므로 솔루션을 제시하기 어렵게 된다. 반면 목표 고객을 너무 좁게 정의하면 솔루션 찾기는 상대적으로 쉽겠지만, 시장 규모가 축소되고 고정비 포함 시 단위당 원가가 높아지는 문제가 생긴다. 따라서 적절한 범위에서 목표 고객을 설정하고 그들의 선호와 취향, 라이프스타일, 구매패턴 등을 마케팅 리서치를 통해 깊이 이해하는 것이 좋은 제품을 만들기 위한 출발점이 된다.

트렌드에 따라 변하는 '좋은 제품' 기준

어떤 제품이 좋은 제품인가. 데이비드 가빈 하버드대 경영대학원 교수는 '하버드비즈니스리뷰'에 게재한 1987년 논문에서 품질 평가를 위한 8가지 차원으로 성능(performance), 기능(features), 신뢰성(reliability), 일치성(conformance), 내구성(durability), 애프터서비스(serviceability), 심미성(aesthetics), 인지된 품질(perceived quality) 등을 제시했다. 가빈 교수의 분류는 객관적이고 검증 가능한 품질 요소, 즉 생산자 관점에서 바라보는 품질에 좀 더 중점을 두고 있다고 볼 수 있다.

제임스 애덤스 스탠퍼드대 교수는 『좋은 제품이란 무엇인가』라는 2012년 저서에서 가성비, 인간적합성, 장인정신, 인간의 감정과 욕구, 심미성과 세련미, 상징과 문화별 가치관 등 소비자 관점에서 바라본 품질 평가의 중요성을 강조했다.

특히 그는 기후변화, 자원고갈, 환경오염 등의 사회문제를 적극적으로 고려할 것을 주장했으며, 삶의 질과 지속가능성(sustainability) 측면에서의 공헌도가 제품 품질 평가 때 중요한 기준이 돼야 한다고 했다.

엘론 머스크의 테슬라가 생산하는 전기자동차는 애덤스 교수가 말하는 좋은 제품의 재미있는 사례다. 이처럼 제품의 품질을 바라보는 회사의 관점 역시 시대 변화상과 트렌드에 맞게 지속적으로 업데이트돼야 글로벌 경쟁에서 낙오하지 않고 혁신을 리드할 수 있다.

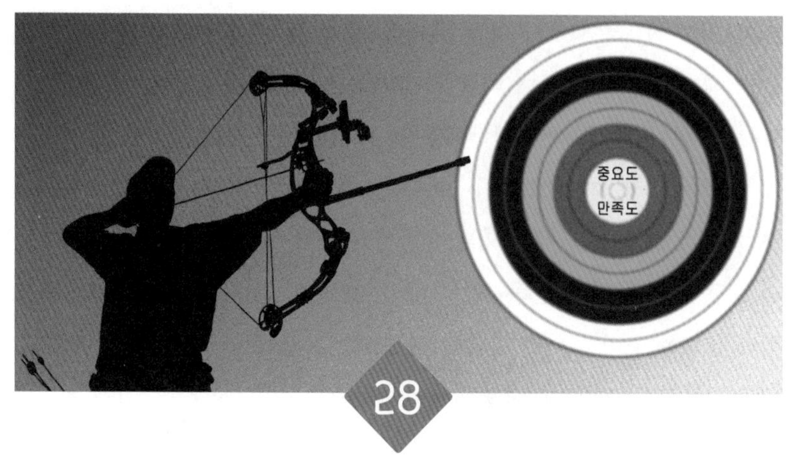

28

'소비자 니즈' 파악하는 IPA 분석

한국에 '두 번'은 안 오는 유커, 이게 다 사드 때문이라고?

재방문율 낮아진 건 관광 매력 떨어진 탓
상대가 무엇 때문에 만족을 느끼고 뭘 중요하게 생각하는지 파악하는 게 우선

불편한 의자 전부 교체한 커피숍, 중요도 조사해 보니 "크게 신경 안 써"
'니즈' 알면 불필요한 투자 막을 수 있어

해외로 향하는 중국 관광객의 급격한 증가 추세에 대한 전 세계 연구자들의 관심이 집중되고 있다. 세계관광기구(WTO) 보고서에 따르면 2020년에는 약 1억 명의 중국인이 해외여행을 할 것이라고 한다. 중국국가여유국(관광국)에 따르면 2007년에 4100만 명의 중국인이 해외로 나갔으며, 중국이 해외여행 시장에서 가장 주목받는 국가로 선정됐다.

하지만 최근 들어 한국을 찾는 중국인 관광객 증가 추세는 확 꺾였다. 이는 사드(고고도 미사일방어체계) 배치 등과 관련된 중국 정부의 압박과 같은

정치·외교적인 문제 탓이 크다. 그러나 재(再)방문율이 현저히 낮아지고 있는 점에서 보면 한국은 더 이상 매력적인 관광지로서의 만족도가 떨어지고 있는 것 아니냐는 분석이 설득력을 얻고 있다.

기업이나 국가의 매력도가 떨어지는 이유는 무엇일까. 바로 '소비자 니즈 파악'이 그 해답을 아는 키워드다. 다들 소비자 니즈를 파악해야 한다는 말을 들어 봤을 것이다. 하지만 그냥 소비자 니즈 파악이 아니다. 중요도를 함께 고려한 소비자 니즈 파악이 필요하다. 이를 위한 방법론으로 '중요도 만족도 분석(IPA: Importance-Performance Analysis)'이 자주 사용된다. IPA 방법론은 존 A 마틸라와 존 C 제임스에 의해 처음 소개된 이후 서비스 품질 개선에 대한 여러 연구에서 활용됐다. 대표적으로 여가와 레저, 여행, 교육, 호텔 서비스, 헬스케어 마케팅, 은행 서비스 분야에서 자주 사용되고 있다.

각 서비스 요소에 대한 '중요도(importance)'와 '만족도(performance)'의 간극을 바탕으로 하는 IPA는 특정 제품 또는 서비스의 소비자 반응에 대한 풍부한 이해를 도와주는 틀이다. IPA를 통해 관리자는 어떤 서비스 속성에 즉각적인 개선이 필요한지 확실하게 인식할 수 있다. 추가적으로 소비자의 구매 습관을 예상해 재구매 의도 여부도 파악할 수 있다. 이는 구매자에게 보다 높은 가치를 전달해 줄 수 있는 좋은 서비스 형태를 제시하기도 한다. 구체적으로 보면 IPA는 중요도와 만족도에 따라 '현상 유지(keep up the good work)', '집중 구역(concentrate here)', '낮은 우선순위(low priority), '과잉 제거(possible overkill)' 영역으로 구분하고, 각각에 해당하는 서비스 속성 요소에 대한 경영 전략을 제시하는 것을 골자로 한다. IPA 기준에 의거해 소비자들이 느끼는 각 기업의 서비스 요소에 대한 중요도, 만족도 조사를 하고 해당 기업이 효과적으로 서비스 품질 개선을 달성할 수 있는 방안을 고민할 수 있다.

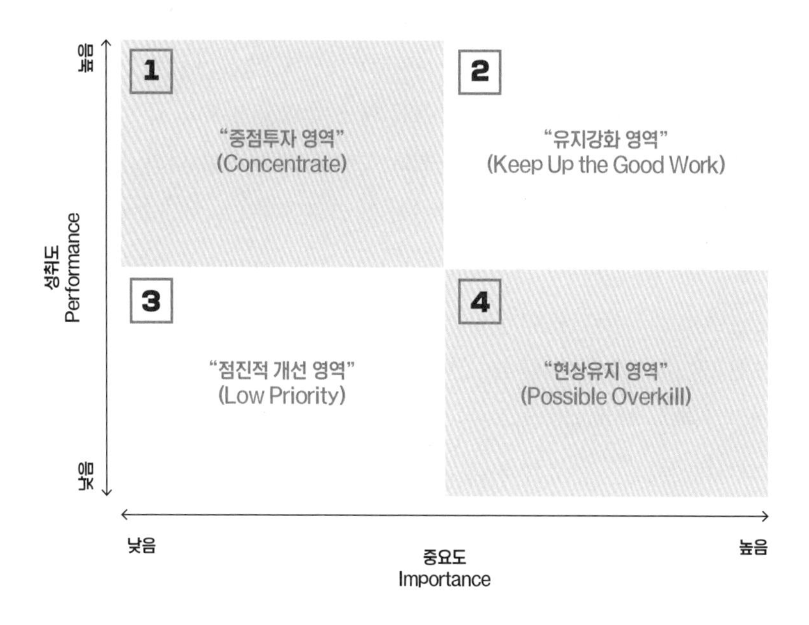

위의 IPA 매트릭스의 그림을 살펴보면 중요도와 만족도가 모두 높은 1사분면은 현재 잘하고 있는 상태를 유지하는 핵심 역량으로 볼 수 있으며, 중요도는 높으나 만족도가 낮은 2사분면은 소비자 만족도를 높이기 위한 역량의 집중이 필요한 부분이며, 중요도와 만족도가 모두 낮은 3사분면은 낮은 순위, 중요도는 낮으나 만족도가 낮은 4사분면의 경우 노력 과잉 지점으로 모두 개선이 필요하다는 정보를 알 수 있다. 이런 2X2 매트릭스를 보면, 많은 사람이 보스턴컨설팅그룹(BCG)에서 제시한 'BCG 매트릭스'를 떠올릴 수 있다.

IPA 매트릭스와 BCG 매트릭스는 약간의 차이점이 있다. BCG 매트릭스는 기업 입장에서 시장 점유율과 시장의 성장을 기반으로 자사 제품이나 서비스를 판단하는 비즈니스툴이라면, IPA 매트릭스는 소비자 관점에서 소비자들이 중요하게 여기는 가치와 만족도를 기반으로 자사 제품이나 서비스를 판단하는 소비자 지향적 비즈니스툴이라고 할 수 있다.

유명 커피 체인점에서 서비스 전반에 대한 소비자 만족도 조사를 했다고 하자. 설문조사 결과 소비자들은 커피 맛에 강한 만족을 나타냈으며, 커피 가격과 의자의 불편함에 강한 불만족을 나타냈다고 하자. 이 설문조사 결과를 바탕으로 커피 체인점 사장은 투자할 수 있는 비용을 지급해 의자의 불편함을 개선하려 새로 구입한 의자를 전 지점에 보급하고, 커피 가격을 다소 내리는 결정을 내릴 수 있다.

이런 사례는 주변에서 자주 찾아볼 수 있다. 많은 소비자 대상 업종에서는 수시로 만족도 조사를 하기 때문이다. 하지만 소비자 중요도 조사라는 것을 해 본 적이 있는가. 아마 없을 것이다. 왜 소비자가 무엇에 만족하는지는 조사하면서, 소비자가 무엇을 중요하게 생각하는지는 조사하지 않는가. 만약 앞선 가상 사례에서 커피 전문점 사장이 소비자 중요도 조사를 같이했다고 하자. 이때 의자의 불편함 정도가 커피 전문점을 방문하는 소비자들에게는 크게 중요하지 않다는 것을 중요도 조사 결과로 알 수 있었다면 불필요한 투자를 막을 수 있다. 커피 전문점 사장은 소비자 만족도 조사만 했을 때보다 소비자 요구에 맞는 더욱 정확하고도 비용 효과적인 대응을 할 수 있었을 것이다.

이와 같이 중요도·만족도 분석을 통해 소비자들이 불만족하고 있는 모든 것을 보완하려 노력할 것이 아니라 소비자가 불만족해 하고 있는 것 중에서도 중요하게 생각하는 요소를 찾아낼 수 있어야 하며 가급적이면 이 부분에 기업의 역량을 기울여야 한다. 또 소비자가 중요하지 않다고 생각하는 서비스 요소 중 만족도가 지나치게 높은 곳을 찾는 것도 중요하다. 이는 이 분야에 기업의 역량이 허비되고 있을 수 있기 때문이다. 정확한 소비자 니즈를 파악해 기업의 역량을 필요한 곳에 집중하는 것, 그것이 IPA가 기업에 제공하는 혜택이다.

성장률 · 점유율로 사업을 평가하는 'BCG 매트릭스'

BCG 매트릭스는 미국 보스턴컨설팅그룹이 개발한 전략평가 기법이다. 사업전략 수립을 돕기 위한 사고틀이라고 할 수 있다. BCG 매트릭스는 시장 성장률과 상대적 시장점유율이란 기준을 활용한다. 이 두 축을 기준으로 네 개의 영역으로 나눠 사업의 상대적 위치를 파악할 수 있도록 함으로써 해당 사업에 대한 추가 투자와 철수 여부 등을 결정할 수 있도록 돕는다.

우선 '별'로 표시되는 오른쪽 위 영역은 고성장·고점유율을 자랑하는 유망사업 영역이다. 여기에 놓을 수 있다면 수익성과 성장의 기회가 많은 사업부문인 만큼 적극적으로 투자하고 확장해야 한다.

다음은 '캐시카우'로 오른쪽 아래 '별' 밑 영역이다. 현금흐름에 도움이 되는 '자금원천' 사업으로 보면 된다. 점유율은 높고 성장성은 떨어진다. 충분히 성장한 시장이므로 새로운 투자금은 필요 없고, 현재 상태를 유지하면서 미래를 도모하도록 경영한다.

'개'로 표시되는 왼쪽 아래는 저성장, 저점유율 사업 영역이다. 점유율도 낮고 성장 가능성도 낮은 사업군이다. 혹시 이런 사업군이 있다면 하루빨리 철수해야 한다.

왼쪽 상부 '물음표' 영역에는 고성장, 저점유율 사업을 놓는다. 성장률은 높지만, 점유율이 낮아 앞으로 많은 비용과 투자가 뒤따라야 하는 사업이다.

상황에 따라 오른쪽 위의 '스타' 사업으로 발전할 수 있다. 그러나 자칫 철수가 시급한 '개' 사업으로 전락할 수 있는 위험성도 농후하다는 점을 감안해야 한다.

디맨드(demand)와 니즈(needs)

"소비자의 숨겨진 욕구 파악, 수요로 바꾸는 기업만이 이익 창출"

소비자의 10가지 니즈
"다이아몬드는 영원히" 드비어스, 사회적 관계 욕구 겨냥해 대성공
'31가지 맛' 내세운 배스킨라빈스, 다양함에 대한 고객의 욕구 충족

때로는 '디마케팅'도 필요
지나친 욕구는 과소비·중독 등 불러… 수요 줄여 공익 높이는 마케팅 펴야

경제학의 기본은 수요와 공급의 법칙이다. 구매 의사와 능력을 가진 소비자들, 생산 의사와 능력을 가진 공급자들이 상호 작용하는 시장경제 시스템에서는 가격의 변화에 따라 수요량과 공급량이 변화한다. 소비자의 소득 수준 변화 또는 기업 간 경쟁 심화 등의 외부 요인은 수요와 공급의 변화를 가져오고 이에 따라 균형가격이 달라지기도 한다. 이런 동태적 조정 과정을 통해 시장경제 메커니즘은 소비자의 기대효용과 생산자의 이익을

극대화하는 수준에서 수요와 공급의 균형을 도출하고 자원은 효율적으로 배분된다.

개별 기업으로서는 소비자들이 어떤 종류의 제품에 대해 '디맨드(demand)'를 가지고 있는지를 파악하는 것이 중요하다. 이를 위해서는 소비자의 욕구, 즉 '니즈'를 이해해야 한다. 소비자들은 자신들의 니즈를 충족시키기 위해 다양한 솔루션, 즉 제품을 비교한 뒤 신중하게 선택하게 되고 이는 기업의 매출 및 이익으로 이어지기 때문이다.

마케팅에서는 소비자의 니즈를 다음과 같이 분류한다. 첫째, 기본적인 삶에 대한 니즈다. 음식, 물, 집 등 삶을 영위하기 위해 필요한 기본조건들에 대한 소비자의 욕구다. 둘째, 개인의 안전과 건강에 대한 니즈다. 예컨대 홀푸드에서 판매하는 유기농 식품은 가족의 건강에 민감한 주부 소비자의 니즈를 충족시킨다. 셋째, 사회적 관계에 대한 니즈다. 사회적 동물인 인간은 누구나 사랑받기 원하고 사랑을 나눠 주고 싶은 욕구를 가진다. 세계적인 다이아몬드 생산업체인 드비어스는 '다이아몬드는 영원히(A diamond is forever)'라는 슬로건을 통해 자사의 다이아몬드 제품을 영원한 사랑을 표현하는 수단으로 성공적으로 포지셔닝했고 미국의 남편들을 곤경(?)에 빠뜨렸다. 넷째, 사회적 이미지에 대한 니즈다. 이는 양복이나 신발, 안경 등의 구매의사 결정에 영향을 준다. 미국 캘리포니아에서는 프리우스 같은 친환경 자동차를 타는 것이 그 사람의 높은 지적 수준과 사회에 대한 관심을 나타내는 것으로 받아들여지는 경향이 있다. 한편 이는 '과시적 소비'로 연결되기도 하는데, 아크로빌과 같은 최고급 주택 가격에 프리미엄이 붙는 이유이기도 하다.

다섯째, 즐거움에 대한 니즈다. 이로 인해 스포츠, 영화, 게임 등의 엔터테인먼트산업이 발전한다. 게임회사 닌텐도, 장난감 전문점인 토이저러스 등은 아이들의 즐거움에 대한 니즈를 공략하는 회사다. 여섯째, 소유에 대한 니즈다. 골동품과 우표를 수집하거나 의류, 장난감, 전자제품, 자동차 등의 특정 제품군을 수집하는 경우다. 이는 종종 충동구매로 이어진다.

일곱째, 선물에 대한 니즈다. 소중한 사람을 기쁘게 해 주고 싶을 때 꽃이나 케이크 등의 선물을 준비한다. 때로는 자기 자신을 위로하기 위해 구매하기도 한다. 오피스 타운에 즐비한 커피전문점 스타벅스의 성공을 설명할 때 삶과 재정이 팍팍한 직장인들이 5000원 정도의 지출로 향긋한 커피 내음을 맡으며 자신만을 위한 작은 사치를 잠시 누리려는 구매 동기와 연결하기도 한다. 여덟째, 정보에 대한 니즈다. 신문이나 잡지 등의 오프라인 매체, 인터넷이나 모바일 등의 온라인 매체는 소비자의 정보에 대한 니즈를 만족시키는 수단이다. 문자가 아니라 영상으로 정보를 소비하는 경향이 특히 젊은 소비자를 중심으로 빠르게 커지고 있음은 마케터 입장에서 주목할 만하다.

아홉째, 변화에 대한 니즈다. 식당을 예로 들면 늘 가던 식당에 또 가는 것보다 새로운 식당을 찾으려는 욕구다. 아이스크림 전문점 배스킨라빈스는 '31가지의 맛'으로 유명한데, 이는 한 달 내내 매일 와도 계속 다른 맛을 즐길 수 있다는 암시를 통해 소비자의 다양함에 대한 욕구를 공략한 경우다. 자라, 포에버21 등이 주도한 패스트 패션(fast fashion) 역시 비슷한 맥락에서 이해할 수 있다. 기업들이 지속적인 혁신을 통해 신제품을 만드는 것도 새로운 것을 추구하는 사람들의 니즈에 부합하기 위해 중요하다.

열째, 시간에 대한 니즈다. 현대인에게 시간은 점점 희소한 자원이 되고 있다. 따라서 시간을 절약할 수 있거나 주어진 시간을 좀 더 많이 즐길 수 있는 솔루션에 관심이 주어진다. 맞벌이 부부가 많아지면서 음식 준비시간을 줄이고 가족과 좋은 시간을 보낼 수 있는 외식산업이 발전한 것이 한 예다. 가족과의 캠핑 열풍에 따른 스포츠유틸리티차량(SUV)의 판매량 증가, 폼 나는 등산을 위한 아웃도어 의류산업의 급성장 역시 가치 있는 시간의 향유에 대한 니즈와 연관된다.

니즈가 다 좋은 것은 아니다. 지나친 소유욕은 사회적으로 비난받을 수 있다. 필리핀의 이멜다는 3000개나 되는 신발 컬렉션 때문에 곤욕을 치렀다. 사회적 이미지에 너무 신경을 써 과시성 소비가 많아지면 고급 주택이나 핸드백 등의 가격에 거품이 끼게 돼 소비자 입장에서는 필요 이상의 비용을 지출하게 된다. 즐거움에 대한 니즈가 지나치면 마약·알코올 중독, 게임 중독, 도박 등 반사회적인 행태로 이어질 수 있다. 이런 경우 오히려 디마케팅(demarketing), 즉 수요를 줄여 공익을 제고하기 위한 마케팅이 필요하다.

디맨드의 변화와 트렌드를 잘 예측하고 관리하려면 소비자의 니즈를 이해하고 그들의 문제를 해결할 수 있는 좋은 솔루션을 제시해야 한다. 하지만 솔루션이 아이디어나 프로토타입에 그치지 않고 실제적인 재무성과로 이어지려면 니즈를 디맨드로 전환해야 한다. 소비자의 숨겨진 니즈를 파악한 뒤 솔루션을 찾아 디맨드로 전환하고, 이를 장기적인 관점에서 관리하는 것이 바로 마케터의 역할이다.

'수요창조자' 되려면… 실패도 인정하는 평가시스템 갖춰야

경영컨설턴트 에이드리언 슬라이워츠키는 저서 『세상의 수요를 미리 알아챈 사람들: 디맨드』에서 인간에 대한 깊은 이해를 바탕으로 소비자 자신이 원하는 것이 무엇인지 미처 깨닫기도 전에 그들이 진짜 원하는 것을 찾아내고 이에 걸맞은 신제품을 제시하는 사람을 '수요창조자'라 했다. 애플의 아이폰, 구글의 서치엔진, 도요타의 프리우스 등이 이전에는 없던 새로운 수요를 창조한 사례로 제시된다.

어떻게 하면 우리 회사도 수요창조자가 될 수 있을까. 슬라이워츠키는 영화 '토이스토리'로 유명한 픽사를 예로 들면서 직원들의 협업을 통해 집단지성을 활용하고 조직 창의성을 높이는 것이 혁신의 지름길임을 강조한다.

픽사는 직원이 어떤 아이디어를 내더라도 "그건 곤란해요"라고 말하는 대신 "좋아요. 그렇다면…"이라고 대답해야 하는 내부 규칙이 있다고 한다. 예컨대 누군가 "풍선에 대한 영화를 만듭시다"라고 했을 때 다른 사람이 "좋아요. 그렇다면 풍선을 동물 모양으로 만들면 어때요?"라고 대답하는 식이다. 이 경우 무시나 거절, 비판당할 두려움 없이 누구나 엉뚱하고 새로운 아이디어를 제시할 수 있고, 건설적이고 협력적인 분위기에서 다른 사람들이 조금씩 덧붙이고 수정해 가는 과정에서 세상을 놀라게 할 창의적인 아이디어와 스토리가 나온다는 것이다.

이때 실수를 하는 것도 수요창조 과정의 일부라는 컨센서스 조성, 실패에 대한 두려움을 가지지 않도록 보장하는 인사관리 및 평가 시스템 구축 등 제도적 뒷받침이 중요하다. 성장의 한계에 부딪힌 우리 기업들에 적절한 조언이 아닐 수 없다.

30

유통채널의 선택

할인점서 명품 팔겠다고?… 제품 · 브랜드별 유통 전략 로드맵 구축해야

유통은 기업 · 소비자 연결통로
회사비전 · 미션 · 브랜딩전략 등 마케팅믹스 고려해 유통채널 선택

산업혁명 후 다양한 업태 출현
백화점 · 박리다매 할인점 · 전문점… 미국 가맹점 사업 1천조 원 가치 창출

마케터는 잠재고객의 미충족 니즈를 발견하고 이를 해결하기 위한 솔루션, 즉 제품(product)을 기획해 론칭한다. 이때 고객이 느끼는 가치를 고려해 가격(price)을 설정하고, 광고·홍보(promotion)를 통해 고객에게 제품을 알리며 좋은 이미지를 주고자 노력한다. 이런 마케팅 활동들이 아무리 잘 이뤄진다고 해도 정작 고객이 제품을 쉽게 구할 수 없다면 매출로 연결되지 않는다.

제품, 가격, 유통, 광고홍보(product, price, place, promotion)를 아우르는

4P's 또는 마케팅믹스(marketing mix)의 하나인 유통(place)은 기업과 소비자를 연결한다. 소비자에게는 기업이 제공하는 제품 또는 서비스를 쉽고 간편하게 구매할 수 있는 경로(channel)를 의미하며, 이는 소비자의 편의성(convenience)과 직결된다.

역사적으로 볼 때 산업 발달 과정에 따라 유통업태 역시 다양하게 발전해 왔다. 마케팅 선구자로 불리는 존 워너메이커는 1861년 미국 필라델피아에서 백화점(department store)이라는 혁신적인 유통 개념을 창안했다.

특히 그는 고품질 제품을 상대적으로 높은 가격에 판매하는 백화점 특성상 정직함을 바탕으로 고객의 신뢰와 좋은 평판을 얻는 것이 중요하다고 판단했다. 이에 정가표(price tag), 환불 보장(moneyback guarantee) 등 당시로서는 혁신적인 전략을 최초로 도입했고, 1879년 최초의 신문 전면광고 등 적극적인 광고전략을 통해 소비자와 소통했다.

이후 백화점은 발전을 거듭해 오늘날에는 삭스 피프스, 바니스 뉴욕, 니먼 마커스 등 특별한 고급스러움을 지향하는 브랜드와 블루밍데일, 메이시스 등 중산층 타깃 브랜드, 시어스, 코홀스 등 서민층을 위한 합리적 가격대 제품을 제공하는 브랜드 등으로 차별화돼 있다.

최초의 백화점 이후 약 100년이 지난 1962년 샘 월튼은 아칸소 주에서 첫 번째 월마트 스토어를 개장했다. 월마트의 비즈니스 모델은 효율적인 배송시스템과 대량구매 할인 등을 통해 원가 구조를 낮추고, 소비자에게 저렴한 가격에 적당한 품질의 다품종 제품 라인을 제공해 매출을 확대하는 전형적 박리다매 할인점(discount store)이다. 2016년 기준 월마트는 28개국 1만 2000여 개에 달하는 점포를 운영 중이며, 연매출 500조 원, 종업원 220만 명으로 매출 및 고용 기준 세계 최대 기업이다.

또 다른 할인점 유형으로 코스트코, 샘스클럽 등이 있다. 이들은 창고형 매장을 운영하면서 연회비를 내는 회원들이 저렴한 가격에 품질 좋은 상품을 다량 구매하도록 해 소비자에게 호평받고 있다. 코스트코는 2015년 기준 8500만 명의 회원을 확보하고 있으며 매출은 140조 원을 넘는다. 전 세계 700개가 넘는 매장에서 12만 명의 종업원을 고용하고 있다.

특히 코스트코는 소비자 가격을 낮추기 위해 커크랜드 등 자체상표(PB)를 개발했고, 카테고리별 상품의 종류를 소수로 제한해 재고관리 비용을 줄였다. 품질을 확보하기 위해 품질검사를 까다롭게 한다. 2007년 설립된 한국의 사회적기업 제너럴바이오는 코스트코 입점을 통해 기술력을 인정받으면서 매출이 2011년 23억 원에서 2013년 50억 원대로 급성장했다.

카테고리 킬러(category killer)는 특정 영역의 제품군을 집중적으로 다루면서 다양한 아이템을 제공하는 전문화된 유통업태다. 토이저러스(장난감), 베이비저러스(유아용품), 베스트바이(전자제품), 이케아(가구), 홀푸드(오가닉식품), 스테이플즈(사무용품), 홈디포(가정용 제품), 펫코(애완동물 관련 용품) 등을 예로 들 수 있다.

유통에서 또 하나의 중요한 업태는 프랜차이징(franchising)이다. 가맹주는 가맹점에 비즈니스 노하우와 경영시스템, 브랜드, 마케팅 지원 등을 제공하는 대신 가맹점은 상표 사용권에 대한 로열티, 초기 자본, 교육 및 컨설팅 비용 등을 부담한다. 가맹점 숫자가 늘어남에 따라 재료 공동구매, 광고·홍보비 집행 등에서 규모의 경제(economy of scale) 효과를 누릴 수 있다. 1886년 존 팸버튼은 자신이 발명한 신제품 코카콜라를 판매할 수 있는 라이선스를 소수의 사람에게 주었는데, 이는 프랜차이징 역사에서 비교적 초기의 성공 사례로 간주된다.

이후 맥도날드, 스타벅스, 서브웨이, 던킨도너츠, 배스킨라빈스 등 요식업을 중심으로 프랜차이징이 활발해졌다. 미국은 2015년 기준으로 1000조

원 이상의 가치가 프랜차이즈 비즈니스에서 창출되고 있다.

이처럼 백화점, 할인점, 카테고리 킬러, 프랜차이징 등 다양한 유통채널이 생산자(기업)와 소비자를 연결하는 교량 역할을 하면서 소비자가 쉽게 제품과 서비스를 구매할 수 있도록 돕고 있다. 마케터는 각 채널의 성격을 이해하고, 채널별 주요 고객군의 특성을 고려해 회사에 맞는 유통채널을 선택해야 한다.

예컨대 프리미엄 제품을 월마트와 같은 할인점에서 판매한다면 해당 할인점을 찾는 고객을 설득하기 어렵지만, 브랜드 이미지와 평판에도 나쁜 영향을 줄 수 있다. 따라서 회사의 비전과 미션, 브랜딩 전략, 다른 마케팅믹스 요소들과의 일관성(consistency) 등을 종합적으로 고려해 장기적 관점에서 유통채널을 선택해야 한다.

역사 깊은 회원형 할인점… 영국 생활협동조합 연매출 15조 원

코스트코 같은 회원형 할인점을 통해 소비자의 가치 증진 및 권익 보호를 도모하려는 시도는 오래전부터 있어 왔다.

영국은 19세기에 이미 존 스튜어트 밀, 로버트 오언 등이 소비자 조직화 및 공동구매를 통해 구매 협상력을 강화하는 소비자 협동조합 모델을 제시했다. 2015년 기준 360만 명의 회원을 확보한 영국의 생활협동조합그룹(The Co-op)은 7만 명을 고용해 약 15조 원의 매출을 올렸다.

스위스는 국민 750만 명 중 450만 명이 조합원으로 2009년 기준 연매출이 50조 원에 달한다. 일본의 소비자생활협동조합 연합회는 2014년 기준 2700만 명의 회원을 확보하고 있으며, 매출은 4조 원에 달한다. 한국은 아이쿱, 한살림, 두레, 행복중심 등 4대 생협의 연매출이 최근 1조 원을 넘어섰다. 이 중 선두주자인 아이쿱은 2015년 기준 매출 5200억 원을 기록하면서 빠르게 성장하고 있는데, 안전한 먹거리에 대한 니즈를 충족시키는 고품질의 친환경 유기농 상품을 제공하는 한편 소비자 참여도를 높이는 마케팅 전략으로 시장에서 경쟁력을 향상시키고 있다.

31

결정적사건기법을 통한 인사·마케팅 관리

복잡한 소비맥락의 실마리, 기억에 남는 '소비 경험' 속에 있다

중요성 커진 결정적 사건기법
소비자 '의미 있는 사건' 수집… 태도 형성에 미치는 요인 살펴봐
제품 · 서비스 · 콘텐츠 뒤섞인 융합형 제품 분석에 유용
시간 · 비용 많이 들지만 소비자 이해도 높일 수 있어

'결정적 사건'이라는 용어는 범죄상황을 연상하게 한다. 범행을 증명하는 데 가장 중요한 증거상황이라는 뜻일 것이다. 그런데 이 용어는 기업의 경영활동, 구체적으로 인사관리와 마케팅 등에서 많이 사용되고 있다. 어떤 맥락에서 사용되는 것일까.

'결정적사건기법(CIT·critical incident technique)'은 1954년 심리학자인 존 플래너건이 직무분석방법론으로 창안했다. 여기서 결정적 사건이란 특정 이슈와 관련해 기억에 남는 사건을 의미한다. 결정적사건기법은 이런 결정적

사건을 이해하고 이들이 발생한 맥락을 살펴 해결책을 고안하는 데 활용하는 접근법이다.

인사관리에서는 특정 직업 상황에서 효과적이거나 비효과적인 행동과 관련한 결정적 사건을 수집·분석해 몇 가지 범주로 분류한다. 이 과정에서 사건의 발생 원인, 맥락, 대상인이 취한 행동, 행동의 결과 등의 정보를 수집한다. 예를 들어 공장에서 사고가 빈번하게 발생하는 경우 사고상황의 맥락, 담당자의 대처 방안, 재발 방지를 위한 제도 개선, 그 결과 등을 면밀히 조사한다. 이런 분석 결과를 활용해 각 직무에 대한 정확한 정의, 프로세스의 개선, 채용 및 인사관리의 규정 확립 등에 적용한다.

이 접근법은 경영의 다른 분야들, 특히 소비자를 다루는 마케팅분야에서 활용한다. 제품이나 서비스를 사용하면서 소비자는 만족, 불만족, 충성심, 구전의도 같은 다양한 태도를 형성한다. 이런 태도 형성에 영향을 미치는 요인과 영향을 주는 방식을 정확히 분석해야 효율적인 소비자 공략이 가능해진다.

결정적사건기법에서는 소비 기간에 기억에 남는 '결정적인 사건'을 서술하도록 한다. 이 사건들은 긍정적일 수도, 부정적일 수도 있는데 기억에 남을 정도의 경험인 만큼 소비자의 태도에 큰 영향을 줄 것으로 생각할 수 있다.

결정적사건기법의 장점은 다음과 같다. 첫째, 소비자가 직접 영향을 받은 사건을 기술하므로 연구자가 예측하지 못하는 요인을 놓칠 우려가 없다. 둘째, 이 요인들의 범주를 미리 정해 놓을 필요가 없다는 점에서 유연한 방법이라 할 수 있다. 셋째, 각 요인을 긍정적, 부정적 양면으로 나눠 살펴볼 수 있기에 개선의 방향성이 확실하다. 넷째, 특정 요인이 영향력이 높은 것으로 확인됐을 때 구체적인 맥락을 초기 설문을 찾아 파악할 수 있다. 소비자 설문 과정에 더 많은 시간과 비용이 들기는 하지만 그만큼 소비자에 대한 이해도가 높아지는 장점이 있다.

결정적사건기법은 소비맥락이 복잡할 경우 유용할 수 있다. 예를 들어 융합시대가 만개하면서 더 이상 제품, 서비스, 콘텐츠의 구분이 무의미해지는 시대로 접어들고 있다. 만물이 인터넷에 접속되고 플랫폼에 속하면서 지능이 부여되며 이를 바탕으로 한 서비스들이 엮혀지고 있다. 스마트폰산업만 보더라도 스마트폰 품질에 영향을 미치는 요인은 사용 편의성, 앱(응용프로그램)·콘텐츠 보유량, 네트워크·통화품질, 화면 크기, 사후서비스 만족도, 제품 안정성 등 다양하며 이들에 대한 소비자의 인지에 따라 스마트폰 제조사들의 시장점유율과 수익성은 주기적으로 변하고 있다. 소비자의 품질경험을 높이기 위해서는 제조사 입장에서 네트워크 사업자, 앱·콘텐츠 개발자, 소프트웨어 개발자, 부품공급업자 등 다양한 영역의 사업자와 긴밀하게 협업할 수밖에 없다. 기존 제품 위주의 공급사슬 범위를 관련 서비스와 콘텐츠 영역까지 넓혀 관리해야 살아남을 수 있다.

이처럼 융합상품에 대한 소비자 반응에 영향을 미치는 요인들이 제품, 서비스, 콘텐츠 등과 같이 특성이 매우 다른 영역에 분포해 있을 경우에는 영역별 요인을 도출하고 이들이 복합적으로 소비자 인지에 미치는 영향을 알기가 쉽지 않다. 통화품질, 네트워크 속도 등의 품질 요인과 고품질의 앱과 서비스 제공 여부 등은 사용자 개인별 인식의 편차가 크고 측정 단위도 다양하기 때문이다.

필자는 결정적사건기법을 스마트폰 소비자 분석에 적용해 봤다. 소비자 795명의 설문은 두 단계를 거쳐 분석됐다. 첫 번째 단계에서는 응답자별로 스마트폰 사용 시 기억에 남는 결정적 사건을 다섯 개까지 열거하도록 했다. 이 중 매우 긍정적이거나 부정적인 경험들만 추려 13개 그룹으로 분류했다. 그 결과 스마트폰 제품 자체, 제품 관련 서비스, 네트워크 서비스, 콘텐츠의 네 가지 대분류로 묶는 것이 가능했다. 두 번째 단계에서는 위에서 도출한 13개의 그룹 요인별로 긍정적, 부정적인 결정적 사건을 겪은 횟수에 대해 질문했다. 또 소비자의 의견, 즉 제품 충성도와 구전의도도 질문했는데 특히 제조사, 통신사, 콘텐츠 제공사에 대해 각각 질문해 어떤 사업자의 역할이 중요한지를 파악할 수 있도록 했다.

이 연구 결과는 다음과 같다. 먼저 결정적사건기법을 적용한 기존 연구에서는 부정적인 결정적 사건이 긍정적 사건보다 소비자 반응에 더 큰 영향을 준다고 알려져 있었다. 하지만 스마트폰은 긍정적 사건들이 더 큰 영향을 주는 것으로 나타났다. 과거 연구들은 자동차 등과 같이 교체 수요가 주를 이루는 성숙단계 시장을 대상으로 한 데 비해 연구가 진행된 시점의 스마트폰산업은 혁신제품산업으로 빠른 성장세를 보이던 상황이었다. 즉, 혁신제품이면서 제품주기상 시장이 성장하는 단계에서는 긍정적 사건의 영향이 더 큰 영향을 줄 가능성이 있다는 것이 중요한 시사점이다. 다른 관점에서 보면 자동차와 달리 스마트폰은 소비자 비용 지출에서 상대적으로 비중이 낮고 이런 점이 긍정적 사건들의 영향력을 더 크게 했을 가능성이 있다.

제품, 제품 관련 서비스, 네트워크, 콘텐츠 영역 중에서는 네트워크영역에서 긍정적 사건의 영향력이 큰 것으로 나타났다. 이는 과거 무선데이터 통신에 대한 사용자의 기대치가 낮은 상태에서 상대적으로 높은 성능을 접하며 일종의 신선한 경험을 제공했기 때문으로 풀이된다. 콘텐츠 영역은 긍정적, 부정적 요인이 모두 큰 영향을 주는 것으로 나타나 스마트폰을 쓰는 궁극적인 이유는 콘텐츠·서비스 이용임을 선명하게 부각시켰다. 마지막으로 스마트폰 제조사, 네트워크 서비스 제공자, 콘텐츠 제공자 중에서는 제조사가 모든 요인의 영향을 제일 강하게 받는 것으로 나타났다. 스마트폰에 대한 사용자의 전체 경험에는 제조사가 직접 관리할 수 없는 네트워크, 콘텐츠 영역 품질이 중요하지만 이 경험들의 결과는 제조사가 책임져야 함을 의미한다. 제조사는 네트워크 사업자 및 콘텐츠 제공자들과 같이 융합산업의 가치사슬에 연관된 다른 영역 사업자들과 긴밀한 협력을 통해 총체적인 소비자 만족을 위해 투자하고 노력해야 함을 시사한다.

이처럼 결정적사건기법은 인사조직과 마케팅 영역에 유연하고 깊이 있는 접근방식을 제공한다. 시간과 비용이 많이 드는 단점이 있으나 그 이상의 효과를 얻을 수 있다.

“품질만큼 서비스도 중요” 자동차업계의 깨달음

1996년 캐나다 맥마스터대의 노엄 아처와 조지 웨솔로스키는 결정적사건기법을 활용해 자동차 이용자의 충성도 및 구전의향에 대한 요인을 분석했다. 자동차산업 경쟁이 격화되면서 사후관리의 중요성이 부각되던 시기였고, 이는 과거 자동차의 제품 품질에만 집중하던 기업과 연구자에게 새로운 과제를 줬다. 자동차를 더 이상 제품만이 아니라 제품과 서비스의 결합체로 인식하고 소비자 관리도 서비스영역까지 넓혀야 할 필요성을 확인한 것이다.

연구에서 몇 가지 흥미로운 결론이 도출됐다. 첫째, 소비자는 자동차 자체에 대한 부정적인 경험은 일정 부분 참고 넘어가지만 부정적인 서비스 경험에는 참을성이 적고 대리점과 제조사 양쪽에 부정적인 인식을 갖게 된다. 둘째, 긍정적인 경험은 일정 부분 부정적인 경험을 상쇄하는 효과가 있고 이는 서비스 영역에서 두드러지게 나타났다. 셋째, 자동차 자체에 대한 부정적인 경험이 두 번 이상 발생하면 제조사 인식이 급격하게 나빠진다.

넷째, 품질에 대한 소비자의 기대가 높아진 자동차에 대한 긍정적인 경험은 소비자 인식에 별다른 영향을 주지 못한다. 결과적으로 이 연구는 자동차 제품 품질 향상에 주력하던 제조사들이 서비스 영역이 중요하다는 것을 깨닫는 계기가 됐다.

32

새로 부각되는 가성비 경영

'대륙의 실수' 샤오미처럼… 저성장 시대 '가성비 경영'이 뜬다

다시 열리는 생산관리 시대
기업들, 2차 세계대전 이전 호황기엔 효율적 생산에 치중
대공황 거치며 소비 위축되자 다양한 마케팅으로 구매 유도

글로벌 저성장 고착된 지금, 마케팅보다 '가성비' 중요해져
생산효율성 측정 기법 통해 '선택과 집중' 해야 경쟁력 향상

2016년의 여러 트렌드 중 경영학 분야 최고 트렌드라고 하면 많은 전문가가 공통적으로 꼽는 것이 있다. 바로 '가성비(價性比)'다. 가성비는 '가격 대비 성능'의 준말로, 영어로는 'cost-effectiveness'로 표현할 수 있다. 즉 소비자가 지급한 가격에 비해 제품 성능이 소비자에게 얼마나 큰 효용을 주는지를 따지는 것이라고 할 수 있다.

그렇다면 가성비는 왜 중요한가. 세계 금융위기 이후 세계 시장은 크게 위축됐다고 해도 과언이 아니다. 기업의 도산이 이어지고 실업자가 늘어났으며 고용 창출과 경제 성장 역시 둔화됐다. 이런 상황에서는 자연스레 가계 소비가 줄어들며 이는 시장의 악순환으로 이어진다. 이런 때 기업은 무엇을 해야 하는가. 해답은 간단하다.

제2차 세계대전 이전 많은 기업은 물건을 생산해 내기만 하면 팔리는 호황 시대를 누렸다. 당시 기업의 관심사는 같은 품질의 물건을 얼마나 더 효율적으로 생산하느냐에 치중해 있었다. 그도 그럴 것이 만들어 놓으면 팔리기 때문에 짧은 시간 안에 적은 투입물을 이용해 높은 성과를 올리는 것이 기업의 목표였고, 이에 경영과학기법이 발전하며 생산관리가 주된 경영 활동이 됐다. 하지만 전쟁이 끝난 뒤 대공황 등으로 경기 침체가 계속되면서 소비 심리가 위축되자 마케팅이 중요해졌고, 다른 기업보다 더 좋은 상품을 내놓기 위한 전략을 수립하는 기획실이 등장했다.

이와 마찬가지로 현재 글로벌 금융위기 등으로 정체된 시장을 기업이 헤쳐 나가기 위한 방법은 마케팅이라고 할 수 있을까. 그렇지 않다. 다시 새로운 생산관리 시대가 열리고 있다고 할 정도로 기업들은 생산운영관리(operations management)에 집중해야 한다. 2015년과 2016년을 뜨겁게 달군 가성비라는 단어가 이를 입증한다.

이제 우리가 사용하는 물건의 대부분은 중국에서 생산해 들여온다고 해도 과언이 아니다. 해외 명품 업체부터 국내 중소기업까지 비싼 노동력 탓에 해외에 외주를 주는 주문자상표부착생산(OEM) 방식으로 중국 시장을 이용해 왔다. 하지만 중국은 과거 우리가 그런 것처럼 OEM에만 머무르지 않았고 자국 제품을 생산하기 시작했다. 그 성과로 우리에게도 잘 알려진 브랜드 샤오미(Xiaomi Technology)를 들 수 있다.

샤오미는 역사가 유구한 기업이 아니다. 샤오미 미원(Mi1)이란 저가 스마트폰을 내놓으면서 세계에 이름을 알렸다. 저가 스마트폰임에도 불구하고 가격 대비 우수한 성능으로 유명해지면서 시장 점유율을 끌어올려 스마트폰 업계의 신흥 강자로 급부상했다. 이후 보조 배터리를 출시하며 해외는 물론 국내 20~30대 필수품으로 자리매김할 만큼 많은 판매액을 올렸다. 미밴드, 미와이파이, 미TV, 미스케일 등 다양한 분야에서 성능이 우수한데 가격은 저렴한 제품을 내놓기 시작하면서 시장 판도를 뒤집고 있다.

세계 금융위기 이후 설립된 회사가 어떻게 이렇게 잘나갈 수 있을까. 샤오미는 마케팅을 잘한 것도, 인사 전략 등을 잘 짠 것도 아니었다. 샤오미는 생산운영전략(operations strategy)에 집중했다. 그 결과 가장 잘나가는 제조 기업 중 하나로 명성을 떨치게 됐다. 가격이 저렴하면서도 성능은 좋은 제품이라는 가장 단순한 가치에 집중했기 때문이다.

그럼 가성비는 어떻게 측정할 수 있을까. 필자가 방문한 많은 기업이 공통적으로 하고 있는 고민은 어떻게 성과를 측정할 것인가와 관계된 '생산 효율성 측정'이었다. 이때 필자가 추천한 것은 '자료포락분석(DEA·data envelopment analysis)'이다. 자료포락분석은 선형계획법(linear programming)을 활용해 만들어진 기법이다. 1978년 에이브러햄 차니스, 윌리엄 쿠퍼, 에드워드 로즈가 개발한 이래 다양한 기법과 연계돼 40여 년간 명맥을 이어오고 있다. 최근에도 해외 유수 저널에서 논의가 계속될 만큼 그 유용성을 인정받고 있다.

DEA에서는 평가 대상이 되는 각 의사결정단위(DMU·decision making unit)의 투입물 가중 합계에 대한 산출물 가중 합계 비율이 1을 초과해서는 안 되며, 각 투입 요소와 산출 요소의 가중치가 0보다 크다는 제약 조건하에 투입물 가중 합계에 대한 산출물 가중 합계 비율을 최대화하고자 하는 선형계획법이다. DEA 기법은 특히 은행 지점을 평가하거나, 기업에서 생산하는 제품 각각을 비교하거나, 병원의 효율성 등을 평가할 때 자주 사용된다. 예를 들어 기업에서 생산하는 제품 간 효율성을 비교하기 위해 각 제품을 제조하기 위해 투입하는 여러 수치를 투입물 요소로 두고, 이로 인해 벌어들일 수 있는 영업이익, 매출, 판매량 등의 성과지표를 산출물 요소로 둔 뒤 제품의 상대적인 효율성을 구할 수 있다. 이렇게 구해진 효율성은 비효율적인 제품의 생산 중단, 효율적 제품의 생산라인 증설 등 기업 운영 전략에 활용할 수 있다.

DEA 기법은 제품과 같은 유형의 물질뿐 아니라 서비스도 평가할 수도 있다. 앞서 언급한 병원을 예로 들어 보자. 먼저 각 병원의 효율성을 평가하기 위해 병원 운영비와 같은 금전적 투자, 의사 간호사 수와 같은 인적 자원, 병원 운영시간 및 수술실 수 등 설비 관련 투자 등을 투입물 요소로 추계한다. 다음으로 환자 만족도, 수술 성공률, 병원 매출 등을 산출물로 두면 각 병원의 효율성을 평가할 수 있다. 이와 같이 DEA 기법을 잘 활용하면 최근 트렌드에 부합한 '가성비 경영'을 할 수 있다.

자기 회사의 투입 대비 산출물 수준을 경쟁사 및 같은 포지셔닝 전략을 가진 회사들의 연간 보고서 등의 자료를 활용해 비교해 볼 수 있으며 이를 통해 어떤 회사를 벤치마킹해야 할지, 효율성을 얼마나 높여야 할지 등도 알 수 있다. 즉 기업에서는 DEA를 활용함으로써 자사 제품 간 효율성 비교, 해외 및 국내 지사 간 효율성 비교를 할 수 있다. 또 동종 산업 내의 효율성 비교를 함으로써 총체적인 기업 운영 전략을 세울 계량적 근거를 마련할 수 있을 것이다.

효율성 측정할 수 있는 자료포락분석법

자료포락분석법(DEA)은 선형계획법을 기반으로 의사결정단위(DMU) 사이의 상대적인 효율성을 비교하는 기법이다.

자료포락분석법을 도입하려면 먼저 비교 대상인 의사결정단위를 선정해야 한다. 그리고 각 의사결정단위의 투입물과 산출물을 추계해 DEA 분석을 한다.

전자제품을 생산하는 A사는 여러 공장을 운영하고 있는데 이들 공장 중 어떤 공장이 효율적으로 운영되고 있는지 알고 싶어 한다고 가정하자. 여기서는 각 공장이 의사결정단위가 된다.

각 공장에 들어가는 유지비용(전기요금, 세금, 토지 임대 비용 등), 인건비, 가동 시간 등이 투입 요소가 되며 이를 통해 얻어지는 생산량, 출하량, 품질 등이 산출 요소가 된다. 산출 요소별 가중치를 곱해 더한 가중 합계(Weighted Sum)를 투입 요소별 가중치를 곱해 더한 가중 합계로 나눠 주면 DEA 기법에 따라 효율성을 구할 수 있고, 기업은 어느 공장이 상대적으로 효율적으로 운영되고 있는지 해답을 찾을 수 있다.

33

혁신, 기술축적 그리고 경쟁력 변화

성숙한 시장서 경쟁력 척도는 '가성비'… 원가절감형 기술혁신이 관건

신제품 사업 유망 검증되면 뒤이어 많은 경쟁상품 쏟아져
기업들 원가절감으로 관심 돌려 해외로 공장 이전 · 아웃소싱
후발국은 기술 모방 기회 생겨

'제조기술 우위' 유지하지 못하면 베트남 등으로 이전 가속화될 듯

기업의 경쟁력은 제품 품질과 디자인, 원가와 가격, 납기 준수 능력 등 세 가지 요인에 따라 결정된다. 이 중에서 품질과 가격이 가장 중요한 요소다. 디자인은 품질에 포함되고 품질의 가장 중요한 특성치는 성능이므로 경쟁력을 더 간단히 말하면 가격 대비 성능으로 표현되는 '가성비'라고 할 수 있다. 품질을 결정하는 것은 제품기술과 제조기술(공정기술)이고, 가격 책정의 바탕이 되는 원가를 결정하는 것은 생산성과 임금 수준이다. 인프라 성격의 관리기술은 품질과 원가에 전반적으로 영향을 미친다.

다시 생산성은 제조기술과 자본투입도에 영향을 받는다. 자본과 노동은 대체적 관계로, 자본투입도는 임금 수준에 따라 결정되므로 결국 경쟁력은 기술 대비 임금 수준이라고 볼 수 있을 것이다. 기술은 혁신이란 유입량(flow)이 누적된 저장량(stock)에 해당하므로 기술 발전 속도는 혁신력이 좌우한다. 이렇게 보면 미래 경쟁력의 변화는 혁신력과 임금 인상 속도에 의해 결정된다. 물론 경쟁자의 변화 속도와 비교한 상대적 변화 속도를 의미한다.

한국의 주력 상품인 메모리반도체, 가전, 휴대폰, 조선, 철강, 석유화학, 자동차 등은 1990년대와 2000년대 들어 선진국을 따라잡으며 세계 속에 자리 잡기 시작했다. 최근 이들 중 몇몇은 후발국의 추격으로 그 위치가 흔들리는 모습을 보이고 있다. 즉 경쟁력은 시간의 흐름에 따라 경쟁력을 구성하는 요소들과 함께 변화한다. 이런 경쟁력의 동적 변화 과정을 잘 설명할 수 있는 모델은 윌리엄 아버나시와 제임스 어터백의 공정, 제품 혁신의 동적 모델이다.

어떤 제품이 시장에 나오면 혁신적 소비자나 초기 수용자적 소비자가 제품을 구매한다. 그들의 반응에 의해 사업성이 유망하다고 검증되면 뒤이어 많은 경쟁자가 뛰어들고 더불어 많은 신제품이 경쟁적으로 쏟아진다. 그 신제품들은 성능 극대화, 기능 고급화와 다양화 같은 성능 경쟁을 벌이는데 이는 모두 제품 혁신에 해당하므로, 이 시기를 활발한 제품 혁신이 이뤄지는 유동기라 부른다. 제품 변화가 매우 유동적이므로 품질 안정이나 원가절감 같은 제조기술 혁신은 아직 활발하지 않다.

이 시기에는 많은 벤처기업이 시장을 개척하고 활동한다. 어느 정도 시간이 흐르면 신제품 개발 아이디어가 고갈되며 제품 혁신이 둔화한다. 다른 한편으로는 승패가 결정되며 경쟁자 수가 압축돼 간다. 해당 제품 수요

층이 확산되며 점점 시장이 커지고, 고객층의 니즈가 분화하면서 시장이 세분화되고 제품 다양화가 이뤄진다. 경쟁 제품 간 성능이나 기능의 차별화가 줄어들면서 경쟁은 성능에서 가격으로 옮아간다. 이 시기에는 대량생산 시스템에 따른 원가절감이 경쟁의 핵심이 되고, 이에 따라 대량생산 지향형 공정 혁신이 활발하게 일어난다. 이 시기에는 단편적 자동화 등이 출현하며, 벤처기업이 도태하거나 대기업화하고 대량생산 제조기술과 관리기술이 뛰어난 대기업들이 시장을 주도하게 된다. 일부 제품·기술 혁신에 능한 벤처기업가들은 사업을 팔아넘기고 새로운 분야에 도전하거나 대기업 경영자로 변신한다.

조금 더 시간이 지나면 전용기계 등을 활용한 체계적 자동화가 이뤄진다. 공정 혁신은 둔화하고 제품 혁신은 더욱 약해진다. 제품 혁신은 성능이나 기능 개선보다는 동일 성능이나 기능을 더 싸게 생산하는 원가절감형 기술인 가치혁신(VA/VE)이 주류를 이루게 된다. 따라서 혁신이 둔화하는 이 시기를 경화기라 부른다.

또 기업들은 원가절감을 위해 주문자상표부착생산(OEM) 같은 아웃소싱을 활용하거나 싼 임금을 찾아 해외로 공장을 이전한다. 혁신이 둔화하고 그에 따라 기술도 포화되면서 후발국 기업에도 참여 기회가 생겨난다. 기술은 공식적 기술 이전, 모방 등으로 인해 선도기업에서 후발기업으로 확산된다. 누적된 제품기술에는 수많은 시행착오와 실험 결과가 축적돼 있으므로 이전이 어렵고, 따라서 후발기업이 쉽게 따라잡기 힘들다. 그러나 제조기술은 설비에 체화된 경우가 많고, 이 설비라는 것들은 많은 경우 별도의 설비제작사가 공급하는 게 일반적이다. 즉 누구나 돈만 있으면 설비를 구매할 수 있다. 턴키 베이스로 공장을 건설하고 운영기술을 배울 수도 있다. 경우에 따라서는 어떤 설비를 사용하는지와 그 설비의 운전기술만 알면 되기도 한다. 우리나라 중소 제조업체들이 중국에 투자했다가 얼마 후 문을 닫고 밀려난 경우가 대부분 이 상황에 해당한다. 그들이 가지고 있는 유일한 기술은 설비에 의존한 제조기술이었기 때문에 쉽게 모방당해서 경쟁우위를 상실한 것이다.

단순 경공업은 제품기술이 별것 아닌 경우가 많다. 반면 복잡하고 고도화한 제품기술을 지닌 대기업은 현지 기업들이 모방하기 어려워 잘 버티는 경우가 많다. 이 단계에서 후발국가 처지에서는 외국 기업의 자국 투자 공장과 자국 기업의 경쟁력 관계가 관심의 대상이 될 수 있다. 세계화 시대는 국경이 의미가 없고, 다국적 기업에는 국적이 중요하지 않다.

그러나 특정한 국가에서 국적은 여전히 의미가 있다. 외국 기업들은 경영 환경이 불리해지면 쉽게 떠날 수 있지만, 자국 기업들은 환경이 불리해져도 이를 극복하기 위해서 최선을 다하기 때문이다. 이 과정에서 도약을 위한 역량이 축적되는 경우도 많다. 그리고 불리한 환경의 변화라는 것의 핵심은 임금 인상인 경우가 많다. 특정 국가에서는 경제성장을 위해 외국 기업을 유치했는데, 성장하면서 임금이 오르면 외국 기업은 더 싼 임금을 찾아서 떠날 준비를 하는 딜레마에 봉착한다. 경쟁력은 기술 대비 임금 수준이므로 특정 국가에서 동일한 임금 수준을 활용할 수 있다면 기술과 관리역량이 우월한 선진국 기업이 현지 신생기업에 비해 절대적으로 유리하다. 기술 및 관리적인 측면에서 본다면 특정 제품에 처음 진출하는 자국 기업들은 오랫동안 그 제품을 생산하고 판매망, 브랜드 가치, 충성고객을 확보하고 있는 외국 현지 공장들의 경쟁자가 되기 어렵다. 그럼에도 불구하고 중국 기업들은 외국 기업보다 낮은 임금, 현지 유통망 및 대정부 관계, 시장 적응력, 지역 간 장벽과 보호 등에 힘입어 결국에는 외국 기업을 경쟁력에서 압도하는 사례를 많이 보이고 있다. 일부 새로운 산업에서는 선진기업들과 동시에 제품 혁신 경쟁에 나서고 있기도 하다. 최근에는 중국의 임금 수준이 올라가면서 중국보다 임금이 싼 베트남과 같은 국가로 기업들이 공장을 옮기고 있는 것을 볼 수 있다.

이처럼 신제품 등장 후 시간이 흐름에 따라 혁신, 기술, 임금의 경쟁력 결정 과정에 따른 국가 간 공장 이전은 계속될 것으로 보인다. 국내 기업이 해외투자를 확대하면서 국내 공장을 축소하거나 신규 투자를 중단하는 것을 자주 볼 수 있다. 현장근로자들이 분임조나 제안 같은 개선활동을 통해 제조 혁신을 끊임없이 해내며 해외 공장과 제조기술 격차를 유지하지 못한다면 경영자들은 공장의 해외 이전 문제를 계속 고민하게 될 것이다.

베트남은 과연 '제2의 중국'이 될 수 있을까?

한국은 외국 기업의 직접 투자를 막고 수입을 제한하는 방식으로 국내 기업을 육성하는 데 성공했다. 만약 1960년대에 일본 소니나 도요타자동차가 국내에 공장을 설립했다면 오늘의 삼성전자와 현대자동차가 존재할 수 있었을까.

오늘날 저개발국이 외국 기업의 직접 투자를 제한한다면 그 국가는 자력으로 영원히 성장하지 못할 가능성이 매우 높다. 선진국의 기술과 후발국의 저임금이 결합하면서 고품질·저가격 제품이 나오기 때문에, 과거 후발기업들의 유일한 경쟁 무기였던 저가격의 이점을 자국 기업이 더 이상 확보하기 어려워서다.

중국은 매우 예외적인 경우다. 무척 크고 지역적으로 보호적인 내수시장이 존재해 내국 기업도 경쟁할 틈새가 있고, 중국인들의 기술 흡수 역량이 매우 높기 때문이다.

최근 중국의 임금 상승에 대한 반작용으로 해외 투자가 몰리며 고도성장하고 있는 베트남도 과연 이런 길을 걸을 수 있을까. 여기에는 좀 회의적이다. 베트남의 기술 흡수 역량이 높다고 하더라도 크고 보호적인 시장이라는 첫 번째 조건을 충족시키기 어렵기 때문이다. 이런 조건을 충족하는 국가는 인도 정도일 것이다.

34

'구매 체스판' 통한 원가 관리 전략

원가 낮추는 '구매의 기술'… 가격 쥐어짜지 말고 전략적 협업을

자동차산업은 제조업이지만 그중에서도 특별하다. 한국 제조업 부가가치의 12%를 담당하고 있으며, 총 수출의 13.2%, 제조업 고용의 11.7%를 담당하고 있기 때문이다. 하지만 높은 노동 비용 및 낮은 생산성 그리고 노동의 유연성 부족으로 글로벌 경쟁력이 크게 하락하고 있다는 평가가 곳곳에서 들려온다. 실제 결과로도 국내 자동차 생산 및 수출이 위축되고 있으며 덩달아 국내 자동차 부품산업도 부진을 면치 못하고 있는 상황이다.

자동차산업의 현재 상황을 둘러보면 새롭게 부상하고 있는 중국을 제외하고 여전히 선진국이 시장을 주도하고 있으며, 경쟁력만 있다면 앞으로도 자동차산업은 한국 경제성장의 핵심 산업으로서 위상을 유지할 수 있을 것으로 평가된다. 하지만 국내 자동차산업은 여러 경쟁력 약화 요인에 노출돼 있다. 경쟁력 약화의 가장 큰 원인으로 지목되는 것은 고질적인 고비용 저(低)생산성 구조다. 이는 자동차산업뿐만 아니라 국내 제조업 전반에 나타나는 현상이기도 하다. 고비용 저생산성 구조를 극복하는 데 도움이 되는 원가관리 방안은 없을까.

제조업체의 원가 상승 요인을 전문가들에게 물어보면 다들 '구매'라고 입을 모은다. 구매 활동은 기업이 생산하는 재화의 원재료를 구매하는 단순한 활동에서부터 기술력, 노동력 등을 구매하는 적극적인 구매 개념으로 변해 왔다. 경영의 효율화와 원가 절감을 위한 아웃소싱(기업 업무의 일부 프로세스를 경영 효과 및 효율의 극대화를 위한 방안으로 제3자에게 위탁해 처리하는 것), 글로벌 소싱(구매활동 범위를 범세계적으로 확대해 외부조달 비용 절감을 시도하는 구매전략)은 확대되고 있다. 그러나 자칫 잘못된 구매활동은 제품의 원가를 크게 상승시키는 요인이 된다. 결국 최고의 원가 관리 방안은 구매를 관리하는 과정에 있다고 할 수 있다.

글로벌 컨설팅 업체 AT커니는 기업의 전략적 구매의사 결정을 돕기 위해 '구매 체스판(The Purchasing Chessboard)'이란 전략적 의사결정 툴을 개발했다. AT커니의 구매 체스판은 공급자와 구매자 관점에서 각각의 영향력을 판단해 네 개의 면으로 나눈다. 이 네 개의 면은 △공급자의 영향력이 구매자보다 높은 경우 △구매자의 영향력이 공급자보다 높은 경우 △공급자와 구매자의 영향력이 둘 다 낮은 경우 △공급자와 구매자의 영향력이 둘 다 높은 경우로 나뉘게 된다. 각각의 경우를 간략히 살펴보자.

먼저 공급자의 영향력이 구매자 영향력보다 높은 경우다. 이런 상황에 있는 구매자는 다른 대안이 없다고 할 수 있다. 특히 기술력이 높은 공급자와 상대해야 하는 구매자는 상황을 유리하게 전개할 별다른 해결책을 찾기 어렵다. 이런 상황에서 구매자는 장기전으로 가야 한다. 기업 내부에 존재할 수 있는 리스크를 관리하고, 기술력을 강화하기 위한 자생력을 키워야 하며, 스스로 혁신하려는 노력을 기울이는 수밖에 없다.

다음으로 구매자의 영향력이 공급자 영향력보다 큰 경우다. 쉽게 얘기해서 물건을 만들 수 있는 사람은 많은데 수요가 그리 많지 않은 경우가 여기에 해당한다. 이때 대부분의 구매자는 원가 절감을 위해 여러 공급자를 서로 경쟁시키는 일반적인 경매와 입찰 형식을 통해 구매 단가를 낮추려고 노력한다. 해외 공급 시장을 검토해 글로벌 소싱을 할 장소를 물색하기도 하고 목표 가격을 통해서 원하는 가격에 물품을 공급받을 수도 있다.

그다음은 공급자와 구매자의 영향력이 모두 높은 경우다. 이 상황에는 공급자와 구매자 간 줄다리기 현상이 나타난다. 여기서 중요한 것은 '가치사슬(value chain)'을 관리해 공급자와 구매자 간 전략적 협업(協業) 형태를 취해야 한다는 것이다. 이를 통해 서로가 상생하면서 발전해 갈 수 있는 방향인 장기계약과 기술협력 등에 주력하고 힘겨루기를 지양해야 한다.

마지막으로는 구매자와 공급자의 영향력이 모두 낮은 경우다. 이 상황에서는 정보와 관리, 통합이 구매원가 절감의 키워드가 된다. 먼저 얼마만큼의 수요가 필요한지에 대한 정보 수집이 내부적으로 필요하다. 그리고 동종업계의 기업과 연합해 통합적으로 구매하는 전략을 사용함으로써 구매자 영향력을 높여 나가며 규모의 경제 달성과 거래에서 우위를 점하는 전략을 사용하는 것도 바람직하다.

이를 국내 자동차 부품시장에 적용해 보자. 국내 자동차 부품 제조사는 독일의 자동차 부품 제조사와는 그 입장이 다르다. 독일의 자동차 부품 제조사는 '히든 챔피언'(대중에게 잘 알려져 있지 않지만 각 분야의 글로벌시장을 지배하는 우량 기업)으로 불릴 만큼 공급자면서도 그 공급 영향력이 강하다. 하지만 국내 자동차 부품 제조사는 독일의 부품 제조사에 비해 기술 수준도 떨어지며, 전문 인력 확보 역시 힘든 상황이다. 이런 상황에서 제값을 받고 부품을 공급하기란 어렵다고 할 수 있다.

이 상황을 구매 체스판을 적용해 설명해 보자. 국내 자동차 부품 제조사는 글로벌 시장에서의 영향력이 구매자 영향력보다 낮기 때문에 을(乙)의 입장에서 세계 각국의 경쟁업체와 극심한 경쟁에 시달리며 원가에 압박을 받고 있다. 이런 상황임에도 불구하고 안으로는 높은 노동 비용 및 낮은 생산성과 노동 경직성 등으로 고통받고 있으니 진퇴양난의 상황이라 할 수 있을 것이다. 따라서 국내 자동차 부품 회사는 장기적으로는 공급자로서 영향력을 높이기 위한 기술 개발에 힘써야 할 것이며, 단기적으로는 구매업자인 자동차 제조업체와의 협업을 통한 상호이익을 도모하고자 노력해야 할 것이다.

이처럼 자신이 구매자일 때와 공급자일 때의 영향력을 적절히 파악할 수 있다면 최적의 구매 전략을 세울 수 있을 것이다. 제조업체는 원가절감으로 이어져 기업 경쟁력을 높이는 데 큰 도움이 될 것이다.

“시장은 움직이는 생물” 구매도 맞춤 전략 짜라

‘구매 체스판’은 글로벌 컨설팅회사 AT커니가 고안한 구매전략 툴이다. ‘가격을 쥐어짜는’ 과거의 단순한 구매전략이 아니라 공급자와 구매자가 처한 환경, 즉 이 둘의 영향력에 따라 달라질 수밖에 없는 구매전략을 제안한다. AT커니가 세계적으로 수행한 구매 프로젝트를 통해 축적한 노하우가 녹아 있다.

구매 체스판은 공급자와 구매자 간 영향력 정도에 따라 크게 네 가지 기본 시나리오별로 구매 전략을 제안한다. 이 네 가지 주요 구매 전략에 따라 16개의 기본 접근법을 도출하고, 다시 이를 기반으로 총 64개의 독립적이고 차별화된 구매 방법론을 보여준다.

예를 들어 공급자보다 구매자의 영향력이 크면 공급자 간 가격경쟁을 유도하는 게 유리하다. 공급자 망을 넓히기 위해 글로벌 공급시장도 적극 활용할 필요가 있다. 목표가격을 설정하고 역(逆)경매도 활용하는 등 공급자 간 가격경쟁을 부추기는 전략이 효과적이라고 제안하는 식이다.

공급자와 구매자로서 영향력의 위치는 주기적으로 재검토해야 하고 그에 따라 구매전략도 조정하는 것이 바람직하다. 시장은 고정적이지 않고 늘 움직이는 생물이기 때문이다.

35

신공항 백지화와 입지 선정

'비용 대비 효과' 중시하는 SOC 입지 선정… '공익 가치'가 핵심

'비용 대비 수익'모델
밀양 · 가덕도 사업성 0.7로 비슷… 균형발전 등 사회적 이유 따져야

'선형계획법' 모델
의사결정 변수 최대한 다양화… 현실에 적용하기엔 매우 복잡

'계층분석법(AHP)'모델
여러 가지 대안 순위 매긴 후 가중치 주고 최대효용 찾아내

동남권 신공항 건설은 2007년 건설교통부(현 국토교통부)가 본격적으로 사업을 추진하면서 관심이 집중됐다. 신공항 후보지로 가장 큰 관심을 모은 곳은 경남 밀양과 부산 가덕도다. 이후 2011년 국토해양부는 환경 문제와 자원의 과잉 투입을 우려해 백지화를 발표했고 2016년, 신공항 타당성 검토 용역을 수주한 프랑스 파리공항공단엔지니어링이 김해공항 확장을 발

표하면서 동남권 신공항은 백지화됐다. 밀양과 가덕도에 신공항을 지으려면 각각 약 9조 8000억 원, 약 10조 3000억 원의 건설비가 들지만, 김해공항을 확장하면 약 4조 3900억 원으로 상대적으로 적은 비용을 들여도 될 것으로 분석됐다. 이에 따라 김해공항에 철도와 도로망을 구축해 접근성을 높이는 게 좋다는 결론이 났다.

이런 입지 의사결정은 어떻게 이뤄질까. 정부의 의사결정 과정에 주로 사용하는 기법으로 'B/C 기법'이 있다. B는 수익(benefit), C는 비용(cost)의 머리글자다. 비용 대비 수익을 본다는 것인데, 예상 비용을 아래에 두고 예상 수익을 계산해 1 이상이면 수익성이 높다고 판단하는 기법이다. 경제적 타당성은 수익이 비슷하다면 비용이 적은 쪽을 선택하는 것을 말하는데, 밀양은 많은 산을 깎아야 하고 소음 문제도 있었으며 부산과 직결된 도로가 없다는 점 등이 큰 비용을 들여야 하는 원인으로 지적됐다. 가덕도는 밀양에 비해 거리상으로 경북 포항·경주, 경남 창원 등 다른 도시로의 접근성이 낮다는 점, K-1 공군기지와 비행 방향이 겹치는 부분이 있다는 점, 인프라 구축 문제 등이 비용을 높이는 근거가 됐다. 2009년 국토연구원 용역 결과 B/C 분석에서 밀양과 가덕도 모두 0.7 정도의 사업성을 보였다.

하지만 신공항 건설 백지화 근거로서 낮은 B/C 비율에 전적으로 의존할 수는 없다. 국가 기간시설은 사업성이 낮아도 균형발전 등의 지역 사회적인 이유로 건설을 강행할 수 있다. 과거 호남고속도로나 서해안고속도로는 B/C 비율이 0.39밖에 안 됐다.

또 다른 입지 의사결정 방법론으로는 '선형계획법'을 들 수 있다. 공장, 항만, 공항과 같은 인프라 시설의 입지 선정과 관련된 연구는 오래전부터 선형계획법을 비롯해 B/C 분석, AHP(Analytic Hierarchy Process·계층분석법) 등 다양한 방법을 이용해 왔다. 여러 요인을 복합적으로 고려해 최적의 조건을 만족하고 효용을 극대화해야 하는 입지 선정 문제의 경우 많은 연구자들이 선형계획법으로 계량화된 모형과 답을 제시하고자 했다.

선형계획법은 크게 목적함수와 제약조건식의 두 부분으로 나뉜다. 목적함수는 의사결정자가 최적화를 달성하고자 하는 의사결정 변수를 설명하는 함수로서 문제의 특성에 따라 최소화 또는 최대화 문제로 나눌 수 있다. 제약조건식은 목적함수가 최적의 결과를 달성하는 데 제약이 되는 모든 조건 및 변수의 관계를 설명하는 함수를 말하며, 입지 선정 문제의 경우 이에 영향을 미치는 요건은 다 열거하기 어려울 정도로 많고 다양하다. 경영학에서의 최적화 문제는 일반적으로 비용을 최소화하거나 매출(또는 산출물, 결과물, 효용)을 최대화하는 문제로 정의되며 입지 선정 문제 또한 이와 비슷하다. 공장, 공항, 항만, 철도 등을 건설하는 데 필요한 비용이 가장 적게 소요되는 입지 또는 가장 많은 수요, 화물량, 생산량 또는 매출을 달성하기 용이한 입지를 선택할 수 있다.

2010년 동남권 신공항 개발 관련 논쟁이 불거졌을 당시 조사된 건설 비용은 가덕도 9조 8000억 원, 밀양 10조 3000억 원이었다(선형계획법에 의한 결과는 아니다). 비용만 고려하면 가덕도가 최적의 입지라고 할 수도 있으나 B/C 분석과 마찬가지로 이 또한 절대적인 답이 될 수는 없다. 선형계획법은 복잡한 문제에 대한 최적해를 제시할 수 있는 수학적 모형이기 때문에 정치, 환경, 지역균형 등 현실의 다양한 이해관계를 모두 반영하기에는 부족함이 있다.

선형계획법을 현실 문제에 적용하기 위해서는 의사결정에 영향을 미치는 변수를 최대한 다양하고 실제와 가깝게 설정해야 한다. 실제 연구에서는 수만 개의 변수와 수천 개의 제약식이 동원된다. 입지 선정 문제에서 가장 쉽게 생각할 수 있는 제약조건으로는 '접근성'을 꼽을 수 있다. 역, 공항,

항만 같은 인프라 시설은 사람들이 밀집해 있는 지역에 가까울수록 그 효과가 가중된다. 이외에도 인접 주거단지의 소음문제, 입지의 토목공학적 문제, 항공여객뿐만 아니라 항공화물에 대한 고려 사항, 실질 수요 예측 등 다양한 제약조건이 복잡하게 얽혀 있으며, 정량적 제약 외에도 정치적 대립, 지역 간 갈등 같이 계량화하기 어려운 정성적 제약 또한 영향을 미친다. 따라서 정량적인 해를 제시할 수 있는 선형계획법은 현실 문제에 적용하기에는 매우 복잡하고 어렵다는 단점이 있다.

좀 더 쉽게 의사결정 도구로 활용할 수 있는 방법으로 AHP기법이 있다. 이 기법을 이용한 동남권 신공항 건설 관련 연구로는 『AHP기법을 이용한 공항 입지 선정 연구』(송경일, 2004)가 있다. 송경일 씨는 AHP기법의 장점으로 '의사결정 요소들의 속성과 측정 척도가 다양한 의사결정 문제에 효과적으로 적용돼 정책결정권자가 선택할 수 있는 여러 가지 대안을 체계적으로 순위화하고 그 가중치를 비율 척도로 도출하는 방법을 제시한다는 점'을 꼽았는데 위치·지형·사회·경제적 요인을 고려한 결과 가덕도, 수영만 영도, 밀양, 거제 등 4개 후보 중 수영만영도 지역이 가장 타당하다는 결론를 도출했다. 이 또한 이론적인 모형에 기반한 결과이기 때문에 실제와는 차이가 있을 수 있다.

이처럼 입지 선정을 둘러싼 이해관계자들의 입장은 늘 첨예하게 대립하고, 고려해야 할 요인이 많기 때문에 판단 기준을 세우는 것 역시 어려울 수밖에 없다. 공항과 같은 국가 기간시설이 들어설 입지를 선택하는 데에는 지리적·지형적 조건은 물론 정치, 환경, 사회적 요소가 다양하게 얽혀 있기 때문에 그 문제가 매우 복잡하다. 어떤 방법론을 이용해 분석하느냐에 따라서도 결과가 달라질 수 있다. 이런 문제일수록 공익적 가치를 최우선으로 하는 것이 중요할 것이다.

AHP에 대하여

계층분석법(AHP)은 토머스 사티 교수가 고안한 모델로 한 명 또는 여러 명의 의사 결정자가 참여하는 다기준(multiple-criteria) 의사결정 문제를 분석할 때 사용한다.

예를 들어 보자. 갑은 이직을 고민하고 있다. 이직을 원하는 회사는 세 곳(A, B, C)이고 각각 장단점이 있다. 업무적합도가 높은 회사는 급여가 낮거나 근무지가 멀리 떨어져 있고, 반대로 급여가 높은 회사는 적성에 맞지 않는 일을 해야 한다는 식이어서 어느 대안이 최적인지 선택하기 어렵고 복잡해진다. AHP는 이를 1 대 1 상대비교로 단순화하는 방법을 이용한다.

우선 적성과 급여수준, 급여수준과 근무지, 적성과 근무지 이렇게 비교해 상대적 가중치를 결정한다. 표에서 보는 바와 같이 적성이 급여보다 다섯 배 정도 중요하고 급여는 근무지보다 두 배 정도 중요하다. 이를 매트릭스(matrix)로 표현하면 아래에 있는 표와 같아진다.

AHP 기법으로 골라본 최적의 회사

기준	중요도
적성 > 급여	5
적성 > 근무지	3
급여 > 근무지	2

→

	적성	급여	근무지
적성	1.00	5.00	3.00
급여	0.20	1.00	2.00
근무지	0.33	0.50	1.00

	적성	급여	근무지
A사	0.11	0.27	0.12
B사	0.25	0.29	0.13
C사	0.55	0.34	0.72

평균 →

	최종 점수
A사	0.17
B사	0.22
C사	**0.54**

출처: 한국경제신문

그 후 각 기준에 대해 선택 대안끼리(A-B, B-C, A-C) 비교한 뒤 앞서 구한 기준별 가중치에 따라 이를 합산해 최종 점수를 도출한다. 최종 결과표에 따르면 C사를 선택하는 것이 최대 효용을 줄 수 있는 대안이라는 결론을 내릴 수 있다.

36

가격과 비용

가격 결정 땐 생산원가 아닌 '고객이 느끼는 가치' 따져 보라

가격은 살아있는 생물

샤넬 · 롤렉스는 고가정책 유지
월마트는 '상시 저가' 마케팅 성공

1만 원짜리 제품 9900원에 팔면 단위당 이익 100원 감소하지만
소비자 체감 가치는 100원 넘어

애덤 스미스가 1776년에 쓴 『국부론』은 '보이지 않는 손' 즉 가격(price)에 의해 수요와 공급의 균형이 이뤄지는 시장경제 메커니즘을 설명한다. 1974년 노벨 경제학상을 수상한 프리드리히 하이에크는 제품과 시장 상황에 대한 정보가 가격에 시시각각 반영되며 경제주체들의 의사결정을 돕는다는 점에서 가격의 정보 전달 및 커뮤니케이션 기능을 강조했다. 현대 재무학의 아버지 유진 파마는 효율적 시장가설(efficient market hypothesis)을 통

해 주식시장에서 정보가 가격에 반영되는 속도와 정확성에 대한 다양한 논의를 이끌어 낸 공로로 2013년에 노벨 경제학상을 받았다. 이처럼 가격은 경제학에서 매우 중요한 변수다.

마케팅에서도 가격은 중요한 위치를 차지한다. 마케터 입장에서 가격은 제품 또는 브랜드의 포지셔닝 툴인 4P's(제품, 가격, 유통, 광고홍보) 중 하나다. 소비자 입장에서 가격은 구매 시 지급하는 비용(cost)에 해당하며, 소비자는 구매로 얻는 가치와 비용을 비교해 의사결정을 한다. 이때 회사가 가격을 높이면 단위당 이익률, 즉 수익성은 증가하지만 매출량이 감소하고, 가격을 낮추면 반대로 매출량은 증가하지만 수익성이 감소한다.

단기적 이익 극대화를 위해서라면 가격 변화에 따른 이익 변동분을 계산해 가격을 결정하면 간단하다. 하지만 장기적으로 고객과 관계를 맺어 나가면서 기존 경쟁자 및 잠재적 경쟁자와의 차별화를 고민하는 마케터는 가격 설정이 지닌 전략적 의미를 중요하게 여긴다. 예컨대 진에어, 제주항공과 같은 중저가형 항공서비스 브랜드는 적당한 가격대에 괜찮은 품질을 제공해 이익률보다 매출 점유율에 집중하는 포지셔닝을 추구한다. 소비자 입장에서는 편안하고 안락한 서비스에 높은 가치를 느끼는 장거리 여행과 달리 단거리 여행 시는 약간 불편함이 있더라도 비용 절감을 선호할 때가 많다.

이에 따라 단거리 노선에서는 중저가형 포지셔닝을 가진 기업이 점차 많아지게 되고, 이들 간에 치열한 가격 경쟁이 일어나면서 전반적인 수익성이 악화된다. 결국 대한항공이나 아시아나항공과 같은 고가형 브랜드는 수익성이 높은 장거리 노선에 집중하게 돼 자연스럽게 차별화가 이뤄진다. 이런 양상을 미리 예측한다면 처음부터 그에 맞는 브랜드 이미지 구축 및 경쟁우위 확보를 위한 마케팅 전략 수립이 가능하다.

가격 변화에 따른 매출 변화는 '수요의 가격 탄력성(price elasticity of

demand)'으로 측정한다. 기존 연구에 따르면 수요의 가격 탄력성은 평균적으로 대략 1.5라고 한다. 예컨대 가격을 10% 낮추면 매출량은 그 1.5배인 15% 증가한다는 것이다. 물론 탄력성의 정도는 개별제품 또는 국가·시장의 특성에 따라 달라진다.

예컨대 콜라처럼 보관 가능한 제품은 가격 탄력성이 좀 더 큰 반면 우유처럼 유통기한이 있는 제품은 가격이 싸졌다고 해서 덮어 놓고 구매할 수는 없기에 가격 탄력성이 작은 편이다. 콜라처럼 가격을 낮춰 매출을 많이 늘릴 수 있는 아이템이라도 가격 할인을 지나치게 자주 활용하면 곤란하다. 보통 충성고객(loyal customer)이라 함은 가격을 깎아 주지 않아도 특정 브랜드를 좋아해서 구입하는 사람들을 말한다. 그런데 코카콜라 애호가들이 정기적인 가격할인 행사를 예측한다면 그들은 브랜드 충성도가 높음에도 불구하고 가격할인 행사 때까지 기다렸다가 싼 가격에 대량 구입해 장기간 소비함으로써 비용을 줄이고 효용을 극대화할 것이다. 이는 코카콜라의 충성고객을 가격에 민감한 고객으로 만드는 결과를 낳게 되고 결국 수익성의 장기적 저하로 이어지게 된다.

소비자도 결국 사람이기 때문에 가격을 어떻게 인지하는지, 즉 가격에 대한 심리적 반응이 중요하다. 예컨대 1만 원짜리 제품을 9900원에 팔게 되면 회사가 얻는 단위당 이익은 100원 감소하지만, 소비자가 느끼는 비용 절감 내지 가치 증가는 100원 이상이 돼 재무성과 증대로 이어질 가능성이 크다. 이를 '9로 끝나는 가격(9-ending pricing) 정책' 이라고 부른다. 보험사의 경우 1년치 자동차 보험료가 70만 원이라고 하는 것보다 '하루에 2000원으로 당신의 자동차를 보호해 드립니다' 라고 비용을 잘게 쪼개 말하는 것이 소비자 입장에서는 훨씬 저렴하게 느껴진다.

'싼 게 비지떡'이라는 말처럼 가격은 품질에 대한 신호효과(signaling

effect)를 지닌다. '할증가격(premium pricing)' 정책은 샤넬이나 롤렉스처럼 고가 전략을 유지하는 것이며, 제품의 탁월한 품질 및 명성에 대한 신호를 전달하기 위함이다. LG전자가 최근 1000만 원이 넘는 시그니처 올레드 TV를 출시한 것은 프리미엄 가전 브랜드 이미지 구축을 위한 노력의 일환으로 볼 수 있다. 비싼 가격은 제품의 희소성을 높여 주는 역할도 하기 때문에 소비자의 자기 만족 내지 사회적 지위를 과시하려는 욕구 충족에 효과적이다. 한편 약이나 화장품처럼 건강 또는 미용에 직결돼 소비자가 느끼는 리스크가 크면 상대적으로 비싼 가격을 책정해 소비자에게 안심하라는 메시지를 보내기도 한다. 반면 월마트는 '상시저가(everyday low price)' 정책으로 성공한 사례다. 저소득층 고객을 대상으로 중국 등지에서 저가 제품을 대량 수입하고 효율적 유통망을 통해 배송비를 절감해 경쟁사보다 매우 저렴한 가격에 많은 제품을 팔 수 있었다.

이처럼 가격은 소비자 반응과 기업의 재무성과에 직접적 영향을 미치는 중요한 전략변수이므로 신중하게 관리해야 한다. 따라서 제품 생산원가를 기준으로 가격을 매기기보다 고객이 느끼는 가치, 경쟁제품에 대비한 가격 경쟁력 등 시장의 관점에서 가격을 결정해야 한다. 한편 자원이 효율적으로 배분되는 건전한 시장경제 시스템을 위해서는 가격 왜곡을 막아야 한다. '김영란법'은 뇌물이나 인간관계에 의한 가격 왜곡을 방지하는 제도라 할 수 있다. 최근의 국정농단 역시 가격 메커니즘을 교란해 사회에 큰 손실을 끼친 사례다. 관련자는 법으로 엄단해서 합당한 비용을 치르게 하는 것이 시장경제 시스템의 안정과 기업 발전을 위해 필요하다.

아마존이 1년간 무료배송 서비스를 한 까닭

가격을 시간에 따라 변화시키는 경우도 있다. 예컨대 '초기 고가격' 정책은 출시 때 얼리 어답터를 대상으로 비싼 가격에 팔아 투자비를 최대한 회수하고, 시간의 경과에 따라 가격을 내리면서 시장을 넓혀 가는 방식이다. 노트북, 냉장고, TV 등 가전제품 카테고리에서 종종 볼 수 있다.

'시장침투 가격' 정책은 출시 때 가격을 낮게 책정한 뒤 어느 정도 시장점유율을 얻으면 가격을 올리는 방법이다. 하지만 가격을 올리면 기존 소비자의 저항에 부딪히기 때문에 실제 적용하기는 쉽지 않다. 한때 가입자가 1000만 명에 달하던 프리챌의 2002년 강제 유료화 시도는 대표적인 실패 사례다.

이에 반해 아마존은 미국에서 2일 안에 주문품을 무제한 무료 배송해 주는 '아마존 프라임' 서비스를 2004년 출시했다. 소비자는 처음 1년간 무료로 서비스를 경험한 뒤 79달러를 내고 프라임 서비스를 계속 사용하거나 아니면 주문 후 1~2주일을 기다려야 하는 공짜 배송 옵션을 선택한다. 이때 많은 고객이 빠른 배송의 가치를 인식하고 프라임 서비스를 선택했다. 프라임 서비스 이용자는 2013년 1000만 명으로 증가했는데, 더 놀라운 것은 이들이 다른 고객에 비해 2.4배 정도 구매를 많이 했다는 점이다. 배송을 기다리는 시간이 줄어들어 구매주기가 짧아진 이유도 있지만, 이미 지급한 79달러의 본전을 찾기 위해 크게 필요하지 않은 제품까지 사는 경향을 보였다. 재미있는 것은 유통망의 발달로 대부분의 제품이 2~3일 내에 배송 가능함에도 불구하고 프라임 서비스 비이용자들에겐 일부러 배송을 늦게 해준다는 점이다. 이처럼 서비스 품질의 정도를 달리하고 이에 따른 가격을 다르게 매기는 정책을 버저닝(versioning)이라고 부른다.

37

인수합병과 혁신 경쟁력

"기업 경쟁력 가로막는 '혁신의 덫'… M&A로 신성장동력 찾아야"

과도한 핵심사업 성과 집착으로 근본 목적의식 잃고 혁신 위축

첨단기술산업에서 인수합병은 기술변화에 효율적인 대응 기법
기업 지배구조 바꾸는 역할도

혁신 유도하고 경쟁력 높이려면
경영진과 투자자간 감시 · 견제 등 M&A 통한 지배구조 제어 중요

2016년 삼성전자는 세계 최대 오디오 및 전장(電裝·자동차용 전자장비) 기업인 미국 하만(Harman)을 80억 달러(약 9조 4000억 원)에 전격 인수했다. 이는 국내 업체의 해외기업 인수합병(M&A)으로는 역대 최대 규모라고 한다. 삼성전자의 하만 인수 사유와 금액의 적정성은 한동안 화제가 됐다. 처음에는 애플사의 비츠사 인수합병과 비슷한 오디오 및 전장사업 강화 측면에서 회자됐지만 곧 보다 큰 그림 아래 치밀하게 계획된 인수라는 분석이 제

기됐다. 즉, 자율주행 자동차 및 커넥티드카로 대변되는 미래 자동차시장의 주도권을 한발 앞서 확보하려는 포석이라는 설명이다. 실제 하만은 그룹 내 총매출의 65%가 전장분야에서 발생하고 있고, 프리미엄 인포테인먼트 시스템 시장 점유율 1위, 텔레매틱스 시장 점유율 2위에 자리해 있는 등 미래 자동차시스템의 한 축을 담당할 전장부문의 잠재력이 풍부하다. 이런 분석들이 등장하자 인수금액이 너무 과다하지 않으냐는 비판은 조용히 사그라졌다.

삼성전자의 하만 인수는 '역삼각합병(reverse triangular merger)'이라는 다소 생소한 방식으로 진행돼 관심을 모았다. 역삼각합병이란 피인수기업이 되레 인수기업의 자회사를 흡수합병해 인수기업의 자회사로 자연스레 편입되는 방식이다. 삼성전자가 역삼각합병 기법을 활용한 이유는 첫째, 기존 하만 주주들의 반발을 무마하기 위해서다. 하만이 삼성전자 자회사를 흡수합병하면서 자회사 주식이 하만의 주식으로 바뀌고, 하만은 삼성전자 자회사로 바뀌게 되는데, 이 과정에서 하만의 기존 주주권이 소멸되고 대신 합병 대가를 받을 권리로 전환된다. 둘째, 역삼각합병을 통해 하만의 고객 및 사업영역을 그대로 보존하게 된다. 역삼각합병하에서는 피인수기업의 정관과 내부 규정이 그대로 유지돼 피인수기업의 고객사들이 계약해지를 요구할 근거가 없다. 또 피인수기업의 기존 사업권, 상표권 등도 지배구조 변화에 영향을 받지 않는다고 한다. 실제로 라이벌사인 LG전자의 스마트폰에 공급되는 하만의 오디오 기술은 삼성전자 인수 후에도 그대로 제공된다.

근본적으로 첨단기술산업에서 인수합병은 빠르게 발전하는 기술변화에 가장 효율적으로 대응하는 기법 중 하나다. 인공지능(AI) 분야의 경우 구글의 딥마인드, 애플의 시리, 삼성전자의 비브랩스 인수 등의 사례를 보면 인수합병을 통한 혁신기술의 수용은 대세로 자리 잡은 모양새다. 특히 시리의 핵심 개발자들이 설립한 비브랩스를 애플의 라이벌인 삼성전자가 인수한 점은 아이러니컬하기도 하고 '혁신기술의 범용화(commoditization)' 현상으로도 해석이 가능해 보인다.

이처럼 인수합병은 기업의 지배구조를 근본적으로 바꾸는 경영 기법이다. 이런 기업 지배구조의 변화는 기업의 혁신노력과 기업 성과에 어떤 영향을 미칠까? 줄리안 아타나소브라는 학자의 연구에 따르면 몇 가지 결과가 밝혀졌다. 첫째, 인수합병이 줄어들면 혁신이 감소한다. 둘째, 원래 지배구조에 대한 감시와 관리가 덜한 기업들에서 혁신 감소가 더 심하다. 셋째, 혁신 감소는 결국 기업가치 하락으로 이어지는 경우가 많다. 요약하면 적대적 인수합병은 혁신을 자극하고 결국 기업가치에 큰 영향을 미친다고 할 수 있다.

당연한 결과처럼 보이지만 이 연구는 경제구조 선진화가 시급한 우리에게 시사하는 바가 크다. 첫째, 혁신을 장려하기 위해서는 인수합병을 포함한 기업의 지배구조 개선 노력이 필요하다는 것이다. 기업의 핵심역량 강화에 필요한 인수합병 등을 속도감 있고 정교하게 진행해 글로벌 경쟁력 확보의 기회를 적시에 잡는 것이 중요하다. 둘째, 인수합병 같은 시장 메커니즘으로 지배구조를 제어할 수 있는 여러 제도를 도입하거나 정비해야 한다는 것이다. 그래야 경영자들이 자신의 커리어와 경영권에 대한 위험요인을 인지하고 혁신 노력에 힘을 쏟을 것이다. 셋째, 투자사들, 예를 들어 연금이나 자산운용사들이 경영진에 대한 감시를 충실히 수행해 혁신을 유도해야 한다는 점이다. 넷째, 지배주주들이 경영진을 감시하고 견제하는 역할을 잘해야 한다는 것이다. 투자사 및 지배주주들의 지배구조에 대한 관심과 의결권 행사가 가치중심적으로 또 시장 원리에 근거해 이뤄져야 하는 점은 깊게 생각해 볼 부분이다.

모바일, 융합시대가 번성하며 '혁신의 덫'이란 용어가 화두가 된 적이 있었다. 혁신이란 용어에 과도하게 집착한 나머지 왜 혁신이 필요한지에 대한 근본 목적의식을 잃어버리는 현상을 의미한다. 리사 발리칸가스와 마이클 지베르트 교수는 혁신의 덫을 '퍼포먼스의 덫'(performance trap·핵심사업 성과에 취해 중요 기회를 놓치는 것), '커미트먼트의 덫'(commitment trap·지나치게 신중하거나 공격적이어서 혁신을 실현하지 못하는 것), '비즈니스 모델의 덫'(business model trap·성과가 좋은 기존 혁신모델에 매달리는 것) 등 세 가지로 구분하고 이를 극복하는 방법으로 소위 '경계설정전략'을 제시했다. 많은 글로벌 일류기업은 다양한 노력을 통해 혁신의 덫을 성공적으로 극복해 왔다. 썬마이크로시스템즈는 오픈소스 기술을 등한시하지 않아 퍼포먼스의 덫을 피했고, 석유회사 쉘은 게임체인저라는 자체 프로그램을 통해 핵심사업과의 관련성을 기준으로 실행할 혁신활동의 경계를 정해 커미트먼트의 덫을 피할 수 있었다.

한동안 우리 기업들은 혁신의 결과물에 치중한 나머지 이런 혁신의 덫에 걸리는 모습을 보였다. 최근 우리 기업들이 보여준 다양한 혁신사례, 특히 인수합병을 활용한 사례들은 혁신의 덫에서 일정 부분 벗어나 혁신의 목적에 대한 이해 속에서 선제적이고 실용적인 면을 부각시키는 모습을 보여준다. 인공지능, 사물인터넷(IoT) 등이 주된 패러다임으로 등장하는 시기에 퍼포먼스의 덫에 걸리지 않고 근본기술 개발에 주력하면서 핵심기술기업을 인수합병하는 등의 유연한 대응 모습을 보여주며, 이 과정에서 역삼각합병과 같은 시장 반응을 고려한 합병기법을 활용하는 모습도 혁신의 덫에서 일정 부분 벗어나는 모습을 보여주는 것이라고 하겠다. 또 반도체, 전자 등에 강점을 보이는 기업은 이와 연관된 자동차 전장과 관련된 사업으로 영역을 한정 짓는 등 경계설정전략도 명확히 해 혁신의 덫을 미리 차단하는 모습도 보인다.

기업지배구조의 변화 가능성 자체만으로도 혁신 노력을 증진할 수 있다는 아타나소브의 연구결과는 혁신에 목말라 있는 우리 경제에 시사하는 바가 크다. 경영진도 뭔가 개인의 커리어에 위협이 되는 요인이 있어야 근본적인 변화를 고민하게 된다는, 어찌 보면 당연한 현상을 되짚어 보게 해주는 것이다. 물론 이런 채찍뿐 아니라 지금 잘 활용되고 있는 당근들, 즉 연봉이나 승진을 혁신 성과와 연동시키는 여러 도구와 함께 활용하면 경제를 자극해 새로운 성장동력을 발굴하는 데 더욱 효과적일 것이다. 한동안 혁신 열풍에 매몰돼 혁신의 덫에 노출돼 있던 우리 기업들에도 인수합병은 하나의 효율적인 대안이 될 수 있다.

혁신의 덫에서 벗어난 기업

2000년대 초반 매우 뛰어난 실적을 올리고 있던 미국의 특수 가스 공급업체 에어 프로덕츠(Air Products)는 퍼포먼스의 덫에 빠지지 않기 위해 새로운 성장 전략을 수립하면서 "기존 상품의 경쟁력에 기반해 새로운 성장 전략을 수립한다"는 원칙을 자신들만의 경계설정전략으로 삼았다.

에어 프로덕츠는 이런 경계설정전략 덕분에 무턱대고 새로운 기술과 새로운 분야에 뛰어들어 성장의 기회를 잡으려는 무모한 도전을 스스로 피하며 내실을 다질 수 있었다.

독일 지멘스는 전 세계 100여 개 사업장의 연구개발(R&D) 시설들과 중앙연구부서를 결합하려고 노력함으로써 비즈니스 모델에 대한 근시안적인 태도를 버리려 했고, 그 결과 혁신의 덫을 벗어날 수 있었다.

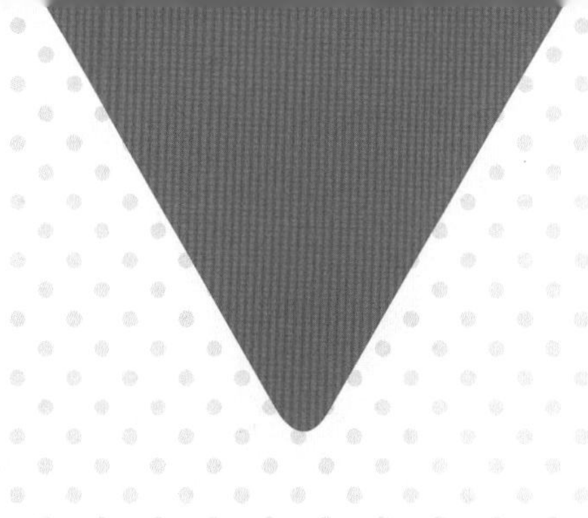

04

혁신의 급물살에 경영자가 놓치지 말아야 할 것

(1)

지속적 개선

38

혁신과 개선

미국식 혁신 놀래킨 일본 '가이젠', 혁신 패러다임 바꿨다

스타 중심… 미국식 '큰 혁신'
창의적 소수의 도약적 아이디어 구현… 신제품 개발, 신산업 개척에 강점

티끌 모아 태산… 일본식 '작은 개선'
구성원의 팀플레이 통한 점진적 수정… 첨단산업보다 전통산업에 강해
한국은 '오너십' 덕분 혁신도약 가능

농업기술의 발전으로 1만여 년 전에 농경시대가 열린 후 인류의 혁신은 느리게 진행됐다. 제임스 와트가 증기기관을 발명하면서 촉발된 산업혁명은 기계의 발명과 같은 혁신을 활성화시키기 시작했다. 산업혁명과 함께 영국의 산업력은 세계를 주도했다.

20세기는 미국이 혁신을 주도하며 '미국의 시대'를 열었다. 프레드릭 테일러의 과학적 관리법에 따른 공장관리의 합리성 등장, 포드의 대량생산 시스템에 따라 본격적으로 생산성이 향상된 '생산혁신', 에디슨 등 많은 발명가의 발명품에 의한 '제품혁신'은 미국이 세계의 혁신을 주도하는 힘이었다. 이후 미국적인 것은 그것이 상품이든, 경영방식이든 세계의 표준이 됐다.

그러던 미국이 1980년대에 들어서면서 강력한 경쟁력을 지닌 일본 제품의 등장으로 충격에 빠졌다. 일본산 자동차와 가전제품이 미국산보다 더 싸면서도 품질은 더 좋다는 인정하기 힘든 사실에 직면하게 된 것이다. 사실 2차 세계대전 이후 열린 글로벌 무역시장에서 저품질·저가격의 3류 상품이었던 일본 제품은 1960년대에 중품질·중가격이 된 뒤 1970년대 후반 세계 최고 수준에 올랐다. 이를 깨닫지 못하다가 제2차 오일쇼크로 자동차 연비를 중시하는 시대가 되다 보니 어느 날 갑자기 일본 제품의 품질 경쟁력을 알게 된 것이다.

미국 NBC TV는 1980년 6월 '일본이 할 수 있다면, 왜 우리라고 못하겠느냐'는 프로그램을 방영했고, 이후 미국 학계와 산업계는 일본 제품의 경쟁력 비결이 무엇인지 탐구하기 시작했다. 품질관리 분임조와 제안제도 및 전사적 품질관리(TQC)와 적기공급시스템(JIT: just in time) 같은 혁신제도, 종신고용제나 연공서열제 같은 직원의 충성심을 높이는 일본식 인사제도 같은 것들이 논의됐다. 그중 일부는 미국 기업에 도입됐지만 기대만큼 큰 성과를 내지는 못했다.

그러다가 일본 제품 경쟁력 향상의 핵심은 '가이젠(개선의 일본식 발음)'이란 일본식 혁신 방식에 있음이 최종적으로 알려졌다. 가이젠의 특징은 다수가 참여하는 지속적·점진적 혁신이다. 미국 기업과 미국인이 생각하는 혁신은 '획기적인 혁신(innovation)'이다. 반면 일본 기업이 선호하는 방식은 개선(改善)이라고 부르는 '작은 혁신(improvement)'이다. 미국은 도약적 혁신을 이뤄 내는 주체가 경영자나 탁월한 엔지니어 등 창의적 소수인 데 비해 일본은 현장 생산직을 포함한 평범한 다수가 개선에 참여해 지속적으로 아이디어를 내놓았다. 이를 구분해 미국식 큰 혁신은 '혁신', 일본식 작은 혁신은 '개선'이라 부르기도 하는데, 이 일본식 작은 개선을 오늘날에는 세계적으로 '가이젠' 또는 '지속적 개선(CI·continuous improvement)'이라 부른다. 즉 미국은 소수의 토끼가, 일본은 다수의 거북이가 혁신을 주도한다고 볼 수 있다. 운동경기에 비유하자면 소수의 스타가 중심인 팀과, 팀 플레이가 중심인 팀과의 경기에 비유할 수 있을 것이다.

그러나 그게 다는 아니다. 기업 간 경쟁이란 결국 혁신력의 경쟁인데, 일본 기업의 혁신 스타일이 혁신총량에서 우위에 있을 수밖에 없다. 지금은 유수의 글로벌 기업들이 일본식 혁신을 채택하고 있다. 미국 기업들이 일본식 혁신의 특징인 다수가 참여하는 지속적 개선을 제도화하려다 보니 일본식 혁신의 대표격인 TQC에 그것이 가장 잘 담겨 있다는 것을 이해하고, 전사적 품질경영(TQM)이란 형태로 도입했다. 이 모델은 미국에서 1987년 말콤 볼드리지 국가품질상이 제정되면서 산업계에 확산됐으며, 오늘날 세계적으로 100개 정도의 국가에서 채택한 글로벌 경영모델의 표준으로 자리 잡고 있다. 즉, 조직의 혁신력을 극대화하기 위한 최선의 혁신 방식은 각자 위치에서 스타는 큰 혁신을 주도하고, 평범한 사람들은 작은 개선을 하는 역할을 맡아야 한다는 것이다.

S&P 500대 기업을 대상으로 한 매사추세츠공대(MIT)의 기업혁신 조사연구에 따르면 '개선이 80~90%, 혁신이 10~15% 정도 비율이 되는 것이 적당하다'고 답했다고 한다. 지금은 세계적으로 대다수 기업이 혁신과 개선을 동시에 중시하며 혁신경쟁을 벌이고 있다. 그럼에도 불구하고 기업의 혁신시스템은 국가의 문화 및 인재양성체계와 같은 혁신 인프라가 연결돼 있기 때문에 국가별로 그 강약점이 다르다. 다양한 인종적 구성의 기반 위에 창

의적 교육을 중시하고, 개인의 개성을 중시하며, 대학의 연구 경쟁력이 세계 최강인 미국은 혁신에 강한 면모를 보이고 있다. 일본과 한국은 주입식 교육에 중점을 두고 개성보다는 중용과 화합을 중시하며, 수월성 교육보다는 대중교육이 강해서 상대적으로 혁신에 약하고 대중의 역량에 의존하는 개선에 강한 편이다.

기술적 혁신에 강한 국가는 신제품 개발이나 새로운 산업의 개척에 강한 면모를 보인다. 개선에 강한 국가는 상대적으로 전통산업에서 강점을 보인다. 미국이 첨단산업에 강한 것은 혁신이 강하기 때문이고, 한국이나 일본이 첨단산업과 벤처기업에 약하고 상대적으로 전통산업에 강한 것은 혁신이 약하고 개선에 강하기 때문이다.

일본과 한국은 대체로 개선이 강하지만 경영혁신 측면에서 한국은 오너 체제의 강점으로 인해 혁신력이 강한 면모를 보인다. 삼성전자가 일본의 전자산업을 추월한 것은 일본이 64메가 메모리 반도체를 먼저 개발해 놓고도 시장이 불확실하다며 투자를 미루는 사이에 후발주자인 삼성전자가 과감하게 투자를 하고, 최고경영자(CEO)가 아날로그에서 디지털화로 먼저 전략적 방향을 제시한 것이 계기가 됐다. 전문경영인 체제인 일본은 과감한 투자라는 혁신적 의사결정이 어려운 반면 오너 체제인 한국은 경영자 주도의 위험감수적 경영혁신이 가능했기 때문이다. 한국 근로자의 개선력과 경영자의 혁신력이 결합해 일본의 개선력을 추월한 대표적인 사례라고 할 수 있다. 현대의 자동차 대량 생산공장 투자 결정, 조선산업 진출 등 한국의 기업 발전사에는 이런 경영자 주도의 혁신 사례가 풍부함을 볼 수 있다.

한국 기업은 세계적으로도 인정받는 우수한 엔지니어를 중심으로 근로자의 개선력이 강한 편이고 오너 경영자의 혁신 의지도 있다. 과제는 기술 측면에서 획기적인 상품을 개발해 산업을 선도하는 기술적 혁신력을 확보하는 것이라고 할 수 있다. 이를 위해서는 국가 교육시스템, 대학의 연구 경쟁력, 기업 인사시스템 등 여러 측면에서 혁신을 격려하는 인프라 구축이 필요하다. 삼성이 여러 해 전부터 혁신을 주도할 '천재경영'을 제창했지만 아직 천재나, 새로운 산업을 이끌어 갈 벤처기업이 별로 눈에 띄지 않는 게 사실이다. 정부가 추진하는 '창조경제'는 혁신을 주도할 인프라를 구축하는 데 초점을 맞춰야 할 것이다.

39

기업발전의 두 축, 혁신과 공유

지식경영 핵심은 혁신의 축적과 공유… '확실한 보상'이 원동력

장인 우대하는 일본
기술 명맥 잇는 것에 자부심 갖고
후대에 아낌없이 전수하는 전통
일본 기업 혁신 상징인 '가이젠' 뿌리

장인이 사라진 한국
기술을 홀대하고 전수하는 데 인색
자랑스러운 전통 문화 명맥 잇지 못해

동물들은 예나 지금이나 그대로 정체 상태인데 왜 인간은 발전하고 있을까. 국가 간 발전의 속도 차이는 어디서 비롯되는 것일까. 이는 과거보다 새로워지는 것을 의미하는 혁신을 누가 더 잘하느냐, 이미 혁신된 것을 누가 더 잘 계승해 후대가 그 바탕 위에서 새로운 혁신을 더하느냐에 달려 있다고 할 수 있다. 이런 원리는 오늘날의 기업경영에도 그대로 적용된다.

과거 한반도에는 신라시대의 첨성대, 고려시대의 세계 최초 금속활자와 화려한 고려청자, 조선시대 장영실의 여러 발명품이나 거북선 등 세계적인 혁신의 결과물들이 많았다. 그러나 우리 조상들은 그것을 발전시켜 세계에 자랑할 만한 결과물들을 만들어 내지 못했다. 오죽했으면 국민교육헌장에 '조상의 빛난 얼을 오늘에 되살리자'라는 말을 넣었을까 하는 생각까지 든다.

혁신과 혁신결과의 공유라는 측면에서 이웃 일본과 한국을 비교해 보자. 최근 DNA 검사를 통해 일본인은 BC 4세기께 한반도에서 건너간 사람들의 후손이라는 것이 밝혀졌다. 두 나라 국민은 기본적으로 두뇌 수준이나 문화가 비슷한 상태였을 것으로 유추할 수 있다. 혁신은 기본적으로 인구가 많은 지역이나, 많은 사람이 교류하는 지역이 유리하다. 그런 관점에서 볼 때 섬나라인 일본은 지정학적으로 문명의 오지에 속한다. 인구가 충분히 많은 것도 아니고 교류가 빈번한 지역도 아니었다. 그러다 보니 일본에는 스스로 새로운 것을 창조했다기보다 중국이나 한반도에서 건너간 문물이 많다.

그러나 일본은 남의 것을 계승, 발전시켜 꽃피운 자랑거리가 많다. 포르투갈 상인에게서 조총 몇 자루를 얻은 지 얼마되지 않아 임진왜란을 일으켰을 때 이미 세계 최대의 조총 보유국이 돼 있었다. 임진왜란을 '도자기 전쟁'이라고 부를 정도로 조선의 도자기를 탐내서 도공들을 납치해 갔던 그들은 근세에 세계적인 도자기 강국임을 뽐냈다.

정원이나 차문화는 일본 문화를 대표하는 자랑거리 중 하나다. 백제 기술의 도움을 받았다고 하는 일본 나라지역 동대사의 청동불상은 당시 세계 최대 규모를 자랑했다. 무술에서도 일본은 세계적 강국이다. 중국 당나라에서 전래됐다고 해서 당수(唐手)라고 부르는 가라테(당수의 일본식 발음)를 포함, 오늘날 종합격투기 선수라면 누구나 배워야 할 기본기 주짓수(유술)도 일본산이다. 일본 해적인 왜구들의 검도 솜씨는 동양무술의 고향 명나라 군사들을 벌벌 떨게 만들 정도였다. 이에 대응해 척계광이란 명나라 장수는 공격용 무기인 창을 개조, 원거리 방어용 무기인 삼지창을 고안했다. 이 삼지창은 조선시대 포졸들이 가장 많이 들고 다니는 무기가 됐다.

조선의 경우는 어떠했을까. 멸악산 근처에 화선지를 잘 만드는 마을이 있었다. 중국 사신도 그 마을의 화선지를 선물하면 매우 기뻐했을 정도였다고 한다. 오늘날에는 명품을 만들면 크게 성공해 돈을 많이 버는 것이 당연하다. 당시에는 그렇지 못했다. 명품은 진상품이 됐고, 명품의 수요가 늘수록 세금은 늘어갔다. 견디다 못한 마을 사람들은 야반도주를 해 뿔뿔이 흩어졌다. 근처 절에서 기술을 가르쳤던 스님은 마을을 떠나기 싫다며 두 팔을 잘라버려 이 마을에서 화선지 만드는 기술의 명맥이 끊겼다고 한다.

대학 등록금은 예나 지금이나 학부모에게 큰 부담이다. 대부분 소를 팔아 등록금을 마련하다 보니 대학을 우골탑이라고도 했다. 해방 이후 제주에서는 귤나무 한 그루만 있으면 자식에게 대학 교육을 가르친다고 했다. 제주의 귤나무는 조선시대에도 있었다. 그러나 귤도 귀한 과일이라 진상품이 되면서 귤나무를 키우는 제주도민의 원성이 자자하게 됐다. 그러나 진상품인 귤을 내놓지 못하면 역적이 되니 귤나무를 안 키울 수도 없었다. 결국 제주도민들이 독풀에서 채취한 독즙을 귤나무에 조금씩 발라 고사하게 만드는 일도 있었다고 한다.

또 다른 에피소드는 짚신에 관한 것이다. 짚신을 남보다 부드럽고 질기게 잘 만드는 짚신명인이 있었는데, 아들에게도 그 비결을 가르쳐 주지 않았다. 임종 직전에야 가르쳐 줄 마음이 생겼는지 입을 열었는데 미처 다 말하지 못하고 숨이 끊겼다고 한다.

앞의 두 에피소드는 물건을 잘 만들면 고생이 많아지는 '역보상 시스템'의 문제다. 미인박명이나 '무재주가 상팔자'라는 우리 속담은 이런 현실을 말해 준다. 세 번째 에피소드는 아들조차 경쟁자로 여기고 자신의 노하우를 안 알려 주려고 한 방어적 태도에 관한 것이다. 명품을 만들기 위해 노력해야 할 동기가 없고, 좋은 기술을 가지고 있어도 그것을 후대에 전수하지 않은 것이다. 이런 사회적 시스템하에서는 문물이 발달할 수 없고 명품이 꽃피울 리 없다.

일본식 혁신인 '가이젠(改善)'의 뿌리에는 사회적으로 혁신을 격려하는 강력한 보상시스템이 있다. 일본에서는 최고의 명품을 만드는 사람은 상당한 부와 명예를 누린다. 이는 일본 산업경쟁력의 원천인 '장인정신'을 키우는 모태가 됐다. 일본의 문물 발전을 촉진한 또 한 가지는 '직업가문제도'다. 한국은 혈통 중심의 가문제도가 매우 강하다. 족보가 세계 최고로 발달한 까닭이다. 일본은 직업에도 가문제도가 존재해 당대에 갈고 닦은 기술을 제자에게 아낌없이 전수하는 전통이 있다. 제자가 성공해야 자신의 가문이 빛나고, 죽어서도 그 기술을 물려준 자신의 이름이 빛나기 때문이다. 제자는 경쟁자가 아니라 자기실현을 위한 나의 분신인 것이다.

조선 사회에는 혁신을 좌절시키는 역보상시스템과 잠재적 경쟁자인 후대를 안 키우는 시스템이 그나마 간헐적으로 나타났던 발명과 혁신을 스러지게 만들었다. 일본에서는 혁신을 격려하는 보상 시스템과 기술 계승을 유인하는 제도가 발전을 뒷받침했다. 결국 사람의 차이가 아니라 사회적 시스템의 차이가 문물 발전의 차이를 만든 것이다.

이런 혁신과 혁신결과의 공유란 발전의 원리는 오늘날의 기업에도 그대로 적용된다. 기업의 혁신 여부는 결국 인센티브의 차이임을 알 수 있다. 구성원이 혁신과 변화를 기피한다면 안 하는 것이 이롭기 때문이며, 역으로 열심히 한다면 또한 그것이 이롭기 때문이다. 후임자에게 자신의 노하우를 알려 주지 않으려고 한다면 그래야 자신의 존재가치를 인정받을 수 있어 이롭기 때문이다. 이는 한국의 기업 조직에서 목격되는 매우 흔한 현상이다.

오늘날 지식경영이라고 불리는 경영기법의 핵심은 개인이 혁신한 지식을 표준화해 조직의 지식으로 축적함으로써 다른 구성원이 공유할 수 있도록 하는 것이다. 공유된 지식을 바탕으로 또 다른 혁신을 쌓아가는 것이다. 혁신을 위한 멍석이라고 할 수 있는 다양한 혁신시스템과 혁신기법, 이것을 격려하는 보상 시스템, 혁신 노하우의 공유를 격려하는 지식경영 시스템의 올바른 설계는 기업 발전의 핵심이다. 이런 조직을 우리는 끊임없이 조직의 역량을 키워 가는 학습조직이라 부른다.

청기와주의

조선 말에 방문한 외국인이 고국에 돌아가 조선에 대해 쓴 신문 사설 중 '청기와주의(Blue Tilism)'란 제목의 글이 있다고 한다.

그가 보니 예전엔 고색창연한 청기와로 지붕을 덮은 집이 많았는데 최근에는 그렇게 짓는 집들이 안 보이는 것이 이상했다는 것이다. 세상은 과거보다 현재가, 현재보다 미래가 더 나아지는 식으로 나날이 발전하는 것이 정상이다. 그런데 조선에서는 옛날의 그 멋진 청기와를 굽는 기술이 사라지고 한참 뒤떨어진 듯한 검은 기와를 얹은 집밖에 볼 수 없으니 시간이 거꾸로 가는 이해하기 힘든 나라라는 뜻이었다.

명품을 만들면 오히려 손해를 보는 '역보상 구조'라는 잘못된 사회적 인센티브 시스템이 조선의 발전을 가로막았다는 해석이 가능하다. 오늘날 남북한의 발전 차이에서 이를 확인할 수 있다.

기업 발전의 핵심은 혁신이 활발하게 일어나게 하는 것이고, 혁신의 노하우가 혁신 당사자의 지식으로만 머물다 이직이나 순환근무로 사라지게 하는 것이 아니라 조직의 지식으로 공유·계승하게 하는 것이다. 혁신이 자동차의 앞바퀴라면 공유는 뒷바퀴라고 볼 수 있다. 이것은 구성원의 역량이나 태도의 문제가 아니라 결국은 경영자가 설계하는 시스템의 문제라는 것을 일깨워 준다.

40

혁신의 기본 도구 '경영품질모델'

품질관리에서 '전사적 카이젠'으로… 구미(歐美) 추월한 일본기업의 비결

일본식 혁신의 대명사 TQC
처음엔 불량품 걸러내는 품질검사
공정 개선 · 전사적 품질관리로 진화
현장작업자 분임조가 주요 역할

1980년대부터 구미(歐美)기업도 도입
위로부터의 간헐적 개선 아니라
아래로부터의 지속적인 혁신
빠른 추종자의 선두 도약 이끌어

기업의 혁신은 크게 기술혁신과 경영혁신으로 나뉜다. 기술혁신은 신제품 개발이나 기존 제품 개량을 의미하는 제품혁신과 더욱 발전한 생산방법 도입을 통해 불량률 감소, 생산성 향상, 생산 사이클 단축 등을 추구하는 제조혁신으로 나눌 수 있다. 기술혁신은 그 내용이 단순한 데 비해 경

영혁신은 기술혁신을 제외한 모든 것이 대상이 될 수 있으므로 혁신 대상도 다양하고 적용할 수 있는 혁신 기법도 다양하다. 그만큼 어떤 목적으로 어떤 혁신 기법을 선택해야 하는지, 기업 상황에 맞춰 어디서부터 어떻게 시작해 얼마 동안 실행해야 하는지를 결정하기 쉽지 않다. 혁신 도구에 익숙하지 않은 기업이나 최고경영자(CEO)로서는 더욱 그렇다.

혁신 도구의 선택은 재수학원을 선택하는 것과 비슷하다. 학교에 다닐 때는 주어진 교과과정을 그대로 따라 하면 되지만 재수할 때는 집에서 혼자 공부해야 하는지, 학원에 다녀야 하는지, 전과목을 가르치는 종합반에 다녀야 하는지, 특정 과목만을 가르치는 단과반을 다녀야 하는지 선택해야 한다. 일반적이고 무난한 선택은 종합반에 등록해 꾸준히 전반적인 실력을 쌓아나가면서 특정한 과목의 강화가 필요할 때 한시적으로 단과반을 병행하는 것이다.

대부분 혁신 기법은 특정 경쟁우위 요소를 강화하거나, 특정한 과정 또는 특정한 투입 요소를 강화하거나, 특정한 툴을 사용하거나 하는 식으로 전문적으로 특화함으로써 단과반적인 성격을 지닌다. 혁신 기법 중에서 종합반적인 성격을 지니는 혁신 도구가 '경영품질모델'이다. 경영품질모델은 전 세계적으로 경제협력개발기구(OECD) 회원국의 대부분, 주요 20개국(G20) 대부분을 포함한 80여 개 국가에서 국가품질상(賞) 제도로 운영하고 있다.

경영품질모델은 2차 세계대전 이후 일본 기업의 낮은 경쟁력을 20여 년이란 짧은 기간 안에 세계를 압도하는 수준으로 끌어올린 일본식 경영혁신 방식의 대명사 TQC(total quality control·전사적 품질관리)로부터 시작된다. 2차 세계대전 이후 관세 및 무역에 관한 일반협정(GATT) 체제의 자유무역을 근간으로 하는 자본주의 진영에 편입된 일본은 미국이나 유럽에 비해 뒤떨어진 품질 때문에 수출에 애를 먹었다. 이에 일본의 점령군이던 맥아더 사령부는 미국에서 에드워드 데밍이나 조지프 주란 박사 같은 품질관리 전문가를 초청해 일본 기업을 대상으로 품질관리에 대한 강의 및 지도를 하도록 지원했다. 그들은 생산공정에서 잘못 만들어진 불량품을 공정의 최종 단계에서 품질검사를 통해 걸러내고 소비자에게 양질의 제품만을 공급하도록 함으로써 품질을 보증하는 방법을 가르쳤다. 이것을 '검사 중심의 품질관리'라고 하는데 대부분 구미 기업은 이런 방식으로 소비자에게 양질의 품질을 보증해 왔다.

얼마 지나지 않아 이런 방식에 익숙해진 일본 기업들은 검사를 통해 걸러진 불량품으로 인한 손실이 아깝다는 생각이 들었고, 자연스럽게 처음부터 우량품을 만들면 손실이 줄어들 것이라고 생각했다. 품질관리의 중심은 생산공정에서 처음부터 불량품을 만들지 않도록 하자는 '공정 중심의 품질관리'로 변화했다. 그들은 생산공정을 개선하는 활동을 하기 시작했으며, 이 과정에서 제안제도나 일본에서 생겨난 현장작업자에 따른 품질관리 분임조 활동은 공정 개선에 주요한 역할을 담당하게 됐다.

20세기에 들어서면서 근대 기업의 제조현장 직원들은 기계와 공정 및 작업 방법을 설계하는 대졸 엔지니어와 그들의 설계, 지시에 따라 단순 작업을 담당하는 고졸 이하의 현장작업자로 양분됐다. 이들은 화이트칼라와 블루칼라로 불리며 학력으로 구분되는 새로운 계급을 구성했다. 미국의 공장에서는 블루칼라가 공정 개선에 참여한다는 건 있을 수 없는 일이었으나, 일본의 공장에서는 블루칼라가 개선활동을 통해 공정을 개선함으로써 품질 향상과 생산성 향상에 기여하는 획기적인 사건이 벌어진 것이다.

공정 개선을 통해 제조단계의 불량률을 줄이는 데 상당한 성과를 거둔 일본 기업들은, 불량률이 낮다는 것은 소비자에게 사랑받기 위한 하나의 조건에 불과하다는 것을 자각하게 됐다. 즉, 소비자에게 좋은 품질로 사랑받기 위해서는 마케팅 부서가 소비자 니즈를 경쟁자보다 앞서 찾아내고, 개발부서가 그에 맞는 제품을 개발하고 설계하는 데서 출발하는 것이 중요하다는 것을 깨달았다. 자연스럽게 일본 기업의 품질관리는 적극적으로 소비자 니즈를 찾아내 그에 맞는 제품을 개발한다는 '개발 중심의 품질관리'로 발전했다. 이런 방식의 품질관리를 마케팅, 개발, 생산, 구매, 애프터서비스 등 모든 품질 관련 부문이 참여한다고 해서 종합적 품질관리 또는 TQC라고 부르는데, 일본 기업들은 이것을 전사적 품질혁신 운동으로 전개했다.

전사적 혁신운동으로 전개하기 시작하자 기획, 인사, 재무·회계와 같이 품질과 직접적인 관계가 없는 지원부서는 소외됐다고 느끼게 됐다. 이에 품질이란 개념을, 제품 품질만을 의미하는 것이 아니라 모든 업무나 과정의 품질, 사람의 품질, 나아가서는 회사의 품질을 의미하는 총체적 품질인 TQ로 보고 모든 부서, 모든 계층, 모든 사람이 참여하자는 '전사적 품질관리' 운동인 CWQC(company-wide QC) 운동으로 확대했다. 이것을 어떤 사람들은 그대로 TQC로 부르기도 한다.

품질이란 개념은 경쟁력의 핵심인 품질이란 용어로 대표될 뿐이지 경쟁력 요소인 원가, 납기나 시간, 서비스 등이 모두 포함된 것이다. 따라서 이 단계에서 TQC는 경영을 잘하자는 것과 같은 개념이 되고, TQC는 경영의 품질을 올리자는 혁신운동이 된다. 단, TQC는 단순한 경영이 아니고 전 구성원이 참여하는 지속적 개선이란 '카이젠(改善)' 사상을 의미하는 경영혁신 스타일이라고 볼 수 있을 것이다. 이것은 근대적 구미 기업의 혁신 관행인 소수 엘리트가 주도하는 간헐적 혁신이라는 개념과 대비된다. 혁신 총량에서 소수의 참여보다는 다수의 참여가, 가끔 하는 것보다는 지속적으로 하는 것이 좋다는 것은 너무도 당연하며, 이것이 일본 기업들이 추종자에서 시작해 이른 시간 내에 구미 기업을 앞지른 비결이다.

1980년대 들어 구미 기업은 일본의 TQC를 TQM(total quality management)이라 부르며 도입하기 시작했고, 급기야는 정부 주도의 확산 필요성을 느낀 미국에서 맬컴 볼드리지 상무장관 주도로 1987년 '맬컴볼드리지 국가품질상'이 탄생해 오늘날 전 세계적인 경영품질 혁신 도구로 자리 잡았다.

혁신의 성과가 잘 나오지 않는 이유는…

한국은 1970년대 후반부터 정부 주도로 일본 전사적 품질관리운동(TQC)의 '데밍상'을 벤치마킹한 품질관리상 제도를 운용해 왔다. 1990년대에 들어서는 맬컴볼드리지 모델을 벤치마킹해 국가품질상 제도를 운용해 오고 있다. 이미 많은 국내 기업이 경영품질 모델을 도입했지만 기대만큼 성과를 거두지 못한 기업이 적지 않다. 그 이유는 무엇일까.

첫째, 혁신은 하느냐 안하느냐의 문제가 아니라 혁신속도의 경쟁이다. 다른 기업들도 혁신하고 있기 때문에 어떻게 더 잘하느냐가 문제다. 다른 기업에 비해 나은 성과를 내기가 쉽지 않다는 얘기다. 둘째, 전원이 참여하는 지속적 개선이라는 핵심 개념을 제도로 녹여내지 못하고 한시적 이벤트성으로 추진하고 있다. 이렇게 되면 개선 아이디어를 찾아내고 실행할 수 있는 직원들의 역량도 키워지지 않는다.

맬컴볼드리지 품질상에서는 이란 기업의 학습(지속적 개선) 수준을 100점 만점에 25점 이하 정도로 채점한다. 미국에서조차도 국가품질상에 응모한 기업 대다수가 20점대였다.

이 기준에서 본다면 국내에서 상을 받은 기업도 상당수가 20점대에 머물렀을 것으로 추정된다. 적어도 체계적이고 지속적인 개선시스템이 자리 잡고, 직원들의 개선 역량이 갖춰진 수준인 60점대 이상은 넘어서야 효과를 낼 수 있다. 혁신도구가 아무리 좋아도 제대로 쓰지 못한다면 효과가 작을 수밖에 없다는 것이 넘어야 할 혁신의 장애물이다.

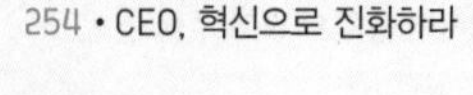

41

여전히 유효한 테일러의 과학적 관리법

'작업 표준시간' 정해 생산성 평가… 노사 모두 만족시켰다

100년 전 제강소의 '상생 실험'
노사 '객관적 하루 생산량' 결정
목표수준 맞춰 임금 차등 지급… '생산성 향상—임금 상승' 달성

기업 경영에 과학적 접근
"모든 일에는 더 나은 방법 있다"
계량적 경영목표 세워 성과보상… 미국 기업서 유럽 기업으로 전파

오늘날 한국 기업들은 공공기관의 성과연봉제 확대, 정년연장과 임금피크제 도입, 기업 간 임금 격차, 경직적 노동시장에 따른 비정규직 양산, 높은 임금에 따른 기업의 해외 이전 등 노동 및 임금 관련 문제에서 자유롭지 못하다. 100여 년 전 미국 기업들도 임금제도를 둘러싸고 노사 간 큰 갈등을 겪었는데 프레드릭 테일러가 주도해 이 문제를 해결하는 과정에서 기업의 생산성이 크게 향상됐으며 이를 계기로 오늘날의 경영학이 출발했다.

'과학적 관리법'의 창시자로서 경영학의 아버지로 불리는 테일러는 1856년에 태어나 22세 때인 1878년 미드베일 제강소에 입사했다. 19세기 말인 당시는 활발한 발명 활동과 함께 많은 기업이 생겨나 급성장하던 때여서 경영자들은 여러 관리상의 문제와 씨름해야 했다.

테일러가 속한 회사를 포함해 당시 가장 심각한 경영상의 문제는 성과급제를 둘러싼 노사 간 갈등이었고, 이에 따라 전국적으로 조직적 태업이 만연한 것이었다. 경영자들은 일한 시간에 따라 임금을 주는 시간급보다는 성과에 비례해 임금을 주는 성과급이 생산성을 높인다는 것을 알고 모두들 성과급제를 도입했다. 성과급제가 도입되면서 작업자들의 생산성이 대폭 향상됐고 결과적으로 작업자들은 더 높은 임금을 받았다.

예나 지금이나 임금을 결정하는 기준은 노동시장에서의 수요와 공급이다. 자기 회사 근로자들이 너무 많은 보수를 받는다고 생각한 경영자들은 과거 그들이 게을리 일하던 당시의 생산량을 기준으로 임률(賃率: 임금단가)을 책정한 게 실수라고 생각해 임률을 인하했다. 이에 대해 노동자들은 자신들이 열심히 일해서 생산성을 올리면 경영자들이 그 과실을 빼앗아 가는 구조인 성과급제는 노동을 착취하기 위한 나쁜 제도라고 생각하고 성과급제를 반대하는 조직적 태업을 벌인 것이다.

테일러는 노사 간 인식이 다르고 상대를 불신해서 발생하는 이 같은 문제를 해결하고자 했다. 그가 내린 결론은 노사 어느 쪽에서 봐도 공평하다고 인정할 수 있는 '객관적인 하루의 생산량(a fair day's work)'을 결정하는 것이었다. 서로가 납득할 수 있는 방법이라면 그것이 '과학'이라고 생각했다. 산업혁명 이래 수많은 과학적 발명과 발견이 세상을 바꾸고 있었고, 당시 과학은 지고의 신(神)이었다.

당시 제강소에는 삽으로 철광석을 공급하고 재를 치우는 작업이 많았다. 테일러는 작업자를 선발해 그들이 하루에 얼마나 일할 수 있는지에 대한 실험을 했다. 작업자들이 가지고 있는 삽의 크기와 모양이 제각각이었으며 일하는 방식도 서로 달라 작업량에도 편차가 컸다. 그는 어떤 상황에서 어떤 크기와 모양의 삽이 적합한지, 어떤 동작으로 일하는 것이 보다 효과적인지, 그런 기준으로 일했을 때 하루에 얼마나 일을 하는지 등을 연구했다. 이것은 오늘날에도 모든 작업장에서 가장 기초적인 경영자료인 작업조건의 표준화, 표준작업방법(작업표준) 및 표준시간의 설정과 같다. 그는 표준시간을 기초로 하루 목표를 설정하고 목표를 초과한 작업자에게는 높은 임률을, 미달한 작업자에게는 낮은 임률을 적용하는 신상필벌식 차별적 성과급제를 도입했다. 후에 이런 것들을 '과학적 관리법'이라 부르게 됐다.

결과적으로 테일러의 시도는 옳았다. 선철 운반 작업량은 1인당 하루 16t이었는데 59t으로 네 배 가까이 생산성이 향상된 것이다. 작업자의 하루 임금도 1.15달러에서 1.88달러로 1.6배가 됐으며, t당 노무비는 0.072달러에서 0.033달러로 절감됐다. 생산성 향상이란 파이를 키워 고(高)임금 – 저(低)노무비를 실천함으로써 테일러가 제창했듯이 노사가 윈윈하는 결과를 가져왔다.

테일러는 적재적소의 인재 배치란 원칙에 입각해 적성에 맞는 작업자를 대상으로 작업 목표인 표준을 설정했고, 목표 달성 여부에 따라 차별적 임률을 지급했는데, 이것들은 후에 전국 단위 노조의 저항을 불러일으켰다. 테일러는 적성에 안 맞는 사람은 적성에 맞는 일을 찾아서 해야 한다고 주장했지만 너무 가혹하다는 비판을 받았다. 미드베일 제강소는 3년 만에 종업원 수가 500명 안팎에서 140명으로 줄었는데 이것 또한 일자리 감소를 우려하는 전국 노조의 반발을 불러일으켰다.

노조 반발에도 불구하고 테일러의 과학적 관리법은 미국 전역으로 퍼져 미국 기업들의 생산력이 유럽을 앞서는 데 크게 기여했다. 후에 등장하는 포드자동차의 대량생산 시스템 도입과 함께 미국의 세기를 열어 나가는 데 결정적 공헌을 한 것이다. 테일러의 방법은 점차 유럽 다른 나라에도 확산돼 그가 오늘날 경영학의 아버지로 불리는 기반을 공고히 했다.

테일러의 과학적 관리법은 기업경영에 실험적 방법을 도입하고, 성과표준이라는 계량적 경영목표를 세웠으며, 목표달성을 위한 지휘·지도, 결과의 측정 평가 및 성과에 따른 보상이라는 관리 프로세스(plan-do-see) 개념을 확립했다. 테일러가 추구한 철학은 오늘날의 기업경영에도 여전히 유효하다. 지금도 모든 사업장의 기본계획은 테일러가 했던 표준시간, 표준방법에서 출발한다. 이런 자료로부터 사업장의 생산능력이 결정되고, 생산설비 간의 균형화를 추구할 수 있는 것이다. 오늘날에도 많은 현장의 개선은 테일러가 했던 방법을 이용해 현상을 재검토하고 더 나은 방법을 찾아내는 것이 기본이다. 이것이야말로 요즘 기업경영에서 말하는 '기본으로 돌아가라(back to the basic)'는 주문의 출발인 것이다.

테일러는 모든 기업의 경영에는 '참된 과학(true science)'적 접근이 필요하다고 주장했다. 또 모든 일에는 '더 나은 방법(better way)'이 존재한다고 주장했는데 이것은 오늘날 '지속적 개선'의 사상으로 이어진다고 볼 수 있다. 미국 기업들은 테일러와 포드 이후 생산현장 관리는 충분히 성숙됐다고 생각하고 소홀히 해 왔다. 그러나 거의 1세기 동안 세계를 선도해 왔던 미국 기업들은 1980년대 들어 일본 기업의 높은 경쟁력에 놀라 일본의 기업 현장을 방문했는데 그때 만난 게 '테일러 방식'이었다고 회고한다.

더 나은 방법을 찾아 끊임없이 과학적으로 연구하고 개선하자는 테일러의 철학은 기업이 존재하는 한 계속될 것이다. 또 노사가 협력해 기업의 파이를 키우면 노사가 윈윈한다는 그의 상생적 노사관계 철학은 영원히 성공하는 기업의 DNA로 유전되고 있다.

'양날의 칼' 성과주의

100여 년 전에 프레드릭 테일러가 해결하고자 한 성과기준을 둘러싼 노사갈등은 오늘날 한국 기업에도 존재하고 있다.

테일러가 그랬듯이 우리 여건에서 서로 납득할 수 있는 공정한 기준을 마련한다면 이런 소모적인 갈등은 줄어들 것이다.

최근 한국의 공공기관에서는 성과연봉제를 하위 직급으로 확산하는 문제를 놓고 노사 간에 진통을 겪고 있다. 여기서도 핵심은 서로가 납득할 수 있는 합리적 성과기준을 어떻게 도출하느냐일 것이다. 담당하는 업무에 적합한 성과지표의 도출과 합리적인 성과목표치의 결정이 핵심인데, 이를 위한 노력은 제도 확산 노력에 비해 충분해 보이지 않는다.

성과기준에 대한 적절한 기준을 마련하지 못할 경우 구성원들의 왜곡된 행동이 표출되는 경향이 있다. 자사 경차의 연비목표 달성 압박을 못 이겨 연비를 조작해 소비자를 속여온 사실이 드러난 일본 미쓰비시자동차가 닛산에 인수되는 사건이 발생했다. 이는 잘못 설계되고 운영되는 성과주의의 나쁜 사례다.

성과주의는 강력한 무기이지만 잘못하면 자신을 해칠 수도 있는 양날의 칼이라고 할 수 있다. 합리적인 성과 기준을 도출하기 위한 합리적 연구의 필요성은 100여 년 전이나 지금이나 다를 게 없다.

인재양성/인사관리

42

기계와 인간의 경쟁

정신노동까지 넘보는 AI… 중산층 일자리 위협해 부 양극화 '가속'

5년간 일자리 700만 개 사라진다
IT기술 발달로 노동 효율성 증가
자율주행차 상용화 땐 기사 일자리 잃고
회계사 · 승무원도 직업 안정성 위협

새 일자리에 대한 해법은
기계와 속도 경쟁은 의미 없어… 심리상담 등 창의적인 일 찾아야

18세기 1차 산업혁명 때 증기기관의 발달에 따라 기계화가 이루어지고, 19세기 말에서 20세기 초 2차 산업혁명 때 컨베이어 방식에 따른 생산시스템 혁신으로 생산성이 증대되고 육체 노동력의 대체가 일어날 때 기술적 실업(technological unemployment)이 발생했으며, 새로운 자본가 계층이 등장하는 등 사회적인 반향이 컸다.

2015년부터라고 할 수 있는 인공지능(AI)에 의한 4차 산업혁명의 파급효과와 충격은 이보다 더 클 것으로 보인다. 4차 산업혁명에서는 그동안 생각하지 못했던 정신적 노동, 논리적 사고가 필요한 노동까지도 기계가 대체할 수 있기 때문이다. 이와 같은 정신노동의 대체는 자본주의의 중심 계층이던 중산층의 일자리를 위협하고, 심각한 부(富)의 양극화를 초래할 가능성이 농후하다. 프랑스 경제학자 토마 피케티가 저서 『21세기 자본』에서 제시한 자본생산성 대비 노동생산성 저하 현상은, 다른 측면에서 보면 이 정보기술(IT)에 의한 정신노동 대체와 일자리 및 소득 감소에 기인한다고도 할 수 있을 것이다.

이렇듯 기계가 할 수 없을 것이라고 생각했던 노동의 대체는 이세돌 9단과 '알파고'의 바둑 대결 같은 단편적 이벤트를 지나 점차 전반적인 사회 현실로 다가오고 있다. 단순히 경기침체의 문제라고 생각하고 있는 금융계 고용 감소의 기저에도 IT에 의한 노동 효율성 증가 효과가 있을 것이다. 2020년대에 상용화될 것으로 예측되는 스마트 자동차의 무인운전 기술은 서울시에만 7만 명을 헤아리는 택시 운전사를 비롯한 많은 사람의 직업 안정성을 위협할 것이다. 2030년대에는 로봇이 가사도우미를 대체할 것으로 예측되는데, 이에 따라 저소득 여성의 대표 직업이라고 할 수 있는 가사도우미 노동의 대체도 예상할 수 있다. 회계사나 항공기 승무원 등도 20년 내 사라질 가능성이 높은 직업으로 꼽히고 있다. IT 혁명에 따른 노동인력 대체란 사회적 충격이 아직 실감하지 못하는 사이에 다가오고 있는 것이다.

2016년 세계경제포럼(다보스포럼)의 조사에 의하면 향후 5년간 전 세계 700만 개의 일자리가 사라지고, 20년 안에 기존 일자리 3개 중 1개가 없어지며, 현재 7세인 어린이의 65%는 지금은 없는 새로운 직업에 종사하게 될 것이라고 한다. 2013년 영국 옥스퍼드대 경제학과에서 실시한 조사와 일본의 유사 연구는 10~20년 안에 현재 직업 중 47~49%가 사라질 것으로 보고 있다.

AI 분야 전문가들에 따르면 손정의 일본 소프트뱅크 회장의 '페퍼 로봇'(사람의 감정을 읽고 상호작용하는 로봇)에 대한 도전이 실패로 끝날 것이라는 예상도 있다. 그러나 일본에서 이 로봇은 인기리에 판매되고 있다. 이 로봇을 체험한 또 다른 전문가들은 단편적 사례들에서 실패는 있을 수 있지만, 머지않은 시기에 이런 변화는 결국 현실화될 것으로 본다. 이런 변화는 심각한 사회적 고민이 되고 있다. 일자리 공급과 시장 수요 두 측면에서 해법을 모색해 볼 필요가 있다.

『기계와의 경쟁(Race against the Machine)』의 두 저자가 이야기하듯 새로운 일자리에 대한 해법은 기계와 경쟁해 그들보다 일을 더 잘하는 것이 아니라, 기계가 할 수 없는 일을 배우도록 하는 것이다. 저자들은 이를 '창의적으로 혁신하는 일'이라고 했고, 이것을 빨리 교육해 사람들이 변화하는 세상에 필요한 지식을 교육받도록 하는 것이 필요하다고 강조했다. 다른 말로 하자면, 인간만이 할 수 있는 일을 찾아야 한다는 것이다.

그럼 무엇이 창의적이고 혁신적인 일일까. 일에 대한 선호를 인간의 가치 관점에서 각각 산정하고 그 결과에 따라 어떤 일을 하고 어떤 일은 하지 않을 것인가를 결정해야 할 것이다. 과거 정형화된 단순 노동, 기계적인 논리로 판단하는 정신노동 수준까지가 기계가 현재 대체할 수 있는 일이라고 한다면, 철학적인 수준에서 무슨 일을 하는 것이 인간의 기준에서 더욱 가치가 있는지를 정하고, 장기적인 관점에서 선택하며 이에 따른 계획을 제시해야 할 것이다. 이외에 대체되기 힘들 것으로 보이는 심리 상담, 인간의 심리와 관련한 교육 등 감정과 관련한 일들을 더 발전시키고 가치를 높일 필요가 있다.

수요 측면에서 기계의 문제점을 보여주는 재미있는 사례가 있다. 자동차 회사 포드의 최고경영자(CEO) 헨리 포드 2세와 노조 대표 월터 루서는 로봇이 사람의 노동력을 대체하고 있는 것과 관련, "자동차노동조합 회비를 내게 하면 어떻겠는가"라는 의견에 대해 "그 로봇들이 당신이 만든 자동차를 사게 하면 어떻겠느냐"는 말을 주고받았다고 한다. 우리가 간과하고 있는 인공지능, 로봇 노동의 인력 대체 문제는 무엇을 할 수 있느냐 하는 노동의 공급 부분만이 아니라 수요 측면에도 있다.

자본가에게는 좋지만, 자본주의에 심각한 문제는 바로 인공지능, 로봇은 소비하지 않는다는 것이다. 소비가 없다면 생산한 물건을 과연 누구에게 팔 것인가 하는 문제가 남는다. 시장경제 시스템은 상품과 서비스의 공급과 함께 소비가 있어야만 유지된다. 그런데 생산에만 공헌하는 기계가 인간의 일자리를 대신할 때 그 일자리에서 만들어진 소득으로 소비하는 인간이 소득을 상실, 소비할 수 없게 된다는 것이 또 다른 문제일 것이다. 요즘 '불황이고 돈이 돌지 않는다'는 한국 경제의 문제점은 상당 부분 이런 문제에서 기인한다고 생각한다.

이에 대한 해결책으로 나오기 시작한 논의가 기본소득 개념이다. 최근 스위스에서 국민 1인당 월 300만 원 정도를 주는 기본 소득안이 국민투표에서 부결되기는 했지만, 이는 논의의 시작일 것이다. 핀란드 등 다른 나라에서도 100만 원 기본 소득안이 꾸준히 고려되고 있다는 점에서 결코 이상론자의 근거 없는 생각으로 치부할 내용은 아니다. 스위스에서는 부결됐듯이 모두가 이 같은 급격한 변화를 받아들일 수는 없겠지만, 분명 생각해 볼 만한 내용이다.

제레미 리프킨이 『한계비용 제로 사회(The Zero Marginal Cost Society)』에서 한계비용이 제로(0)가 될 때 일어나는 정체된 성장과 고용 창출에 대한 해법으로 공유경제 시스템을 제시했듯이 기본 소득과 같은 새로운 생각에 대한 새로운 사고의 해법이 필요할 것이다. 더 이상 노력하고 노동하지 않는 자에게 보상이 주어지면 안 된다는 과거의 논리만으로는 미래의 문제를 해결할 수 없을 것이다. 경영과 사회를 위한 새로운 시각이 필요한 시점이다.

기계와 공생은 먼 미래 아닌 현실

미국 매사추세츠공과대(MIT)의 에릭 브린욜프슨 교수와 앤드루 맥아피 교수는 2011년 공저 『기계와의 경쟁(Race against the Machine)』에서 기계와 일자리를 놓고 경쟁하는 인간에 대해 다뤘다.

저자들은 1975년부터 2010년대까지의 미국 통계자료를 제시하고 1인당 실질 국내총생산(GDP)이 80% 증가하는 동안 중산층의 실질 소득은 10% 늘어나는 데 그치고, 고용률은 하락한 추세를 보여줬다. 이에 따라 양극화가 심각해지고 있으며, 그 원인은 정보기술(IT) 발달에 따른 기계의 생산성 증가를 노동의 생산성 증가가 따라가지 못하고 있기 때문이라고 분석했다. 일자리 감소는 IT에 의한 인력 대체 현상에서 비롯된다는 설명이다. 1930년대 존 메이너드 케인스가 개념화한 '기술적 실업'이 지속적으로 진행된 결과라고 할 수 있다.

하지만 저자들은 이런 현상을 비관적인 시각으로 보지는 않는다. 인간은 단순노동에서 속도와 생산성이 월등한 기계에 일자리를 빼앗길 수밖에 없다. 따라서 창의성을 갖고 혁신을 주도하는 인간만이 할 수 있는 일을 찾아야 하며, 또 기계와 '함께'하는 것이 최선이라고 한다. 이를 위해 창의력을 발전시키는 혁신 교육에 집중 투자해야 한다고 주장한다.

43

창조적 혁신과 모방적 혁신

기업이 창의적 인재 양성 인프라 구축, 4차 산업혁명 주도해야

한국 기업의 발전단계
60~70년대 단순모방의 시대
80년대 모방형 혁신역량 갖춰
90년대 이후 일류 상품 도약

기업 '도약적 혁신' 과제
창의적 인재 충분치 않지만
명확한 메시지로 교육 혁신
정부, 교육 자율권 확대 필요

혁신(革新)은 새로워지는 것이다. 새로워지기 위한 아이디어를 남에게서 얻었는지 아니면 스스로 생각해 낸 것인지에 따라서 모방적 혁신과 창조적 혁신으로 나눌 수 있다. '벤치마킹'으로도 불리는 모방적 혁신은 쉽고 비용도 적게 들며 이미 검증됐으므로 실행상의 위험도 작다. 창조적 혁신은 아

이디어를 찾아내거나 개발하기가 힘들고 기술개발 등 많은 투자가 요구되며 실행 시 예상치 못한 위험도 따른다. 작년 갤럭시노트7 사태는 창조적 혁신의 리스크가 매우 클 수 있음을 보여주는 대표적인 사례다.

자연현상에 입각한 기술 분야의 모방적 혁신은 그대로 모방을 하는 것만으로도 문제가 별로 발생하지 않는다. 그러나 사람이 개입되는 경영 분야의 혁신은 의식, 관행, 역량, 변화에의 저항감 등을 고려하지 못하면 실패하는 경우가 많다. 중국에는 양쯔강 남쪽의 귤나무를 북쪽에 옮겨 심었더니 탱자 열매가 열렸다는 남귤북지(南橘北枳)란 사자성어가 있는데 이는 어떤 제도를 모방적으로 이식하기 위해서는 풍토가 매우 중요하다는 뜻이다. 우리 속담에 '뱁새가 황새를 따라가면 가랑이가 찢어진다'는 속담이 있다. 이는 모방을 하더라도 자신의 역량에 맞게 모방하지 않으면 실패하기 쉽다는 의미다. 조삼모사(朝三暮四)는 심지어 같은 것조차도 어떻게 소통하고 설득하느냐에 따라 수용성에서 성패가 갈릴 수 있다는 교훈이 된다. 모방도 어떻게 제대로 잘하느냐가 창조적 혁신 못지않게 중요한 문제가 된다.

경제가 발전한다는 것은 질적이고 양적인 혁신이 일어나고 있다는 것으로 볼 수 있다. 개발도상국들의 경제성장률이 매우 높은 것은 모방적 혁신 단계에 있기 때문이며, 선진국들의 성장률이 낮은 것은 창조적 혁신 단계에 있기 때문이라고 봐도 과언이 아닐 것이다. 우리나라 경제도 대체적으로 모방기라고 볼 수 있는 1960~1980년대에는 고도성장기를 맞이했다가 창조적 혁신기로 이전하는 1990년대 이후에는 성장이 둔화되기 시작했다.

1960~1970년대는 기술이전에 의존한 단순모방의 시대였다고 볼 수 있을 것이고 혁신역량 수준으로 이 시기 기업들을 평가한다면 3류에 해당할 것이다. 1970년대 말의 중화학공업 불황은 단순모방의 한계를 맞아 자체적인 기술개발, 품질 향상, 생산성 향상 역량의 부족에서 생긴 현상이라고 볼

수 있을 것이다. 1980년대 초반에 우리가 고전하다가 중반으로 오며 경제가 좋아진 것은 우리 기업들이 외국 모델을 도입해 단순생산만 하던 방식에서 벗어나 외국 제품의 모방에 자신의 혁신 노력을 더해 마그네틱 테이프, 컬러TV, 전자레인지, 메모리 반도체, 자동차 등에서 자립형 모델을 자체 개발하고 많은 분야에서 품질 향상과 생산성 향상을 이뤄 낸 개량형 모방의 결과라고 볼 수 있다. 이 단계는 어느 정도의 모방형 혁신역량을 갖춘 2류에 해당한다고 볼 수 있을 것이다.

1990년대는 값싼 중국 제품의 도전으로 모방형 제품을 비교적 싼 가격에 팔던 경쟁구조의 한계를 맞아 창조적 혁신에 기반을 둔 세계 일류 상품으로의 도약이 필요하게 된 시기라고 볼 수 있다. 1990년대에 살아남아 2000년대 우리 경제를 이끈 주요 기업들은 창조적 혁신에 성공, 자기 제품을 세계 일류 상품 반열에 올려놓은 기업들이라고 볼 수 있다. 자동차, 가전, 조선, 철강, 석유화학 같은 현재 우리나라 주력산업은 비교적 성숙산업으로서 획기적인 아이디어가 필요한 창의적 혁신보다는 자그마한 아이디어가 축적돼 이뤄진 개량형 혁신이 힘을 발휘할 수 있는 분야다. 그런데 이 분야들은 빠르게 단순모방 단계에서 벗어나 혁신능력을 축적하고 있는 중국 기업들의 거센 도전을 받고 있다.

한편 오늘날 태풍의 눈인 4차 산업혁명은 획기적이고 극적인 창조적 혁신을 요구하고 있다. 우리나라 기업들은 이런 도약적 혁신에 익숙하지도 않고 역량도 부족하며 관련 인재 공급을 위한 국가적 교육 인프라도 부족하다. 우리의 주입식 교육과 비차별적 대중교육 및 집단주의적 사고는 창의성 발휘에 적합하지 않다. 반면에 창조적 혁신을 선도하는 미국은 다양한 출신과 문화, 창의적 교육의 중시, 개인의 개성 중시, 최강의 대학 연구경쟁력, 혁신에 대한 보상 등 도약적 혁신을 격려하는 인프라가 세계에서 가장 잘 갖춰져 있는 국가다.

그러나 기존의 우위산업에서 중국 기업들의 도전에 직면하고 새로운 시대적 혁신 흐름에 대응해야 하는 우리 기업들은 도약적 혁신을 강화해야 한다는 당면과제를 안고 있다. 즉 전통산업의 경쟁력을 지켜 내야 하지만 한편으로는 첨단산업이나 신생산업이 취약하다는 약점을 보완해 나가야 하는 것이다. 우리 기업들이 단시간에 도약적 혁신이 강한 기업으로 환골탈태하는 데는 한계가 있을 수밖에 없지만 그럼에도 불구하고 이런 혁신을 강화해야 한다는 데에는 이견이 없을 것이다.

이런 변화를 위해서는 우선적으로 창의성 인재 육성 가치사슬을 강화해야 하는데, 이것은 기업들의 정책 변화와 정부 지원으로 어느 정도까지는 가능할 것이다. 혁신의 담당 주체인 기업은 미래를 위해 창의적 인재 채용을 확대하는 인사정책을 취해야 한다. 비록 현재 창의적 인재의 공급이 충분하지 않겠지만 기업이 창의적 인재의 채용을 늘린다는 메시지가 명확하다면 창의적 교육을 강화하는 대학이 늘어날 것이다. 대학이 창의적 소양을 지닌 신입생 선발을 늘린다면 그에 따라서 창의성 교육을 중시하는 초·중·고교나 학원도 늘어날 것이다. 시장에서 수요가 없다면 정부 주도의 공급 정책은 실패할 수밖에 없기 때문에 최종 수요자인 기업이 창의성 인재 양성 인프라 구축을 선도해야 한다. 현명한 소비자가 경쟁력 있는 공급자를 키우는 것이다. 이 과정에서 정부는 대학과 초·중·고의 입시 및 교과과정 운영의 자율권을 확대해 주는 정책을 취하면 된다.

새로운 업종이나 상품의 혁신을 주도하는 기업들은 기존 사업을 안정적으로 운영하는 기업들이 아니라 벤처기업일 수밖에 없다. 우리나라 대기업들은 벤처기업의 신기술을 싼값에 얻기 위해 핵심 인재를 스카우트하거나 기술 아이디어만 빼내는 등 벤처 생태계가 자랄 수 있는 토양을 망가뜨리는 경우가 많았다. 주주자본주의에 충실한 미국이 단기 경영에 치우치다가 경쟁력을 잃어버렸다는 반성이 있었다. 우리나라도 오너가 직접 관여한 큰 투자결정에는 장기적 관점의 의사결정을 통해 성공한 사례들이 있으나, 단기 업적에 치중하는 실무적 업무 수준에서는 단기 경영에 급급하는 경우가 대부분이다. 이런 단기 업적 지향을 방지할 수 있는 것은 장기적 시야를 갖춘 오너들의 상생적 인수합병(M&A) 정책일 것이다.

인류의 보편적 발전 원리인 혁신과 확산

일개 기업도 그렇지만 국가나 인류도 창조적 혁신과 모방에 의해 발전해 왔다. 기술의 혁신과 확산은 기업, 국가, 인류의 보편적 발전 원리인 것이다.

창조적 혁신을 선도하는 국가는 앞서가고 모방하는 국가는 그 뒤를 따라갈 뿐이다. 청동기, 철기, 농경기술, 산업혁명, 근대문명의 혁신과 확산 과정은 이를 잘 보여준다.

산업혁명이라는 혁신이 영국에서 일어난 뒤 각국은 이를 자국으로 확산시키기 위해 치열하게 노력했고, 이런 노력이 국가의 발전과 경쟁력을 결정해 왔다. 심지어는 앞선 국가가 뒤처진 지역의 현지인을 밀어내고 그 땅을 차지하면서 혁신이 확산됐는지, 아니면 뒤처진 지역의 사람들이 스스로 다른 지역의 선진 기술을 들여와 모방하는 과정에서 그 기술이 확산됐는지에 따라서도 지역 발전의 수준과 속도가 결정됐다는 것은 역사가 증명해 주고 있다. 고대 일본의 조몬족과 아메리카 인디언의 도태 사례는 혁신과 모방에서 늦으면 국가는 물론 민족의 생존도 위협받는다는 것을 잘 보여준다. 또 면화씨를 도입한 문익점이나 화포를 모방한 최무선의 사례는 모방을 잘하는 것도 매우 중요하다는 사실을 일깨워 준다.

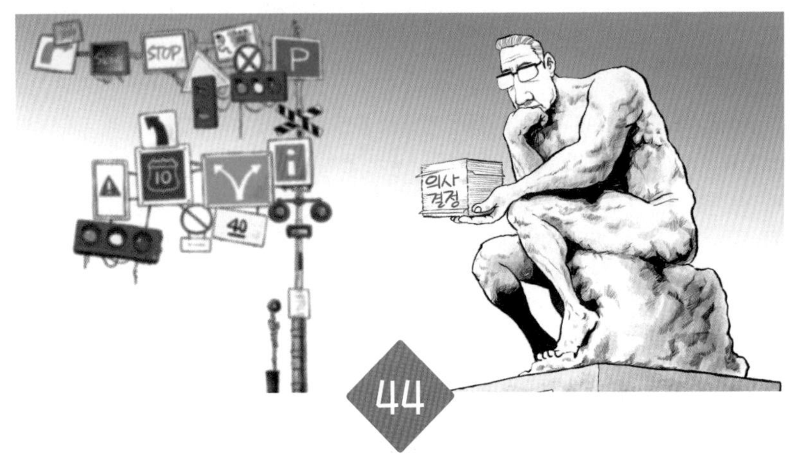

44

의사결정에서의 인지적 편향성

'나도 틀릴 수 있다' 인정할 때 전략적 의사결정 오류 줄인다

인간의 합리성은 '제한적'
경영자도 예외일 수 없어

개인적 경험에 의존하거나
손실 회피적 경향 지나쳐

비합리성 100% 제거 불가능
경청하고 소통하는 게 최선

왜 훌륭한 경영자들이 간혹 누가 보더라도 이해가 가지 않는 의사결정을 내리는가? 특히 기업의 명운을 가늠하는 중요한 사안에 대한 최고경영자의 잘못된 의사결정은 돌이킬 수 없는 결과를 초래한다. 도대체 무엇이 잘못된 것일까? 의사결정은 기본적으로 선택이다. 문제는 의사결정에 이르는 경영자의 인지적 과정에 본질적인 오류 가능성이 있다는 점이다. 아무

리 뛰어난 경영자라고 하더라도 인간적인 한계에서 기인하는 일련의 편향성을 완전히 극복할 수 없다. 우리는 흔히 인간을 합리적인 존재라고 믿는데, 사실은 노벨경제학상을 수상한 허버트 사이먼이 정리했듯이 인간의 합리성은 '제한된 합리성'일 뿐이다.

개인의 의사결정과 관련한 문제에 대해 다양한 연구결과가 축적돼 있는데, 이를 요약하면 다음과 같은 몇 가지 대표적인 인지적 편향성이 존재한다. 첫째, '준거점 의존성향'이다. 경영자들이 의사결정을 할 때 흔히 저지르기 쉬운 오류가 바로 특정 준거점을 기반으로 생각한다는 것이다. 사고의 출발점이라고도 할 수 있는 준거점은 지극히 개인적인 경험이나 지식에 입각해서 형성되기 마련이고, 따라서 똑같은 정보와 자료를 가지고도 경영자별로 매우 다른 결론에 도달하는 경우를 흔히 볼 수 있다. 주어진 시장 상황을 어떤 경영자는 매우 낙관적으로 보는 반면에 다른 경영자는 비관적으로 보는데, 이는 각기 다른 준거점에 의존해서 상황을 주관적으로 바라보기 때문이다.

둘째, 이른바 '손실 회피성향'이다. 인간은 본능적으로 이익보다는 손실에 커다란 가중치를 부여하는 성향이 있고 이로 인한 인지적 편향성이 의사결정 과정에서 개입된다는 것이다. 잠재적 위험을 감안해 객관적으로 도출한 예상 이익이 예상 손실보다 높은 경우에도 경영자들은 많은 경우 실패확률에 더 큰 비중을 두고 의사결정을 하는 경향이 많다. 마치 일반 투자자들이 원금보장을 투자의 첫 번째 항목으로 꼽듯이, 전문적인 경영자들도 작은 잠재적 손실을 회피하려고 하다가 커다란 이익의 가능성을 놓치게 된다. 기업에서 신규 사업에 진출하는 의사결정이 왜 지지부진하고 새로운 방향으로의 변화가 왜 그렇게 어려운가를 설명할 수 있는 대목이다. 인간은 기본적으로 가진 것을 지키려고 하기 때문이다.

셋째, 인간은 '시간'과 관련해 매우 불완전한 인지 과정을 가지고 있다. 시간이 상대적이라고 하듯이 어떤 경우에는 몇 시간이 순식간에 지나가기도 하지만, 다른 경우에는 단지 몇 분의 시간이 지루하게도 느껴진다. 경영자들도 이런 인간적인 한계를 내재적으로 가진 채 회사의 명운을 좌우할 수도 있는 의사결정을 하는 것이다. 특히 오래전에 겪은 일보다는 최근에 경험한 일에 대해 더 강한 느낌을 가진다거나 매우 자극적인 경험을 중심으로 시간적인 기억이 왜곡된다든가 하는 경우가 허다하다. 미래에 대한 예측에 있어서도 우리는 시간 축에 대한 객관적인 인지가 어렵다. 분명히 시간은 객관적으로 흘러가는데, 경영자가 느끼는 시간은 주관적이다.

넷째, '확률에 대한 환상' 또한 인간의 인지적인 오류를 초래한다. 많은 경우 의사결정은 확률을 기반으로 이루어진다. 그런데 우리는 어떤 현상이 숫자로 표현될 때 마치 과학적이고 객관적인 사실인 것처럼 오해하는 경우가 많다. 그러나 실험실과 같은 통제된 상황에서 주사위를 던지는 실험을 하는 경우와는 달리 실제 경영 현장에서 벌어지는 일들에 대한 확률은 사실상 주관적인 요소가 개입되기 마련이다. 물론 많은 자료를 기반으로 나름대로 객관적인 확률을 도출해 내는 노력을 과소평가할 수는 없다. 하지만 그런 경우에도 인간의 인지적 편향성이 확률을 추론하는 과정에 개입될 여지가 많을 수밖에 없다. 더구나 브렉시트(영국의 유럽연합 탈퇴), 미국의 대선 결과 등과 같이 우리가 상상할 수 없던 일들을 미리 확률적으로 계산해 낸다는 것은 지극히 어렵다.

끝으로 심리학에서 많이 소개된 '프레임'과 관련된 인지적 편향성이다. 복잡한 세상사를 단순하게 정리해 이해하게끔 만들어 주는 인지적인 구조 내지 틀을 프레임이라고 한다. 위에서 언급한 준거점과 마찬가지로 프레임 역시 지극히 개인적인 경험과 지식에 의해 선택적으로 형성된다. 자기가 보고 싶은 것만을 본다는 것이 바로 자신의 선택적인 프레임을 통해 세상을 본다는 의미다. 경영자들 역시 인간 본연의 편향성에서 자유로울 수 없다. 시대가 바뀌었는데 여전히 과거에 자신이 성공했던 사업 경험으로 형성된 프레임에서 전략적 의사결정을 하기 때문에 새롭게 펼쳐지는 사업 기회를 놓치거나 게임의 룰이 변화하는 시장에서 더 이상 성공을 이어가지 못하는 것이다. 한번 형성된 프레임은 변하기 어려운데, 그 이유는 프레임이 무엇인지 구체적으로 정의하기 어렵고, 특정 개인이 동시에 여러 개의 프레임을 사용하는 경우가 드물며 대개 하나의 프레임에 의존하기 때문이다.

경영자, 특히 최고경영자가 자신을 합리적이지 않은 사람이라고 스스로 받아들이는 것은 어려운 일이다. 객관적인 분석에 따른 자료를 가지고 생각해 낼 수 있는 모든 가능한 대안을 빠짐없이 생각한 다음 가장 성과가 높을 것으로 여겨지는 방향으로 전략적 의사결정을 하는 합리적인 의사결정자의 모습이 바로 본인이라고 믿는 것이 어쩌면 당연한 일이다. 하지만 경영자도 인간이다. 위에서 설명한 인간의 본연적인 인지적 편향성에서 자유로운 경영자는 아무도 없다. "실수하는 것이 인간이다"라는 옛말이 있듯이, 경영자는 의사결정에서 적지 않은 실패를 경험할 수밖에 없다.

그렇다면 의사결정의 성공확률을 높이는 방법은 무엇인가? 다름 아닌 경영자가 자신의 비합리성을 받아들이는 것이 출발점이다. 물론 위에서 열거한 인간의 인지적 편향성을 극복해 보려는 노력을 하는 것도 필요하다. 하지만 아무리 노력한다고 해도 사람의 속성에서 우러나오는 편향성을 완전히 제거한다는 것은 불가능하다. 따라서 편향성을 부정하거나 극복하려 하기보다는 오히려 자연스러운 인간의 특성으로 받아들이고, 이를 전제로 해결안을 모색해야 한다. 결국 경영자가 겸손한 마음으로 전략적 의사결정을 해야 한다. 회사의 흥망을 좌우하는 것이 전략적 의사결정이다. 자신의 독단적인 생각에만 의존하지 않고 회사 경영진의 의견을 폭넓게 수용하는, 팀에 의한 의사결정으로 접근해야 한다. 회사 내에서 다양한 의견이 개진될 수 있는 분위기가 조성돼야 한다. 또 외부의 의견도 적절히 경청해야 한다. 겸손과 소통, 두 단어가 경영자의 마음에 각인돼야 한다.

'완벽한 의사결정'보다 '최선의 결정'에 집중을

실리콘밸리 벤처캐피털 회사인 클라이너 퍼킨스의 파트너인 랜디 코미사는 맥킨지와의 인터뷰를 통해 자사의 투자 의사결정 과정을 설명했다. 먼저 다채로운 배경과 경험이 있는 파트너들로 투자심의회를 구성한다. 중요한 점은 다양한 의견을 듣기 위해 해당 투자 건에 대한 세분화된 전문영역에 관련된 사람뿐 아니라 다른 분야 파트너들도 심의회에 포함한다는 것이다.

회의에서 먼저 결론을 얘기하는 것은 금기다. 화이트보드 중간에 선을 그어 왼편에는 해당 투자에 대한 장점을, 오른편에는 단점을 적는 소위 '의견대차대조표(opinion balance sheet)'를 만든다. 이 표를 활용해 참석자들은 의견을 자유롭게 개진한다. 단, 왜 그렇게 생각하는지에 대한 자세한 설명을 하지 않고 일단 의견만을 제시한다. 같은 사람이 동시에 장점과 단점을 복수로 제시할 수 있다. 더 이상 의견이 나오지 않으면 그때 비로소 토론에 들어간다.

토론은 결론보다 장점과 단점에 대한 구체적인 내용을 중심으로 이뤄지게 된다. 또 완벽한 의사결정보다는 제한된 시간 내에 최선의 결정을 목표로 한다. 이런 과정을 거쳐 각 개인의 선입관과 편견을 인정하고 서로 다른 생각을 종합해 집단적인 통찰력을 기반으로 의사결정을 하게 되는 것이다.

측정 없이 개선 없다

성과중심 경영 성공 요건… 시간 · 비용 들어도 최적 성과지표 개발을

전통적인 '재무적 관점' 외에 내부 프로세스 · '가성비' 등 다양한 방식으로 평가해야
적절치 못한 성과지표 적용 땐 내부 동요→ 경영실패 부를 수도

"측정 없이 개선 없다"는 경영 격언이 있다. 아무리 중요한 것이라고 해도 그 좋고 나쁨이 측정이 안 되면 관리가 안 되고, 관리가 안 되면 개선도 되지 않는다는 뜻이다. 특정 조직이나 개인의 성과에 대해서도 마찬가지다. 성과가 측정이 안 되면 그에 따른 적절한 보상을 하기가 어렵고, 적절한 보상이 주어지지 않으면 좋은 성과를 내기 위해서 노력하지 않게 된다. 능력에 따라 성과를 내고, 필요에 따라 보상한다는 공산주의는 성과와 보상의 부조화가 초래한 대표적인 실패 사례라고 볼 수 있다.

■ 성과지표 선정 어려워

조직이나 개인 성과의 좋고 나쁨을 측정하는 지표를 성과지표라고 한다. 적합한 성과지표의 개발과 관리는 성과관리의 출발점이라고 할 수 있으나, 적합한 성과지표를 개발하는 것이 생각만큼 쉽지가 않은 것이 문제다.

성과관리 발전의 흐름을 보면, 초기에는 기업의 경영성과를 나타내는 수익성, 성장성, 안정성 같은 재무지표를 중심으로 관리하는 관행이 있었다. 그러나 1980년대 들어 단기 재무제표, 특히 수익성 중심의 성과관리가 미국 기업 경쟁력 약화의 주요 원인 중 하나임이 밝혀졌다. 지배구조의 축인 다수의 소액 주주들은 주가에 영향이 큰 단기 수익성에 관심이 있었는데, 단기 수익성을 극대화하려면 장기적인 체질 강화에 도움이 되지만 단기 이익에는 저해되는 중장기적 투자 활동인 연구개발 투자, 시설 투자, 교육 투자 등은 모두 하지 않는 것이 유리하다. 미국 기업들의 경쟁력이 세계적 경쟁자들을 여유 있게 따돌리고 있을 때는 이런 관행이 별로 문제가 안 됐으나 1980년대에 그 격차가 줄어들자 이런 관행은 경쟁력에 치명적인 결함을 가져왔다. 그에 대한 반성으로 기업의 성과지표를 단기뿐만 아니라 중장기, 최종 결과인 재무성과뿐만 아니라 그것을 낳는 과정인 투입(사람, 원자재, 설비, 기술, 정보 등)과 업무 수행 과정 및 산출물, 주주뿐만 아니라 다른 핵심 이해관계자인 직원과 고객에 관련된 성과지표들도 균형 있게 관리해야 한다는 균형성과지표(BSC=balanced scorecard)가 제시됐다.

BSC는 전통적인 중점사항이던 재무적 관점 외에도 고객, 내부 프로세스(과정), 학습 및 성장 관점을 포함해 네 가지 성과지표를 개발, 균형 있게 관리할 것을 주문한다. 조직 내부를 들여다보면 수많은 업무(프로세스)로 구성돼 있는데, 개별 업무단위에 대한 성과지표로는 QCDP(품질, 원가, 납기, 생산성)지표들이 많이 사용된다. 많은 기업들이 경쟁력 향상의 구호로 더 좋은 품질, 더 싼 가격, 더 빠른 업무를 내세우는데, 이것은 QCD(품질, 원가, 납기)를 잘하자는 것을 의미한다. 또 요즘 경쟁력의 핵심으로 가격 대비 성능인 '가성비'가 많이 언급되는데 이것은 Q/C를 의미한다.

■ 성과지표, 측정성보다는 적합성이 우선

효과적인 성과관리를 위해서는 위와 같이 제시되는 여러 개의 대안적 성과지표 중 어느 지표가 가장 적절한 지표인지를 선정하는 것이 중요하다. 보통은 지표의 선택 기준으로 적합성과 측정성이 제시된다. 측정성은 측정가능성, 데이터 수집의 적시성, 측정 비용 등 그 개념이 단순한 데 비해, 적합성은 추상적인 개념으로 다시 많은 세부기준이 제시된다. 여기에는 상위 목표나 전략과의 연계성, 지표의 중요성, 업무와의 인과관계 존재 및 통제가능성, 업무 전체에 대한 포괄성, 구체성, 성과 우열의 비교가능성, 명확성, 간결성, 왜곡행동 회피 등이 있다.

성과관리가 효과를 내기 위한 핵심은 측정성보다는 적합성이 우선해야 한다는 것이다. 여기서 왜곡행동 회피 가능성은 성과지표 설계자들이나 경영자들이 매우 조심해야 하는 기준이다. 예를 들어 측정하기 쉽다는 이유로 적합성이 떨어지는 양을 성과지표로 설정하는 경우가 많다. 양 지표를 목표로 설정하면 과잉 공급으로 재고가 쌓이거나, 품질을 희생시킬 수 있다. 통제업무가 중심인 공공기관에 대해 고객만족도조사 결과를 평가지표로 활용한 경우가 있는데, 이는 결국 통제를 적게 해야 좋은 성적을 받게 되는 역효과를 초래했다.

많은 실패, 특히 공공부문의 정부실패는 적절하지 못한 성과지표를 운영하는 데서 발생하는 경우가 많다고 할 수 있다. 예를 들어 국제적으로 국내총생산(GDP) 대비 많은 자원을 투입해 세계 최고의 연구과제 성공률을 보이는데도 불구하고 과제의 사업화에 대해서는 빈약한 결과를 보이는 국가연구개발(R&D)도 적절한 성과지표 선정의 실패에 기인한다고 볼 수 있을 것이다.

최근 우리나라의 공공부문들도 실무직급까지 성과연봉제를 확산하는 문제로 내홍을 겪고 있다. 아마도 당사자들이 성과연봉제의 실행이나 확산을 반대하는 이유도 그것이 더 많은 노력을 유발한다는 부담 때문이기보다는 적절치 못한 성과지표를 가지고 밀어붙이는 상황에서, 자신이 좋은 평가를 받으려고 왜곡된 행동을 함으로써 발생할 수 있는 자존감 하락을 방지하기 위해서가 아닐까 짐작된다.

일반적으로 가장 적합성이 높은 지표는 기업의 경우 품질과 생산성, 행정 프로젝트의 경우는 결과(outcome) 지표다. 품질은 산출물의 수요자인 고객 요구사항에의 적합도나 충족도를 의미하고, 생산성은 투입 대비 산출을 의미한다. 결과는 사업의 궁극적인 목적을 나타내 주는 지표다. 인프라 같으면 인프라 건설 그 자체보다도 그 활용도와 활용효과를, 기술자금 같으면 개발된 신기술의 신상품 관련 특허나 논문보다는 그로 인한 산업화 정도를 의미할 수 있을 것이다.

■ 질과 결과를 측정하는 핵심성과지표

그러나 성과관리의 비극은 원가, 투입, 일정, 산출량 같은 적합성이 떨어지는 지표들은 측정이 쉽고, 적합성이 높은 질과 결과 지표는 측정이 어렵다는 것이다. 결과적으로 많은 조직에서 부적합한 지표가 측정되고 관리되며, 적합한 지표는 측정이 어려워서 지표로 선정되지 못한다. 이로 인해 관리도 어려워진다. 역으로 성과관리의 성공을 위한 핵심은 측정이 어렵더라도 질과 결과 지표를 개발해 핵심성과지표(KPI=key performance indicator)로 설정하는 것이다. 이런 지표들의 개발은 좀 더 어렵거나, 측정 시간이나 비용이 좀 더 걸릴 뿐이지 불가능한 것은 아니다.

1회성 프로젝트가 많은 행정업무는 결과 지표의 개발과 관리가 더욱 중요하다. 측정에 시간이 더 걸린다면 프로젝트의 성과평가를 빨리 마무리하지 말고 모니터링 기간을 더 길게 가지면 된다. 장관의 임기가 짧아서 모니터링할 책임자가 없다면 시스템으로 하면 된다.

리더의 평가철학이 조직문화의 방향타 역할

조직의 궁극적인 경쟁력 원천은 인재와 조직문화다. 일본의 오다 노부나가가 천하쟁패를 결정짓는 전쟁에서 승리한 뒤 도쿠가와 이에야스가 오다에게 물었다. "적이 지금 휴식을 취하고 있다는 정보를 가져온 갑, 적장과 목숨을 걸고 싸운 을, 마지막에 거들어서 목을 벤 병의 세 공신을 어떤 순서로 논공행상을 하려고 합니까." 오다는 "내가 그것을 너에게 가르쳐 준다면 나의 모든 것을 가르쳐 주는 것이 된다"고 답했다. 그의 순서는 갑, 을, 병이었다.

우리 기업들의 경영자들이라면 어떻게 했을까. 많은 한국의 직장인들에게 물어봤더니 가시적인 것을 선호하고, 결과 중시의 기업문화 때문에 병, 을, 갑이 될 것으로 기대했다. 결국 평가 지표와 그에 따른 보상 시스템이 구성원의 좋은 평가를 받기 위한 행동을 유도하고, 그런 행동들이 쌓이면 구성원들의 신념이 되고 가치가 되며 그 조직의 조직문화로 자리 잡는다.

46

혁신, 무엇을 어떻게 할 것인가?

혁신도구는 만병통치약 아냐… '전략적 니즈' 연결됐을 때 효과

기업활동의 모든 것이 혁신 대상
식스시그마 · 공급사슬관리 등 이미 개발된 혁신도구들 많아

성공은 구성원 의지 · 역량에 달려
혁신은 곧 변화… 적응 위한 비용 수반
참여 이끌어 내는 보상체계 갖춰야

'현상 유지'의 반대 개념인 '혁신'은 기존 상태로부터 새로워지는 것을 의미한다. 저명한 경제학자 조지프 슘페터는 기업가의 가장 중요한 책임은 새로운 생산방법과 새로운 상품개발 등을 수행하는 '혁신'이라고 주장했다. 그는 혁신에 의해 투자나 소비수요가 자극돼 경제에 새로운 호황국면이 형성되며, 혁신이야말로 경제 발전의 가장 중요한 요인이라고 주장했다. 그의 주장은 경제학 발전에 커다란 영향을 미쳤고, 기업과 경영에는 생존과 발전

의 절대적인 명제가 됐다.

오늘날에는 산업의 모든 분야에 걸쳐 혁신이 활발하게 전개되고 있다. 전 세계적으로 4차 산업혁명의 물결이 일고 있다. 우리가 아는 직업의 절반이 10~20년 사이에 사라질 것이란 예측도 나온다. 이는 기업들의 많은 사업 분야도 더불어 사라지거나 변하리라는 것을 의미한다. 과거 30년 정도였던 기업의 평균수명은 점점 짧아지고 있다. 예를 들어 최근 휴대폰 분야에서 벌어지는 노키아와 애플, 삼성전자, 샤오미의 숨가쁜 공방전이나 전기자동차 분야에서 테슬라의 갑작스러운 등장은 우리에게 혁신의 중요성을 절감하게 한다. 빠르게 변하는 세상에서 현상 유지는 사망이나 마찬가지다.

기업의 생존과 발전을 위한 키워드는 혁신이다. 혁신을 하느냐 안 하느냐가 아니라, 어떻게 남보다 더 빨리 더 효과적으로 혁신을 잘하느냐의 문제일 뿐이다. 최근 삼성 스마트폰의 리콜 사태는 혁신을 빨리 하면서도 리스크를 없애야 한다는 딜레마적 명제를 다시 생각하게 한다.

기업에서 혁신 대상에는 기업활동의 모든 것이 포함된다. 그렇다면 혁신은 어디서부터 어떻게 시작해야 하는가. 첫째, 사업구조의 혁신 가능성에서 출발할 수 있다. 기존 사업군 구성의 변화 및 혁신 가능성부터 검토하는 것이다. 대부분 사업이나 사업을 구성하는 제품은 생로병사의 과정을 겪기 때문에 현재 좋다고 하더라도 미래에도 그럴 것이란 보장은 없다. 당장은 현재 사업에 의존하더라도 미래 먹거리를 키우는 데도 게을리하지 말아야 하는 이유다. 현재 한국 경제 위기도 1960~1970년대 경공업에 이어 30여년간 한국 경제를 지탱해 준 전자, 자동차, 조선, 철강, 석유화학, 건설 등이 성숙기나 쇠퇴기에 접어든 상황인데, 뒤를 이을 경쟁력 있는 산업이나 제품의 출현이 약한 데서 비롯된 것이다.

둘째, 기존 사업 내에서 시장혁신이나 상품(제품 또는 서비스)혁신을 검토하는 것이다. 시장혁신은 새 시장의 개척, 기존 시장의 확장, 새 시장세분화, 새 목표시장의 설정 등을 꼽을 수 있다. 상품혁신은 기존 시장이나 신시장을 상대로 한 상품개량이나 신상품 개발이 될 수 있다. 여기서 상품의 차별화는 매우 중요한 요소다.

셋째, 경쟁자가 버티고 있는 특정한 목표시장에서 자사 상품의 경쟁력을 강화하기 위한 혁신이다. 경쟁력은 품질과 가격 또는 가격 대비 품질인 가치의 경쟁을 의미하는 상품경쟁력과 유통채널이나 광고·홍보를 통한 판매경쟁력을 기본으로 하며, 덧붙여 기업이나 상품의 브랜드 이미지가 작용한다. 모든 요소를 동시에 혁신할 수 없으므로 어떤 부분의 경쟁력을 얼마나 올리려고 하는지에 관한 전략적 선택을 하고 그에 따른 혁신목표를 설정해야 한다.

넷째, 설정된 혁신목표를 어떻게 달성할 것이냐의 실행단계로 들어간다. 실행의 첫 단계는 혁신의 방법이나 도구를 선택하는 것이다. 이때는 컨설팅 시장에서 팔고 있는 기성품화된 혁신의 도구상자에서 적절한 혁신도구를 골라 쓰는 것도 좋은 대안이다. 이론이나 기법, 추진방법 등이 잘 개발돼 있고 도와줄 수 있는 외부 인프라나 인력도 많으며 성공과 실패의 사례도 얻을 수 있어 타산지석으로 삼을 수 있기 때문이다. 다른 기업도 채택하는 것이어서 혁신 추진에 따른 내부 반발도 적을 수 있다.

많이 언급되는 혁신도구들의 목록에는 식스시그마, 공급사슬관리, 경영품질, 전사적품질관리(TQM), 업무프로세스재설계(BPR), 전사적자원관리(ERP), 업무프로세스관리(BPM), 창의적 문제해결이론(TRIZ), 종합적생산보전(TPM), 균형성과평가제도(BSC), 가치분석/가치공학(VA/VE), 컴퓨터통합생산(CIM) 등이 포함된다. 이들 수많은 혁신도구 중 어떤 것을 택해야 하는지 경영자들은 당혹스러울 수밖에 없다. 많은 혁신도구 공급자들은 자신이 제안하는 도구가 만병통치약인 것처럼 광고하기도 한다. 이에 현혹되지 말고, 각각의 특징을 잘 파악해 자사의 전략적 니즈 및 목표와 잘 정렬시키는 것이 중요하다.

많은 혁신도구들은 세 번째에서 언급한 특정한 경쟁력 요소의 강화에 초점이 맞춰진 경우가 많다. 결과라고 볼 수 있는 특정 요소의 경쟁력 제고를 위해서는 연관된 업무 과정이나 수행 방법을 혁신하거나 투입 요소를 혁신해야 한다. 투입요소의 혁신은 사람의 혁신, 자재나 부품의 혁신, 설비의 혁신, 기술의 혁신, 정보의 혁신이 있다.

혁신도구를 적용해도 효과를 못 보는 경우가 많다. 혁신의 성공에는 조직 구성원들의 혁신 의지와 실행 역량이 결정적인 역할을 하기 때문이다. 혁신 도구들은 대부분 나름대로 쓸모가 있는데, 그것을 쓸모에 맞게 사용하는 것은 결국 구성원들이다. 교과서가 좋다고 다 공부를 잘하는 것이 아닌 것이나 마찬가지 원리다. 좋은 선생님이나 좋은 교과서는 공부를 잘할 수 있게 인도할 뿐이고, 결국 공부를 해서 실력을 쌓는 것은 당사자란 이야기다.

다섯째, 선택된 혁신도구의 활용 및 집행단계다. 이 단계에서는 혁신의 리더를 임명하고 혁신 수행조직을 구성하며 그들에게 구체화된 임무와 수행목표를 부여한다. 때에 따라서는 수행조직 범위가 협력업체까지 확산될 수 있다. 또 혁신에 필요한 지원을 아끼지 말아야 한다. 혁신 담당자들이 혁신을 수행할 수 있는 역량을 갖추도록 지원해야 한다. 또 한 가지 중요한 것은 혁신과 변화는 조직 구성원들에게 새로운 적응을 위한 비용이 들어가므로 대다수가 싫어한다는 것이다. 따라서 리더는 조직 내에서 혁신에 참여하는 사람은 유리하고 그렇지 않은 사람은 불리해지도록 평가 및 보상 시스템을 바꿔 줘야 한다.

여섯째, 혁신 실행 결과의 평가 및 피드백을 통한 지속적 혁신 단계다.

하나의 혁신 주기가 끝나면 그 결과를 평가해 기존 혁신방법의 유지 및 심화, 새로운 혁신 목표의 설정과 그에 따른 추가적 혁신도구의 도입 등을 검토해야 한다. 중요한 것은 혁신이 한시적 행사가 아니라 지속적인 프로세스가 돼야 한다는 것이다. 혁신의 결과는 혁신 실행자만이 아니라 조직의 지식으로 축적될 수 있도록 표준화하는 지식경영시스템과 맞물리도록 하는 것이 중요하다.

혁신은 '재건축'보다 '리모델링'이 효율적

똑같은 혁신기법을 도입했는데 기업의 역량에 따라서는 성공하는 기업도 있고 실패하는 기업도 있다. 기술혁신보다는 소프트웨어적 성격의 노하우가 많은 경영혁신의 경우는 특히 그렇다.

가장 중요한 역량은 혁신 리더와 혁신 추진자의 혁신 도구들에 대한 이해의 정도다. 많은 혁신기법은 가급적 멋있어 보이는 새로운 용어와 개념, 방법론을 사용한다. 그래서 기존에는 없던 새로운 기법으로 보이는 경우가 많다. 하지만 경영분야는 하늘 아래 새로운 것은 없다고 할 정도다.

대개의 혁신기법이 사용하는 방법론을 보면 어느 정도는 이미 하고 있는 것들인 경우가 많다. 따라서 많은 경우 기존 혁신 도구를 부수고 새로운 것을 도입하는 신(新)건축이나 재건축보다는 기존에 해 오던 것을 살리고 새 방법의 장점을 가미해 체계화하는 리모델링이 적은 비용으로 조직 수용도를 높이는 경우를 보게 된다.

이런 필요성을 파악하려면 조직 내에 혁신 방법론에 대한 이해도가 높은 구성원들이 있어야 한다. 또 이들의 일부가 항상 새로운 혁신 추진 조직에 참여해 온고지신(溫故知新)의 지혜를 발휘할 수 있도록 하는 조직 운용의 묘가 필요하다.

47

조직 혁신을 위한 '5 WHY 법칙'

조직 '혁신의 문' 열려면… 문제 본질 향해 끝없이 'Why'를 외쳐라

시스템으로 혁신하라
혁신 전담부서 먼저 결정한 뒤 일상 업무 담당자들 참여시키고
혁신 도구 사용 익히게 해야

물고기보다 그물 던지는 법 알려주고 개선결과는 조직의 지식으로 흡수

혁신은 대다수 경영자가 중시하는 당면 과제다. 그러나 혁신적인 조직을 만들기 위해 어디서부터 어떻게 시작해야 하는가에 관한 구체적인 질문에는 막연해하는 경우가 많다. 또 혁신은 지금까지의 일상업무와는 비교가 안 될 정도로 어려운 과제로, 오랜 기간 쌓인 역량이 뒷받침돼야 가능하기 때문에 단순히 구호에 그친 채 흐지부지될 때가 많다. 혁신지향적 조직으로 확 바꾸기 위해서는 일단 '혁신 시스템 구축'이란 멍석을 깔아야 한다.

조직에서 혁신은 누가 하는가? 많은 조직, 특히 제조업체에는 혁신 전담

부서가 있다. 기술이나 제품 개발 부서, 프로젝트팀 등은 혁신 자체가 주요 업무다. 기획부서들은 상황에 따라 혁신에 참여하기도 한다. 이런 전담조직을 어느 정도 규모로 하고, 어느 정도 투자할 것인지는 기업의 자금 역량과 전략에 달려 있다. 이것은 주로 비용 대비 효과에 관한 투자 결정의 문제다.

다음은 생산, 구매, 마케팅, 인사, 재무, 회계, 총무 등 일상업무가 중심인 부서들이 혁신에 참여하는 것이다. 이들에게 혁신 업무는 부수적인 것으로 인식된다. 따라서 그들이 혁신에 어느 정도 참여하느냐는 조직에 따라 크게 차이가 난다. 이 부분은 투자가 크게 필요하지 않고 많은 구성원의 오랜 시간에 걸쳐 누적된 역량이 중요하므로 경쟁자가 쉽게 모방하기 어렵다. 조직 간 혁신의 승패는 여기서 결정지어지는 경우가 많다.

이들로 하여금 혁신에 참여하도록 하는 시스템은 두 가지로 나눌 수 있다. 하나는 공식적인 조직위계로 이뤄지는 사업계획이나 목표관리 같은 업무수행제도를 통해서다. 부서별 업무계획 수립 내용이 개선과제 중심이냐, 일상유지업무 중심이냐가 혁신 성패의 관건이다. 이때 유의해야 할 점은 일상유지업무는 쉽고 개선업무는 어렵기 때문에 일상유지업무가 계획수립 단계에서는 '△△△ 활성화' 'OOO 제고'처럼 개선업무로 포장돼 나타난다는 것이다.

다른 하나는 비공식적으로 이뤄지는 개선 활동 제도다. 각종 팀 단위 개선 활동이나 개인별 제안제도 등이 이에 해당한다. 예를 들어 대부분의 조직이 제안제도를 도입하고 있지만 1인당 연간 20건 정도 하는 조직부터 1건 미만인 조직까지 그 운영에는 편차가 매우 크다.

혁신시스템이 정비된 다음 혁신활동의 실행 과정에서는 적절한 혁신도구의 사용을 익숙하게 하는 것이 필요하다. 구성원에게 적절한 도구지식을 교육하고 활용을 격려해야 한다. 보통 공과대학에서는 특정한 기술영역별로 문제 해결을 위한 지식을 교육한다. 사무관리 영역에 대해서는 경영학과 산업공학에서 관리도구를 교육한다. 서양의 근대 기업들은 이런 전공지식이 없는 조직원에게 처음부터 문제 해결이나 혁신을 기대하지 않았다. 특히 이런 문제 해결 지식을 교육받지 못한 현장 근로자들에겐 개선 요구도 하지 않았다.

그러나 일본 기업은 달랐다. 4년간의 관련 분야 대학교육을 받지 않았더라도 간단한 7가지 문제해결 도구를 선정해 20~40시간 정도 교육만으로도 상당 부분 문제 해결이 가능함을 보여줬다. 기술적 지식이 필요한 부분은 관련 엔지니어와 팀을 짜거나 지도, 자문을 받는 것으로 해결했다. 예를 들어 우리가 초등학교 때 배운 막대그래프는 통계학의 핵심 개념인 분포로서 문제 상태를 파악하기 위한 목적으로 사용된다. 문제들을 중요도 순으로 줄 세우는 파레토 그래프란 도구를 사용해 중요한 것부터 해결해 나가자는 중점주의 원칙을 구성원이 실행하도록 한다.

개선이 익숙하지 않은 조직에서는 개선과제를 어떻게 도출해야 하는지 막막해할 때가 많다. 경영시스템의 전반적인 강·약점을 파악해 어디서부터 개선해 나갈지 파악하기 위한 수단으로 말콤볼드리지 국가품질상 기준이 유효한 도구로 활용된다. 경영시스템과 조직역량의 강점과 약점을 파악해 외부환경 변화의 기회·위협과 결합해 전략을 수립하고, 개선활동 과제를 도출하는 데 활용된다.

'호미로 막을 것을 가래로 막는다'는 속담이 있다. 특정한 문제를 설계 단계에서 해결하려면 1의 노력이 들지만 잘못된 설계를 생산 단계에서 해결하려면 10, 소비자 손에 넘어간 다음에 해결하려면 100의 노력이 든다고 한다. 따라서 예방 관리나 원류 관리의 개념은 어디서부터 개선해야 하는지 대상을 선정하는 데 중요한 기준이 된다. 문제가 정해지면 그다음으로 결과에 영향을 미치는 원인을 찾아내 결과와 원인 간 인과관계를 파악하고 원인을 조치해 바람직한 결과를 얻어 냄으로써 문제를 해결하는 것이다. 여기서 중요한 것은 결과가 일시적으로만 해결되는 증상치료가 있고, 근본적으로 해결하는 근본치료가 있다는 것이다.

우리는 흔히 증상치료에 빠지기 쉬운 경향을 보인다. 예를 들어 굶주리는 사람이 있으면 밥을 못 먹은 것이 원인이므로 밥을 주면 해결된다. 그러나 5시간 뒤면 다시 배가 고파지고, 또 밥을 줘야 한다.

3년만 계속되면 그 사람은 일할 의욕을 상실하고 영원히 얻어먹는 사람이 돼 문제는 악화된다. 근본 치유를 하려면 근본원인을 찾아야 하는데, 계속 "왜?"를 반복하며 근본원인을 찾아 나가는 것이 답이다. 왜 배고픈가? 못 먹어서. 왜 못 먹었는가? 돈이 없어서. 왜 돈이 없는가? 일자리가 없어서. 왜 일자리가 없는가? 능력이 없어서. 왜 능력이 없는가? 못 배워서? 왜 못 배웠나? 부모가 돈이 없어서. 왜 부모는 돈이 없는가? 이런 질문의 구조 속에 빈익빈의 악순환 고리가 발견된다. 여기서 악순환 고리를 끊으려면 교육 개선이 필요해진다. 즉 배고픈 사람에게 물고기를 주는 증상치료는 임시변통책이고 물고기 잡는 방법을 가르쳐 주는 것이 근본적인 치유책인 것이다. 근본원인을 발견하기 위해서는 다섯 번 '왜(why)'를 반복하라는 '5 why'라는 도구를 활용하는 것이 요령이다.

일단 개선됐다 하더라도 경영자가 소홀히 하면 다시 원래상태로 돌아가거나, 담당자가 바뀌면서 무시돼버리거나, 전수가 안 되는 경우가 많다. 개선으로 얻어진 개인의 지식이 조직의 지식으로 이어지지 못하는 것이다.

이를 방지하려면 개선시스템 구축은 실시된 개선에 대한 사후 관리와 표준화를 하는 시스템 구축으로 마무리돼야 한다. 개선시스템이란 멍석을 깔고, 적절한 개선도구를 손에 쥐어주고, 대다수 종업원이 그 멍석 위에서 개선 활동이란 춤을 추도록 하며, 개선의 결과는 조직지식으로 흡수하는 시스템을 구축한다면 시간은 그 조직의 편이 될 것이다. 시간이 흐를수록 혁신과 개선의 결과물은 축적되고 나날이 종업원들의 개선 역량은 커질 것이기 때문이다. 이것을 이해하고 실행하는 것은 결국 경영자 몫이며, 조직은 경영자 그릇만큼 커질 것이다.

'승자독식' 세계화 시대…
혁신 경쟁 뒤진 수많은 기업들 도태

세계시장에서의 국내 기업 경쟁력을 시대에 따라 구분해 보자. 1960년대 전까지는 선수 등록이 안 된 장외선수, 1960~1970년대는 저품질·저가격으로 경쟁하던 삼류 선수, 1980년대 들어와서 중품질·중가격 수준에 이른 이류 선수라고 할 수 있으며 1988년께엔 거의 절정기를 맞이했다고 볼 수 있다.

1989년께는 매우 강력한 저가격을 무기로 '가성비'를 높인 중국 제품이 등장함에 따라 위기를 맞게 됐고, 1990년대 초반에는 우루과이라운드와 세계무역기구(WTO) 전개에 따른 세계화 시대의 돌입으로 세계 일류화와 그것을 달성하기 위한 처절한 혁신에 대한 당위성이 대두됐다. 기업들이 사활을 걸고 혁신에 나선 이유다. 당시 웬만한 기업은 혁신활동을 매우 활발하게 전개해 혁신이 체질화된 사람만이 임원으로 승진할 수 있다는 말이 돌 정도였다.

승자독식의 세계화 시대에는 조그만 혁신력 차이도 엄청난 경영성과의 차이로 나타난다. 1990년대에는 혁신 경쟁에서 뒤진 많은 기업이 도태됐고 그것은 국제통화기금(IMF) 외환위기를 초래한 주요 원인 중 하나였다. 반대로 혁신에 성공한 기업은 글로벌 기업으로서의 위상을 누리고 있다.

소통

성공적인 소통전략

"고객 관심은 돈으로 살 수 있지만, 고객을 팬으로 만드는 건 공감"

고객의 눈길을 잡아라
"내 마지막 토익시험" 영단기 광고, 목표 고객층 속마음 정확히 읽어

기존 고객을 유지하라
타깃별 특성 맞춘 인센티브 제공… 전환비용으로 '고객 포획' 할 수도

기업—고객 '공동 창조' 시대
고객 존중 · 진정성 있는 소통으로 브랜드를 사랑하는 팬 만들어야

점점 삭막해지는 세상에서 '소통' 능력의 중요성이 부각되고 있다. 가정과 학교, 직장, 동호회 등 사람들이 모이는 곳이라면 어디서나 소통 능력이 뛰어난 사람 또는 조직이 인기를 얻고 관계망의 중심이 된다.

마케터에게도 소통은 매우 중요하다. 마케터는 효과적인 소통을 통

해 고객과의 관계를 잘 관리할 수 있다. 고객관계관리(CRM: Customer Relationship Management)에서 첫 번째 단계는 고객과의 관계 형성을 통한 '고객 획득'이다. 이를 위해서는 고객의 '관심'을 얻어야 한다. 광고와 홍보가 범람하는 가운데 고객의 눈길을 끌기 위해서는 고객의 관심사가 무엇인지 정확히 파악해야 한다.

미국 최대 입시교육기업인 프린스턴리뷰를 인수해 화제가 된 에스티유니타스는 2010년 설립 후 6년 만에 연 매출 4000억 원을 달성해 교육 서비스 시장에서 돌풍을 일으켰다. 에스티유니타스의 주력 상품 '영단기' 광고에는 입사 면접시험에 응시한 젊은이들이 출연해 "(그것이) 내 마지막 토익시험이었습니다", "시간이 남는 토익시험은 처음이었습니다"라는 메시지를 전달한다. 스펙을 쌓기 위해 영어시험을 준비하면서 고생하는 취업준비생들의 속마음을 읽고 아마도 그들이 가장 하고 싶을 멘트를 전면에 내세워 타깃 고객층의 관심을 끌었다. 이 밖에도 광고 제작 시 정적인 이미지보다는 동적인 동영상 활용, 밝은 색채와 튀는 디자인의 적절한 사용, 유머 코드 또는 흥미로운 요소 삽입 등을 통해 고객의 관심을 좀 더 얻을 수 있다. 때로는 금전적 이득을 제공해 고객을 모집하기도 하는데, 이를 고객 획득 비용이라 한다.

두 번째 단계는 고객과의 관계를 잘 관리해 고객을 '유지'하는 것이다. 기존 연구에 따르면 고객을 유지하는 데 드는 비용이 새로운 고객을 획득하는 비용보다 훨씬 적다고 한다. 고객 유지를 위해 고객충성도 또는 로열티(loyalty) 제고 프로그램을 사용하게 되는데, 예컨대 회원카드를 작성해 구매 데이터를 기록하고 일정 횟수 또는 일정 금액 이상 구매 시 할인혜택을 주거나 무료로 제품·서비스를 제공하는 식이다.

고객 유지를 위한 또 하나의 방법은 '전환비용'을 만들어서 소비자를 포획 또는 록인(lock-in)시키는 것이다. 온라인 포토 공유 및 프린트 서비스를 제공하는 셔터플라이는 잠재고객이 자사 웹 사이트에 가입 시 각자의 개인 계정에 사진을 용량 제한 없이 올릴 수 있도록 허용한다. 셔터플라이의 서비스를 2~3년 정도 쓰고 나면 상당히 많은 양의 개인사진을 셔터플라이 서버에 이미 올려놓았기 때문에, 다른 회사의 서비스로 갈아타려면 사진 파일을 새로운 서버로 옮기는 데 들어갈 시간과 수고가 만만치 않다. 이는 고객이 느끼는 전환비용의 역할을 하므로, 호시탐탐 고객을 채가려고 노리는 경쟁사에 대항해 그간 쌓아온 고객 베이스를 지키는 데 유용하게 작용한다. 따라서 서버용량을 공짜로 제공하는 데 들어가는 비용은 사실상 고객자산을 유지하기 위한 투자로 볼 수 있다.

세 번째 단계는 성공적인 소통전략을 통해 고객을 팬(fan)으로 만드는 것이다. 전술한 바와 같이 광고로 고객의 관심을 끌고, 인센티브 시스템 또는 전환비용 등의 경제적 방법을 통해 고객을 획득하거나 유지할 수 있다. 하지만 이렇게 얻은 고객은 자신의 니즈만 만족된다면 언제든지 다른 브랜드로 갈아탈 수 있으며, 경쟁브랜드의 싼 가격이나 금전적 인센티브 등에 민감하게 반응한다. 반면 팬은 우리 브랜드를 사랑하며, 우리 브랜드를 다른 사람들에게 열성적으로 알리고 자랑하는 사람들이다. 브랜드에 어떤 문제가 생기면 바로 알려 주고 마치 자신의 문제처럼 걱정하며 회사가 문제를 해결할 수 있도록 나서서 돕는다. 애플, 할리데이비슨, 스타워즈 등이 강력한 팬 커뮤니티를 구축한 브랜드의 사례로 유명하다.

'돈으로 모든 것을 살 수 없다'라는 마스터카드의 슬로건처럼, 자발성이 생명인 팬 커뮤니티를 돈으로 살 수는 없다. 지속가능한 팬 커뮤니티를 구축하기 위해서는 관계 형성의 기본으로 돌아가야 한다. 미국 스탠퍼드대 의대 교수인 데이비드 번즈의 저서 『관계수업』에 따르면 관계의 형성을 위해서 중요한 세 가지 요소는 상대방에 대한 존중, 솔직한 자기표현, 그리고 공감이라고 한다. 이는 개인 간 관계는 물론이고 기업과 소비자 간 관계에서도 마찬가지로 적용되는 원리다. 고객을 존중하는 마음, 과장이나 거짓이 아니라 진정성에 기반한 소통의 노력, 그리고 역지사지의 태도로 고객의 생각과 감정을 이해하고 눈높이를 맞춰 고객에게 다가갈 때 고객은 마음을 열고 기업을 받아들이게 될 것이다. 대한민국에서 팬 커뮤니티 구축의 최고 능력자라 할 수 있는 '유느님' 유재석 씨는 "(시청자의) 귀를 훔치지 말고 가슴을 흔드는 말을 하라"는 명언을 남겼는데, 마케터에게도 의미 있는 지적이다.

고객과의 소통 노력은 제품 또는 브랜드의 포지셔닝 툴인 마케팅믹스 즉 4P's(제품, 가격, 유통, 광고홍보) 중 하나인 광고홍보 활동에 대응된다. 단 TV, 라디오, 신문, 잡지 등의 일방향성 매체를 주로 활용하던 시대에 많이 쓰인 광고홍보의 개념은 디지털기술과 소셜미디어를 통한 양방향 소통이 가능해진 오늘날의 마케터들에게는 다소 제한적이다. 이제는 고객의 목소리를 충분히 들으면서 고객의 의견과 피드백을 바로 반영하고, 고객의 아이디어를 능동적으로 수용하는 가운데 제품과 서비스를 공동 창조(co-creation)하는 시대다. 또 인터넷을 통해 고객과 기업 간 정보 불균형이 크게 해소돼, 고객이 양질의 정보를 가지고 꼼꼼히 따져 본 뒤 의사결정을 내리고 그 결과를 다른 소비자들과 쉽게 공유하게 됐다. 이런 상황에서 마케터가 고객에게 일방적으로 정보를 전달해 액션을 강요하는 것은 실효성이 없다. 대신 기업–고객 간 상호작용 및 소통을 증진해 고객을 팬으로 만들고 이들이 자발적으로 브랜드와 관련된 액션을 취하도록 유도하는 전략이 필요하다.

모든 고객과 소통해야 할까…
'진상고객'은 끊는 게 기업에 오히려 이익

마케팅에서는 고객과의 관계 형성 및 유지가 중요하다. 그렇다고 과연 모든 고객과 좋은 관계를 만들어야만 할까? 수닐 굽타 하버드 경영대학원 교수와 도널드 레만 컬럼비아 경영대학원 교수는 고객 평생가치(CLV: customer lifetime value)라는 개념을 제시하면서 모든 고객이 다 같은 것은 아니라고 주장했다.

이들에 따르면 고객 개인별로 기업에 가져다주는 매출과 거래마진, 고객획득비용, 고객유지비용 등을 고려해 각 고객의 평생가치를 계산해 보면 그 가치가 높은 고객이 있는 반면 낮은 고객이 있고, 심지어는 마이너스인 고객도 있다는 것이다.

예컨대 ING 다이렉트는 소비자 상담센터에 아무 때나 전화해서 불만을 늘어놓고 상담원을 감정적으로 힘들게 만드는 고객에게 신속하게 응대하고 그들의 만족도를 높이기 위해 추가 인원을 고용하고 밤새 대기시키는 것이 낭비임을 깨달았다.

이에 따라 소비자 상담센터 근무인력을 줄이고, 길어진 대기시간에 불만이 생긴 고객들이 경쟁 은행으로 옮기겠다고 위협하면 오히려 그렇게 하라고 했다. 대신 평소에 불만이 없고 예금을 많이 하는 고객들을 위해 경쟁 은행보다 높은 이자율을 제시했다. 그 결과 거래마진은 적고 비용은 높은 악성 고객들은 경쟁사로 옮겨 경쟁사를 힘들게 했고, 거래마진이 높고 비용이 낮은 우량고객들은 유지하면서 기업의 장기적 재무구조가 향상됐다.

현대카드가 욕설과 폭언을 하는 고객들의 전화를 끊어버리는 정책을 시행해 콜센터 상담원 이직률을 3분의 1이나 줄인 것도 좋은 사례다. 이처럼 고객의 평생가치를 계산하고 우량고객 위주로 고객 포트폴리오를 구성하는 것은 기업의 경쟁력 향상에 유용한 방법이다.

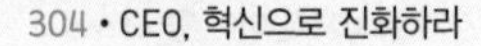

49

시장세분화와 위제너레이션

사회 참여도 높은 1020 세대, 세상 바꾸는 기업들에 끌린다

같은 시기 살아온 소비자 세대, 특정한 경험 공유해 동질성 높아
10~20대, 변화에 대한 열망 커 기업의 사회적 역할에 주목
참여 유도할수록 충성도 높아져
기업들, 기존 광고에 집중하기보다 자발적 구전효과 이끌어 내야

마케팅 연구자들은 소비자의 선택을 이해하고 예측하기 위해 많은 노력을 기울여 왔다. 경제학자들은 보통 기대효용을 극대화하는 합리적 소비자를 가정하고, 평균적인 소비자 행동을 분석한다. 이에 반해 마케팅 연구자들은 소비자들이 항상 합리적인 것은 아니며 이성보다는 감정에 의해 영향을 받을 수도 있다는 점을 인정한다. 또 개별 소비자의 선호와 취향은 매우 다양할 수 있다는 관점에서 개인 간 차이(individual heterogeneity)를 고려해 소비자 선택을 분석하기도 한다.

그런데 개인 간 차이를 충분히 이해한다고 해도 이를 반영해 제품을 수정하고 소비자 개개인에게 맞춰 제공하는 것은 많은 비용이 든다. 따라서 비슷한 선호와 취향을 가진 소비자를 묶어서 몇 개의 고객집단으로 나누고 이 중에 특정 집단을 골라 기업의 마케팅 자원과 노력을 집중하는 것이 보다 효율적이다. 이를 시장세분화라고 부른다.

시장세분화를 위해서는 다수의 소비자를 소수 그룹으로 분류할 수 있는 기준이 필요하다. 소비자 나이, 소득수준, 교육수준 등의 인구통계학적 특성, 라이프스타일, 성격 등의 심리적 특성, 이외에도 소비패턴, 주거지역, 문화 등 다양한 소비자 특성 변수를 활용해 시장세분화를 할 수 있다.

마케팅에서 종종 사용하는 시장세분화 방법 중 하나가 코호트 분석(cohort analysis)이다. 마케팅에서 코호트는 특정한 경험을 공유하는 소비자 세대를 말한다. 학자마다 연령대별 분류가 약간씩 다르기는 하지만 2016년 기준으로 대략 50~60대에 해당하는 '베이비부머', 30~40대에 해당하는 'X세대', 10~20대에 해당하는 '위제너레이션(WE generation)' 등이 있다.

이 중 가장 젊은 소비자 그룹인 위제너레이션은 어려서부터 페이스북과 같은 소셜네트워크서비스(SNS)를 사용하고, 음악을 다운로드해서 듣고, 스마트폰으로 문자를 보내고, 유튜브 동영상을 시청하면서 자라온 세대다.

이들은 대량생산된 제품보다는 고가의 수제 맥주, 고급 커피, 유기농 식품 등 개인의 독특하고 섬세한 취향을 반영하는 제품에 관심을 보인다. 위제너레이션을 다룬 책 『제너레이션 위(Generation WE)』의 저자인 그린버그와 웨버(2008)는 이들이 서로 연결돼 있고, 다양한 정치·사회·경제적 변화를 갈망하는 세대라고 말한다.

2006년 비즈니스위크가 당시의 13~25세 청년들, 즉 위제너레이션 1800여 명을 대상으로 한 설문조사에 따르면 이들은 '세상을 바꾸는 데 대한 개인적인 책임감을 느낌(61%)', '기업도 세상을 바꾸는 데 참여해야 함(75%)',

'같은 조건이라면 사회적 이슈를 지원하는 기업의 제품을 구입함(89%)', '제품을 다른 사람에게 추천할 때 사회적 공헌을 고려함(64%)'이라고 응답하는 등 자신과 기업의 사회적 역할에 대해 상당히 적극적인 태도를 가진 것으로 나타났다.

이들의 특징은 어느 세대보다 경쟁심이 강하고 비즈니스 마인드가 높으면서도, 동시에 사회적 이슈에 관심이 많고 협력을 중시한다는 점이다. '아랍의 봄'이나 미국 대선에서의 샌더스 열풍에서 볼 수 있듯이 페이스북, 유튜브, 트위터, 인스타그램 등을 통해 사회 변화에 대한 열망을 공유하는 가운데 실제적 변화를 주도한다. 자신의 의견을 인터넷과 소셜미디어 등을 통해 적극적으로 공유하기 때문에 글로벌 동조화 현상이 나타나기도 한다.

또 엘리트데일리가 최근 미국에서 위제너레이션 1300여 명을 대상으로 한 설문조사에 따르면 이들은 다른 세대에 비해 브랜드 충성도가 높은 것으로 나타났다.

그런데 놀랍게도 1%의 응답자만이 '광고에 의해 브랜드 충성도가 영향을 받는다'고 대답한 반면, 62%는 '소셜네트워크를 통해 자신들과 직접적으로 소통하고 참여를 유도하는 브랜드에 충성도를 느낀다'고 응답했다. 또 75%는 '기업의 사회적 공헌이 중요하다'고 응답했으며, 사회에 기여하는 기업에 대한 브랜드 충성도가 높은 것으로 나타났다.

이상의 조사결과는 기존 광고 및 홍보 위주의 일방향적 소통방식으로는 위제너레이션을 대상으로 브랜드 자산을 구축하는 것이 어렵다는 점을 보여준다. 진정성을 가진 기업의 사회공헌이 여러 사람들에게 인정받고, 그런 평판이 자발적인 구전효과에 의해 사회관계망을 통해 자연스럽게 퍼져나갈 때 위제너레이션의 브랜드 충성도를 높일 수 있다.

이 과정에서 기업이 위제너레이션과 직접 소통하고 참여를 유도하면서 함께 긍정적인 사회 변화를 만들어 나갈 때 보다 강력하고 차별화된 브랜드 구축이 가능하다.

글로벌 관점에서 위제너레이션은 중국과 인도에만 4억 명, 미국에 4000만 명, 한국과 일본에 2000만 명, 영국, 프랑스, 독일, 이탈리아 등 유럽 주요국에 3500만 명에 달하는 청년 세대를 포함한다. 이들이 세계의 정치와 경제, 사회를 주도하게 될 향후 30~40년간 기업 평판관리 및 이해관계자 분석, 소통과 참여에 기반한 진정성 있는 브랜드 구축의 필요성은 더욱 커질 것으로 예상된다.

한국에서도 2016년 4·13 총선, 옥시 불매운동, 강남역 묻지마 살인사건에 대한 추모 열기 등 여러 가지 정치·경제·사회적 이벤트에서 위제너레이션이 중요한 역할을 담당하고 있다. 무한경쟁과 취업난 속에서 '88만 원 세대' '삼포세대' 등 스스로를 무기력한 세대로 비하하던 우리 젊은이들이 점차 자신들의 힘을 자각하고, 사회관계망을 통해 세력을 조직화해 나가기 시작한 긍정적인 징후로 볼 수 있다.

기업들은 이런 사회 변화의 움직임을 재빠르게 파악하고, 미래 시장의 주축이 될 위제너레이션과의 관계를 장기적인 관점에서 어떤 식으로 맺어 나갈 것인지에 대한 전략적 고민과 함께 진정성에 바탕한 지속적인 노력을 기울일 필요가 있다.

시장세분화 단위로 활용되는 코호트

코호트(cohort)는 오늘날의 소대나 중대처럼 고대 로마 군대의 세부 조직 단위를 일컫는 단어다. 이들은 함께 훈련하며 생활하고 전쟁하는 과정에서 높은 내부적 동질성을 갖는다.

사회학에서는 같은 시기를 살아가면서 특정한 사건을 함께 겪은 사람들의 집합을 코호트라 부른다. 하나의 코호트는 같은 시대의 역사적 사건들을 함께 겪고 공동의 문화를 향유하면서 비슷한 가치체계와 태도, 믿음을 공유하게 되므로, 소비자로서의 동질성 역시 높다고 봐 시장세분화 단위로 활용한다.

조지 매스닉 미국 하버드대 연구원 분류에 따르면 2차 세계대전 종전 후인 1945~1964년 태어난 소비자 그룹을 베이비부머라고 부르는데, 이들은 TV로 디즈니의 미키마우스와 도널드덕을 보며 자라난 세대로, 미국과 옛 소련의 냉전, 베트남 전쟁, 비틀스, 달 착륙 등의 경험을 공유한다. 'X세대(Gen X)'는 1965~1984년 태어난 사람들로, 교육수준이 높고 개인의 자유, 인권, 관용 등의 가치를 중시하며 공산주의 붕괴, 동 · 서독 통일 등의 경험을 공유한다. 1985~2004년 태어난 그룹은 'Y세대(Gen Y)'라고 하는데, 이들은 인터넷과 모바일, 소셜미디어 등을 통한 연결성과 사회 참여의식이 매우 높은 세대로 '밀레니얼(millennials) 세대' '위제너레이션(WE generation 또는 Gen WE)'이라고 불리기도 한다.

05

한국 기업 경쟁력의 과거 · 현재 · 미래

50

한국 기업 경쟁력의 과거·현재·미래

한국 기업 '흥망성쇠'… 끝없는 혁신만이 선진국 문턱 넘는 비결

경공업→중화학공업 전환 성공… 80년대 TV · D램 · 자동차 수출 신화
90년대 중국 기업들 무서운 추격… 미국 시장에서 한국 기업 추월
혁신 소홀해 중진국 함정 빠져 4차 산업혁명, 위기이자 기회

개인처럼 국가도 부국(富國)을 추구한다. 2차 세계대전 전까지 부국이 되는 길은 원재료 공급지이자 2, 3차 상품 수요지인 식민지를 확보하는 것이었다. 이는 제국주의 식민지 쟁탈전을 유발해 1, 2차 대전으로 이어졌다. 2차대전 말에 핵폭탄 등 대량살상 무기가 발명됐다. 3차대전이 일어나면 공멸한다는 것을 깨닫게 되면서 자유무역을 근간으로 하는 공존공영의 GATT(관세 및 무역에 관한 일반협정) 체제가 출발했다. 2차대전 이후에는 상품의 경쟁력만 있으면 어느 국가에나 팔 수 있고, 달러만 있으면 어디서든 원자재나 상품을 살 수 있게 됐다. 상품 경쟁력이 부국의 핵심 요소가 되며 기

술우위의 시대가 시작됐다. 이런 과정 속에서 우리 기업들의 경쟁력은 어떻게 변해 왔을까.

2차대전 후 1960년께까지는 이념경쟁으로 인해 자본주의 국가 간에는 서로 도와주며 발전하는 우호적 경쟁시대로서 고품질·고가격 시장은 미국과 유럽 상품이, 저품질·저가격 시장은 일본 상품이 차지했다. 2차대전 후 저품질로 시작한 일본 상품은 미국의 품질관리 지식을 받아들인 결과 60년대에는 중급의 품질을 갖추고 임금도 오르면서 중품질·중가격 시장에 진입했다. 1960년께부터는 한국을 포함한 '아시아의 4마리 용'이 저임금을 활용한 가격경쟁력을 무기로 비어 있던 저품질·저가격 시장에 신규 진입했다. 시장에 참여하는 모든 경쟁자에게 시장은 넓고 할 일은 많았던 '경쟁적 공존의 시대'였다고 할 수 있다.

한국은 60년대에 경공업 제품으로 세계 시장을 두드리다가 70년대 중화학공업 육성책으로 전환했다. 그러나 기술이 부족해 품질은 떨어졌고, 경제적 생산규모에 못 미쳐 가격경쟁력을 확보하지도 못해 중화학공업 제품의 수출은 부진하기만 했다. 이에 따라 공장 가동률이 떨어졌고 1978년 제2차 오일쇼크와 함께 심각한 경제적 어려움에 직면했다.

80년대는 공존의 시대가 끝나고 경쟁국들이 국운을 다투는 경제전쟁 시대에 들어갔다고 볼 수 있다. 70년대 후반 일본 제품의 품질은 세계 최고 수준에 이르렀다. 서구경제는 이를 인지하지 못하다가 제2차 오일쇼크와 함께 미국에서 소형차에 대한 관심이 높아지면서 일본 자동차나 전자제품이 구미 제품의 품질을 능가한 것을 알아차리게 됐다. 일본 제품은 중가격·고품질로 오늘날 가격 대비 성능을 뜻하는 '가성비'가 탁월해 글로벌 시장을 휩쓸 정도였다. 이에 대한 유럽의 응전은 유럽연합(EU)이란 국가통합으로 나타났다. 규모의 경제를 통한 시너지 창출로 경쟁력을 강화하기 위한 움직임이었다. 미국의 응전은 그동안 다른 나라의 보호무역주의로 인해 상대적으로 불공정했던 무역을 공정한 자유무역으로 전환하기 위한 우루과이라운드(UR) 협상으로 시작해 세계무역기구(WTO)로까지 이어가는 것이었다. 그 여파로 세계화가 본격적으로 진행되기 시작했다. 또 단기적으로는 엔화 가치를 절상해 일본 제품의 가격을 올림으로써 가성비를 적절한 수준으로 낮췄고 중장기적으로는 일본 산업 경쟁력의 원천이 무엇인지를 파악해 벤치마킹함으로써 경쟁력을 강화하기 위한 일본 경영방식 배우기 열풍이 나타났다. 이 과정에서 일본식 경영의 핵심이 '전원참여형 지속적 개선'을 추구하는 전사적품질경영(TQM)이란 점이 드러나면서 급기야는 경영품질상인 미국 맬컴볼드리지품질상과 EU의 유럽품질상 제정으로 이어지기도 했다.

한국은 정부 주도로 추진한 중화학공업이 기술 부족으로 인해 80년대 초반까지 고전하며 좌절을 맛봤고 중진국 수준에서 성장을 멈춘 중남미가 우리의 미래가 될 것이란 암울한 전망이 부상하기도 했다. 반면 자율적 시장경제 체제였던 대만, 싱가포르, 홍콩은 비교적 순탄하게 중품질·중가격 위치로 이동하며 중진국 반열에 올랐다. 80년대 중반으로 접어들며 우리 기업들은 신제품 개발, 품질 향상, 생산성 향상의 혁신을 이루며 성공신화를 써 나가기 시작했다. 특히 마그네틱 테이프, 컬러TV, 전자레인지, 메모리 반도체, 자동차 등은 한동안 우리 기업의 히트상품으로 자리매김했다.

80년대 후반에는 엔화 절상으로 일본 제품의 가격경쟁력이 떨어지면서 우리 제품이 더욱 경쟁력을 발휘했다. 80년대 중반 우리 제품의 품질은 중품질이 됐으나, 80년대의 낮은 인플레이션으로 가격은 크게 오르지 않아서 비교적 높은 가성비를 실현할 수 있었기 때문이다. 우리 상품은 글로벌 무대에 등장한 지 4반세기 만에 3류에서 2류로 올라섰고, 국가는 후진국에서 중진국 반열에 오르게 된 것이다. 한편, 80년대 4마리 용이 저품질·저가격 시장에서 중품질·중가격 시장으로 이동함에 따라 비어 있는 저품질·저가격 시장에는 아세안(동남아국가연합) 국가들이 등장하게 된다. 이들 또한 앞서간 4마리 용과 같이 본격적인 성장 궤도에 진입한다.

이후는 전 세계적 차원에서 치열한 경쟁이 벌어지는 무한경쟁시대라고 할 수 있다. 전후 세계를 양분했던 공산·사회주의 체제가 성장의 한계에 맞닥뜨려 1990년을 전후해 붕괴되고 시장경제체제로 편입되면서부터다. 특히 초저가 가격경쟁으로 무장한 중국의 등장은 기존 경쟁구도에 엄청난 충격을 가져왔다. 많은 공산·사회주의 국가 중에 중국이 독보적으로 경쟁력을 발휘한 것은 전적으로 중국 위안화환율 덕으로 볼 수 있다. 타국과의 무역을 기피하던 공산주의 국가는 환율을 작위적으로 관리할 수 있는데 위안화가 상당히 저평가된 상태로 세계 무역체제에 편입됐다는 것은 중국에 크나큰 행운이었다. 저평가된 위안화 가치를 무기로 초저가 상품을 만들고, 결과적으로 높은 가성비를 갖게 된 중국 상품의 등장은 저품질·저가격 시장은 물론 중품질·중가격 시장에도 충격을 미쳤다. 90년에는 우리의 주력시장이던 미국 시장에서 한·중 두 나라의 시장점유율이 역전되며 우리 상품은 경쟁력의 위기를 맞게 된다. 여기에 미국이 주도한 세계화로 선진기업의 브랜드 및 기술과 후진국의 저임금이 결합, 가격대별로 뚜렷하게 분할됐던 시장구조가 고품질·저가격 시장으로 수렴되면서 미래에는 세계 일류만이 살아남는다는 메시지가 던져졌다. 반면 1987년 6·29 이후 급격한 임금 인상에 의한 원가 상승으로 우리 기업들은 고품질의 선진기업과 저가격의 중국 상품 사이에 낀 샌드위치적 상황이라는 내우외환에 시달리게 된다. 많은 기업이 이런 국내외 환경을 견디지 못해서 무너지고 국제통화기금(IMF) 체제라는 위기를 맞는다.

그러나 또 다른 기업들이 치열한 혁신을 통해 세계 일류 수준으로 도약함으로써 오늘날 한국 경제는 선진국 문턱에까지 이르게 됐다.

무한경쟁, 특히 중국의 추격은 현재까지도 계속되고 있으며 앞으로도 그럴 것이다. 4차 산업혁명의 물결은 빠른 추격자였던 우리가 선도하기 힘든 새로운 산업을 만들어 내고 있고, 기존에 우리가 강했던 산업을 대체할지도 모른다는 우려도 낳고 있다. 과거 위기에서도 그러했듯이 우리가 기댈 곳은 우리 기업들의 끊임없는 혁신과 성공 스토리밖에 없다.

경제도약 위한 신의 한 수

1960년대 경공업 육성정책이 성공한 것과 달리 1970년대 정부 주도의 중화학공업 육성 정책은 단기적으로는 수출에 실패해 가동률이 떨어지고 기업 부실로도 이어졌다. 그러나 그때 뿌린 씨앗이 발아해 1980년대 한국을 중진국으로 이끌었고, 오늘날 반세기 만에 선진국 진입을 앞두게 만들었으니 '신의 한 수'였다고 볼 수 있다.

우리보다 인구가 30배나 많은 거대 시장이란 강점을 가진 중국의 거센 추격 앞에서 우리의 경쟁우위 요인이 무엇인지 쉽게 떠오르지 않는다. 확실한 것은 중국보다 경제개발을 17년 정도 일찍 시작한 결과 그나마 우위를 지키며 오늘날까지 끌어올 수 있었다는 것이다.

그것은 전적으로 행운이 아니었을까 하는 생각도 든다. 경제 도약을 위해 또 한 번 신의 한 수가 절실한 시점이다.

저자약력

김수욱

서울대학교 경영대학 학사, 석사
미국 미시간주립대학교 경영학 박사
현 서울대학교 경영대학 교수
현 서울대학교 경영대학 부학장/경영전문대학원 부원장
현 한국생산관리학회 회장, 대한경영학회 차기회장
현 한국SCM학회지 편집위원장, 서비스연구편집위원장
전 서울대학교 발전기금 본부장

정규석

서울대학교 조선공학 학사
서울대학교 경영학 석사
카이스트 산업공학 석사
카이스트 경영과학과 박사과정 수료
홍익대학교 경영학 박사
현 강원대학교 경영학과 교수
강원대학교 기획협력처장 역임
대우자동차, 대우중공업 근무

김동재

서울대학교 경영대학 졸업
미국 The Wharton School, University of Pennsylvania 경영학 박사
현 연세대학교 국제학대학원 교수
저서: 불확실성하의 전략적 의사결정(연세대학교출판부, 2007)

오정석

MIT대 Management Science학과 졸업
Stanford대학 Management Science & Engineering 박사
현 서울대학교 경영대학 교수
저서: 지금 당신에게 필요한 경영의 모든 것 (인플루엔셜, 2016)
기술혁신과 경영전략 (공저, 피어슨에듀케이션코리아, 2013)
앱스토어 경제학 (공저, 한스미디어, 2010)
수익 분배의 경제학-디지털 시대, 합리적인 수익 분배 모델을 찾아서 (삼성경제연구소, 2007)
한국 PC산업의 발전과정 (공저, 서울대학교출판부, 2006)

유병준

서울대학교 경영대학 학사
미국 카네기멜론대학교 경영학 박사
홍콩 과학기술대학교 경영대학 조교수
현 서울대학교 경영대학 교수
현 한국벤처창업학회 부회장
현 한국경영학회 Korea Business Review지 편집위원
현 한국전자거래학회지 편집위원

신현상

서울대학교 경영학과 학사
미국 UCLA 대학교 경영학 박사
현 한양대학교 경영학부 교수
현 한양대학교 국제부처장

CEO, 혁신으로 진화하라

초판발행 2018년 4월 5일

지은이 김수욱 · 정규석 · 김동재 · 오정석 · 유병준 · 신현상
펴낸이 안종만

편 집 박송이
기획/마케팅 조성호
표지디자인 김연서
제 작 우인도 · 고철민

펴낸곳 (주) 박영사
서울특별시 종로구 새문안로 3길 36, 1601
등록 1959.3.11. 제300-1959-1호(倫)
전 화 02)733-6771
f a x 02)736-4818
e-mail pys@pybook.co.kr
homepage www.pybook.co.kr
ISBN 979-11-303-0468-7 03320

정 가 19,000원